제주의 현실을 보는 신화 이야기

모든 것의 처음,

신화

한진오

제주도의 굿과 신화를 바탕으로 희곡을 쓰거나 탈장르 예술창작을 벌이는 제주토박이다. 주술과 예술의 경계에서 전방위적 예술창작을 통해 말하고자 하는 것은 애오라지 '제주다움'이다. 지은 책으로 희곡집 《사라진 것들의 미래》, 인문지리서 《제주 동쪽》, 설문대루트 탐사기 《섬이 된 할망》 등이 있다.

굿처럼 아름답게….

모든 것의 처음, 신화

2019년 11월 30일 초판 1쇄 발행
2023년 3월 1일 초판 2쇄 발행

지은이 한진오
펴낸이 김영훈
편집인 김지희
디자인 나무늘보, 이은아, 최효정, 강은미, 김지영
펴낸곳 한그루
  출판등록 제6510000251002008000003호
  제주특별자치도 제주시 복지로1길 21
  전화 064 723 7580 전송 064 753 7580
  전자우편 onetreebook@daum.net 누리방 onetreebook.com

ISBN 978-89-94474-99-1 03380

값 23,000원

제주의 현실을 보는 신화 이야기

한진오

모든 것의 처음,

신화

한그루

차례

1부 | 주술과 예술 사이

남면의 시선과 식민의 역사 —————————— 14
비유와 비약의 주술적 사실주의 —————————— 22
주술에 담긴 서사와 역사 —————————— 29
신성을 드러내는 이미지 속의 이야기 —————————— 38
노래와 춤에 깃든 제주의 신성 —————————— 48
비결정성의 놀판굿, 굿놀이 —————————— 59
신화는 곧 돈? 스토리텔링의 난맥 —————————— 69

2부 | 돌의 애니마, 생명을 낳은 섬땅

제주의 돌은 시원과 영원을 품는다 —————————— 80
천지개벽으로부터 설문대가 지상에 납시기까지 —————————— 91
여신이 남긴 사체화생의 메시지 —————————— 100
살아 숨 쉬는 돌, 생명을 잉태하다 —————————— 112
바다를 건너온 돌이 품은 신성 —————————— 121
주술적 사실주의는 아픈 역사를 돌에 새긴다 —————————— 130
또 다른 세상을 잇는 경계의 어귓돌 —————————— 140
억압과 저항의 상처를 품은 제주의 돌 —————————— 152

3부 | 바다를 일구는 풍요와 고난의 바람

최고의 신성은 날씨를 조정한다 —————— 164
바람 타는 섬 제주의 바람신, 영등 —————— 174
영등바람은 바다를 일으켜 파도를 만든다 —————— 183
엇갈린 사랑의 안개는 산과 물을 가르고 —————— 195
풍운조화를 일으키는 열두 가지 요술 주머니 —————— 205
신성의 공간 동해용궁과 전설의 이상향 이어도 —————— 212
쿠로시오의 물결이 실어온 사랑 노래 —————— 222
태운 조상과 태운 줌수질 —————— 230

4부 | 신성한 힘은 젠더 너머에 있다

모성과 신성 사이 —————— 242
생불꽃에 담긴 대칭성사유와 법지법의 원리 —————— 251
젠더를 넘어선 신성은 모든 성을 아우른다 —————— 263
하늘에 베틀 걸고 바다 위에 물레 놓아 —————— 273
신과 사람의 동거, 집과 터의 지킴이 —————— 285
격랑을 헤쳐 온 풍요의 여신들 —————— 294
주연 같은 조연, 신화 속의 트릭스터 —————— 305
본을 풀고 한을 풀어 —————— 314
풍요와 무병의 담지자, 칠성신 —————— 324

서문 그대로의 제주, 제주 사람으로 살아남기 —————— 6
후기 모든 것의 처음 —————— 336
참고자료 —————— 344
찾아보기 —————— 348

그대로의 제주,
제주 사람으로 살아남기

태어날 때부터 가슴께에 묵직한 먹돌 하나 달고 나오는 사람들이 원악의 제주섬 토박이들이다. 응어리진 먹돌가슴이 한때는 세상 어떤 것보다 뜨겁게 솟구쳤던 용암의 유산임을 모르는 이도 없다. 이 때문인지 섬사람들은 쥐 죽은 듯 잠복해 끝 모를 망연한 나날을 보내다가도 어느 순간 활화산처럼 걷잡을 수 없는 용암의 불꽃으로 되살아나곤 했다. 나 또한 천생 섬토박이인 탓에 묵직한 먹돌 하나 품은 채 살아왔다. 그 먹돌이 벌겋게 달궈졌는지 더는 가슴에만 묻어둘 수 없는 열꽃이 피어나 이 글로 나를 이끌었다.

이 글은 아귀가 딱딱 맞아떨어지는 정연한 논설이 아니다. 그렇다고 드라마틱한 서사로 꾸려진 소설도 아니다. 어쩌면 잡설에 가까운 섬토박이의 생존기이며, 한편으로는 무던히도 굿판을 드나들던 광대의 팔자타령이기도 하다. 딴은 이론연구를 제법 했다곤 해도 정치한 글쓰기는 나와 맞지 않았다. 애초에 심방 어르신들을 스승으로 모시고 북채를 쥐었던 광대전상을 버릴 수 없었던

지 가슴속의 먹돌이 격정 넘치게 토해낸 입말을 받아쓰는 것을 택했다.

　논문도 산문도 아닌 격문에 가까운 이 글을 쓰겠노라 결심한 동기는 몇 해 전 강정마을에서 만났던 미국 할아버지 때문이다. 강정마을을 찾아온 칠순의 평화운동가는 내가 제주 토박이란 걸 알고 대화를 청해왔다. 그는 나에게 "너는 제주 사람이라고 들었다. 지금 제주가 처한 상황에서 네가 가장 힘들고 어렵게 느끼는 것이 무엇이냐?"는 질문을 던졌다.

　서슴없이 즉답을 해놓고서는 내 대답에 내가 더욱 놀라고 말았다. "해군기지며 국가폭력도 견딜 수 없이 힘들다. 하지만 무엇보다 힘든 건 조상 대대로 살아온 방식과 사유를 오롯이 지키는 제주 사람으로 살아남는 투쟁이 제일 힘들다." 그렇다. 제주 사람으로 살아남기라는 버릴 수 없는 숙명이 이 글로 이어진 것이다.

　대학 시절 탈춤반 활동이 평생의 업을 결정한 나머지 광대의 삶을 택했다. 본래 제주에는 없었다는 풍물과 탈춤에 넋이 팔려 장구 허리를 연인처럼 끌어안고 지내다 내 고향땅의 굿과 만났다. 고향의 굿은 나에게 제주 사람으로 태어났는데 제주 사람으로 살지 못했다는 반성을 일깨웠다. 불치병에 걸려 사경을 헤매다가 모태신앙마저 버리고 병굿으로 되살아난 아버지가 떠올랐다. 무자기축년 학살에 다섯 살 천애 고아가 된 어머니의 쉼 없던 비념이 떠올랐다. 신병을 앓아 무당이 되지 않길 바라는 누름굿을 두어 차례 치러야 했던 내 팔자가 떠올랐다. 그리하여 심방 어르신들을 따라다니며 어설프나마 굿을 배웠고, 그것의 배경과 역사가 궁금해 어렵사리 대학원에 진학해 연구란 것을 하다가 다시 광대의 자리로 돌아왔다.

굿을 배우고 연구하는 사이 심방 어르신이며 교수님까지 대단한 스승들을 만났다. 그분들의 지극한 가르침을 밑천 삼아 제 나름의 굿 견문을 갖기에 이르렀으니 고마운 마음을 감출 길이 없다. 턱없이 부족하지만 이 글이 스승들에 대한 감사의 인사가 되기를 바라는 마음 간절하다.

내 인생의 지그재그 행보가 궤적처럼 담겨 있는 이 글은 전체 4부로 꾸려졌다. 제주의 무속과 신화를 주제 삼은 예술과 사회에 대한 비평이며 르포다.

1부에서는 예술계의 끝자리에 편승한 이력을 토대로 제주도의 굿을 바라보는 나의 관점을 '주술적 사실주의'라는 단어 속에 담아 주술과 예술의 관계를 다뤘다.

2부는 내 가슴속에 붙박힌 먹돌처럼 제주섬 어디에나 지천인 돌에 대한 이야기다. 제주도 무속에 나타나는 원초적 신앙의 한 갈래인 돌 숭배의 양상과 의미를 따져보았다.

3부는 이 섬의 숨결이며 눈물인 바람과 바다에 대한 이야기로 꾸렸다. 해양문화를 바탕으로 제주의 내력을 무속과 신화를 통해 헤아리는 일종의 정체성 탐문이다.

4부는 이른바 '여신의 섬'으로 널리 알려진 제주신화 속의 젠더 담론이다. 생물학적 젠더이분법의 시선 너머에 있는 여신이며 동시에 남신인 비성非性적 존재로서의 신성을 살펴보았다.

4부에 이르는 글을 쓰기까지 선학들의 연구논문을 비롯해 갖가지 인문학서적과 고전문헌, 신문기사 등 수많은 자료들을 참고했다. 주로 직접 인용보다는 간접 인용이 많았기 때문에 일일이 각주의 위치를 정하는 것이 무척 애매했다. 그래서 본문의 말미에 참고한 자료의 저자, 제목, 발행처, 발행연도를 소개하는 방식을 택했다. 참고한 자료의 저자들은 물론 꼼꼼하게 읽을 독자들의 양해를 바란다.

이 글은 4부로 나뉘어 있지만 문면마다 국가폭력과 난개발로 인한 제주의 정신문화와 자연환경의 파괴를 고발하는 사회적 시선이 관통한다. 소위 판타지열풍의 시대라 불리며 오락과 흥미 일변도로 신화를 바라보는 오늘날의 시선을 비판적으로 바라보았다. 신화라는 것은 당연히 신앙의 부속물이다. 세상 모든 신앙과 종교는 현실의 고난과 문제를 초월적인 힘을 빌려 해결하려는 기원의 산물이다. 다시 말하면 신화야말로 현실을 반영하지 않은 채 존재할 수 없다는 말이다.

이처럼 나는 현실적 입장에서 제주의 무속과 신화를 해석하며 최근 제주에서 벌어지는 사회적 문제를 대입했다. 이런 관점을 유지했던 탓인지 글을 쓰는 내내 머릿속을 떠나지 않는 사람 하나가 있었다. 양용찬, 1991년 제주도개발특별법 제정 반대를 외치며 불꽃으로 청춘을 마감한 열사의 이름이며 얼굴이 행간마다 문단마다 서렸다. 어쩌면 나는 그의 발자취를 더듬듯이 글을 썼는지도 모를 일이다.

　제주의 굿은 미개한 야만이었다. 야만의 반대말이 개발이라는 세뇌가 제주의 시간을 점유하면서 우리는 스스로 제주 사람이기를 포기했었는지도 모른다. 제주 사람으로 태어나 제주 사람으로 살다간 수많은 양용찬 열사들이 잊히지 않기를 제주의 1만8천 신께 빌고 또 비는 새벽이다.

2019년 8월 14일 새벽,

강정마을 한 귀퉁이에 머물던 날에

제1부

주술과
예술 사이

남면의 시선과 식민의 역사
비유와 비약의 주술적 사실주의
주술에 담긴 서사와 역사
신성을 드러내는 이미지 속의 이야기
노래와 춤에 깃든 제주의 신성
비결정성의 놀판굿, 굿놀이
신화는 곧 돈? 스토리텔링의 난맥

남면의 시선과
식민의 역사

섬은 바다를 통해 세상 어느 곳이든 갈 수 있었지만 거친 파도는 가시철조망처럼 날카로워 누구도 물결을 넘나드는 것을 허락하지 않을 때도 잦았다. 밀물져 오는 모든 존재로부터 바깥세상을 가늠했던 섬사람들은 떠 있는 감옥, 고립무원의 섬에서 부족함도 넘쳐남도 없는 그들만의 상생의 장치를 만들어냈다. 바다 건너 외부의 시선에 제주섬은 이국적 풍광의 삼다도三多島이거나 누구도 꺼려하는 원악도遠惡島로 비쳐졌다.

애초에 탐라라는 변방의 섬나라로 척박한 박토와 격랑의 바다를 일구며 천년 가까이 독립적 공동체로 살아온 제주는 원나라의 지배 100여 년을 시작으로 섬 밖의 세력들로부터 엄청난 핍박을 받아왔다. 고려 복속 이후 '목호의 난' 토벌로 인한 수만 명의 학살이 그 시작이었다. 조선왕조가 들어선 뒤에는 섬사람들의 제주탈출이 들끓자 인조로부터 순조임금에 이르는 200년간 출륙금지령이 내려져 섬 자체가 하나의 감옥으로 전락했다. 20세기 들어서는 일제의 식민 지배를 한반도와 함께 겪었고, 해방공간에서는 한국정부에 의해 3만여 명이 무고한 학살을 당한 제주4·3의 참혹함을 맛보았다. 삼다도라는 이국적 별칭보다 끈 떨어진 연처럼 위리안치를 당한 귀양객들이 최악의 섬이라고 불렀던 원악도遠惡島라는 이름이 실제 제주의 모습이라고 해도 지나친 말이 아니다.

여기 고풍스럽고 아름다운 옛 지도 한 장이 있다. 조선 숙종임금 시절 1702년 제주 목사로 부임했던 이형상이 화공 김남길로

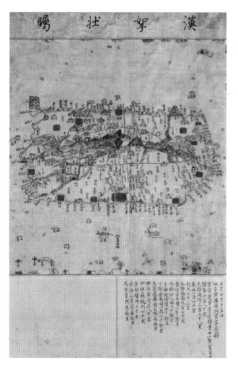

하여금 그리게 한 마흔한 폭의 《탐라순력도》다. 순력도巡歷圖라는 21일간의 제주 순행을 낱낱이 그려낸 이 기록화의 첫 장은 제주의 전경을 담은 〈한라장촉漢拏壯矚〉이다. 제주의 산천과 명승을 아름답게 그려낸 골동의 품격에 홀려 경탄을 토하다 문득 이상야릇한 점을 발견하게 된다. 바로 동서남북이 뒤집혔다

《탐라순력도》 중 〈한라장촉〉.
출처: 탐라순력도 홈페이지.

는 사실이다. 윤민용탐라순력도연구. 2010에 의하면 화공 김남길의 파격적인 상상력에서 나온 화법이 아니다. 일찍이 공자가 말했던 "군왕은 남면南面하고, 신하는 북면北面한다."는 유교의 예법에서 비롯된 화법이다. 다시 말하면 한양에서 임금이 내려다보는 시점에서 그려졌다는 말이다.

이뿐만이 아니다. 임금의 은혜에 감사드리며 건입포에서 북녘을 향해 배알하는 그림인〈건포배은巾浦排恩〉또한 남면南面의 시점에서 그려졌다. 특히 이 그림은《탐라순력도》중 유일하게 이틀간의 사건을 하나의 화폭에 담았는데, 이형상은 임금께 배알한 이튿날 제주섬 곳곳의 신당神堂에 불을 질렀다. 전설로 전해오는 '절 오백 당 오백 불천수' 사건이 이 장면이다. 남면의 시선에는 수많은 신화와 전설을 낳은 제주 사람들의 신앙이야말로 모조리 불태워 없애야 할 미개와 야만의 산물이었던 것 같다.

남면의 시선은〈한라장촉〉에만 머물지 않는다. 조선의 국운이 기울어 나라의 존망이 위태롭던 고종임금 시절이었다. 절

《탐라순력도》중〈건포배은〉.
출처: 탐라순력도 홈페이지.

16

체절명의 위기에 처한 왕조를 어떻게든 지키고 싶었던 고종은 1897년^{고종 34년, 광무 1년} 10월 13일에 이르러 대한제국이라는 최후의 카드를 꺼내들었다. 황제국을 선언한 것이다. 《조선왕조실록》에는 이날 고종의 선언을 '대한제국 수립 반조문^{頒詔文}'이라고 기록하고 있는데, 유독 눈길을 사로잡는 구절이 있다.

> 우리 태조(太祖)가 왕위에 오른 초기에 국토 밖으로 영토를 더욱 넓혀 북쪽으로는 말갈(靺鞨)의 지경까지 이르러 상아, 가죽, 비단을 얻게 되었고, 남쪽으로는 탐라국(耽羅國)을 차지하여 귤, 유자, 해산물을 공납(貢納)으로 받게 되었다. 사천 리 강토에 하나의 통일된 왕업(王業)을 세웠으니….
>
> 及我太祖龍興之初, 輿圖以外, 拓地益廣。北盡靺鞨之界, 而齒革珢絲出焉, 南收耽羅之國, 而橘柚海錯貢焉。幅員四千里, 建一統之業。

한 나라가 스스로 '제국'을 선포하는 것은 식민지를 아우르고 있다고 세계만방에 알리는 행위다. 고종으로서도 식민지를 공식화할 필요가 있었다. 대한제국의 식민지는 어디였을까. 위의 반조문에는 관북지방 접경지대와 탐라국이 식민지라고 밝히고 있다. 결국 〈한라장촉〉에 도사린 남면의 시선이 대한제국에 이르기까지 일관되게 포착된다. 세계 어느 곳이든 정치적 힘이 약한 변방의 섬들은 거대한 제국의 식민지이거나 식민지의 내부 식민지인 것처럼 제주의 신세도 별반 다를 바 없다는 사실을 알려주는 기록인 셈이다.

내부 식민지인 제주가 당해온 핍박은 이 나라 20세기 최초의 민중봉기였던 신축년 제주항쟁만 보아도 알 수 있다. 이재수의 난으로 널리 알려진 이 항쟁은 천주교를 앞세운 프랑스와 대한제국 정부, 그리고 탐학한 지방관들로 인한 폭압에 맞선 항쟁이었다. '여아대如我待', 프랑스 신부를 나처럼 대하라는 명을 내린 고종황제만 봐도 이 나라가 사실상 외세의 식민지나 다를 바 없었으니 식민지의 내부 식민지였던 제주의 신세는 오죽했을까. 결국 참다못한 제주 사람들은 대정현 관아의 노비였던 이재수를 장두로 세워 봉기를 일으켰다. 장두狀頭가 무엇일까? 봉기군의 요구사항을 밝히는 등소등장等訴等狀의 첫머리에 이름을 써넣는 자라는 뜻이다. 제주에서는 봉기가 일어날 때마다 장두가 자신의 목을 내놓아 백성들의 청원을 이루어내려는 전통이 있었다. 약관의 천한 노비 이재수가 자신의 목숨을 걸고 봉기군을 이끈 것이다.

　　장두가 된 이재수가 가장 먼저 한 일은 대정읍 신평리의 본향당을 찾아가 당신堂神께 기도하는 일이었다. 출정 직전에 행한 일이 굿을 치르는 신당神堂의 기도라니. 이것이 바로 제주 사람들의 주술적 심성이며 세계관이다. 제주에서는 굿을 치를 때면 사람에게 미칠 액을 막기 위해 수탉을 대명대충代命代充의 제물로 바친다. 사람의 액을 대신해 닭이 죽는다는 말이다. 이재수는 자신을 액막이의 제물로 바치려고 본향당신께 읍소하며 백성들을 살려달라고 절절한 기도를 올렸던 모양이다. 정치적 변방이자 척박한 환경의 섬사람들은 자잘한 질병에서부터 공동체의 운명을 좌지우지하는 일에 이르기까지 삶의 모든 문제를 무속신앙을 통해 해결하려고 성산읍 수산1리 마을굿에서 액막이 제물로 희생된 수탉. 2019년 2월.

했었다. 봉건시대와 근대사회의 경계에서 스스로 대명대충의 장두가 된 이재수의 죽음은 종교적 순교라고 해도 지나친 말이 아니다.

근대의 벽두부터 스무 살 청년의 순교와 좌절을 맛보았던 제주 사람들은 일제강점기에 이르러 식민지의 내부 식민지인 이중 식민지라는 곡절한 아픔을 이겨내며 해방의 기쁨을 맞이했다. 해방된 나라, 통일된 나라에 대한 열망은 4·3이라는 근현대사 최대의 학살극으로 이어졌고, 4·3으로 인한 칠흑 같은 억압의 세월은 끝없이 이어졌다.

너무나 참혹한 고통을 겪은 탓에 제주 사람 누구도 저항의 복심을 품을 수 없게 되자 제주는 이제 중앙정부가 바라는 모든 것이 막힘없이 척척 진행되는 유순한 섬땅이 되었다. 갖가지 재건사업과 새마을운동 등이 이어지는 사이 4·3의 탄흔은 마치 없었던 것처럼 증발했다.

짐짓 중앙정부는 '동양의 하와이'라는 장밋빛 청사진을 그리며 제주도 개발에 돌입했다. 1964년 제주도종합개발계획이 수립되어 개발이 본격화되자 4·3과는 또 다른 방식의 억압이 펼쳐진다.

나을 기미가 없는 상처의 고통이 여전한데 또 다른 상처가 생겨나자 다시 한 번 목숨 건 저항을 시도했던 사람들이 있다. 동아일보 1965년 3월 6일자에는 '제주에《獨立運動》事件 이 통에 情報部分室도 設置'라는 제하의 기사가 실린다. 기사의 일부분을 살펴보면 이렇다.

문제의 〈濟州獨立〉運動 사건의 主人公은 前職警衛인 許光浩(37. 北濟州郡 朝天面) 安中燮(25. 無職) | 濟州道가 과거 耽羅國으로 독립해 있을 때는 道民들이 잘산 경험이 있는데, 요즘 陸地에서 좌천된 公務員이 行政機關의 幹部職으로 밀려와 濟州道出身人士의 出世의 길이 막혔다는 막연한 不滿이 그 動機라고.

"이럴 바엔 濟州道가 따로 獨立해야겠다."는 이들은 〈獨立宣言文〉과 〈總統〉, 그리고 政府閣僚 후보자까지 짜서 擧事工作을 해왔는데….

사회에 불만을 품은 이들이 돈키호테처럼 말도 안 되는 소동을 일으켰다고 여길 만한 기사다. 하지만 '출세의 길이 막혔다는 막연한 불만'이 독립운동의 동기라는 건 너무 어처구니없다. 어쩌면 '제주 독립'이라는 불온한 싹을 뿌리까지 없애려고 '막연한 불만'이라는 축소와 왜곡의 수사를 덧씌운 것이 아닌가 한다. 이 또한 〈한라장촉〉에서 나타나는 남면의 시선이 보여주는 또 하나의 프레임은 아닐까?

제주는 이렇게 남면의 시선 안에 갇힌 섬이며 제주 사람들은 감옥 같은 섬에서 태어난 죄로 사무치는 억압을 받아왔다. 억압의 고통은 그들로 하여금 현실의 문제를 주술적인 힘으로 해결하길 꿈꾸게 해, 1만8천에 이르는 신들과 그들을 향한 기원의 굿판을 벌여 놓았다.

비유와 비약의
주술적 사실주의

　　　　　　　입에서 입으로, 몸에서 몸으로, 숨결
과 혈류를 타고 가늠할 수 없는 긴 세월을 거쳐 온 신화는 환상의
문체와 꿈결 같은 드라마를 연출하며 세일렌의 노래처럼 마법의
세상 속으로 빠져들게 만든다. 현실에서는 일어날 수 없는 신과
영웅들의 이야기가 현실처럼 여겨질 때도 있다. 1만8천 신들의 노
정기로 가득한 제주도의 신화, 본풀이야말로 마법 같은 이야기의
정점이다. 비유와 비약의 서사로 인하여 환상을 현실처럼 느끼게
만들지만 실속은 정반대다. 신화는 환상을 현실처럼 그려내는 것
이 아니라 현실을 환상처럼 그려낸다. 신화는 현실과 동떨어진 상
상의 이야기가 아니라 그것의 문법이 그러할 뿐이다.
　　신화는 당연히 종교의 산물이다. 의례와 신화가 한 쌍을 이룬
것이 종교다. 세상의 모든 종교는 구원이나 해탈을 갈구하는 초월

적인 장치이며 다른 한편으로는 현실에서 빚어진 개인과 사회의 고통을 호소하고, 치유를 기원하는 공간이기도 하다. 제주도의 굿에서도 쉽게 확인된다. 누군가의 극락왕생을 기원하거나 당장 벌어진 문제의 극복, 미래의 불행을 앞서 방비하는 것이 주된 목적이다. 의례에 나타나는 상징과 비약이 그것의 극본 역할을 하는 신화에서도 똑같이 나타나는 것은 당연한 이치다. 신화가 인간의 무의식과 본능적 영역에 잇닿아 있다는 사실을 부정하는 말이 아니다. 그것의 영향을 받지만 그것이 전부라고 여기면 자칫 신비주의에 빠지기 쉽다.

　신화와 의례에 반영된 현실적 시선에 대한 포착은 근현대 유수

구좌읍 행원리 남당 신과세굿 전날 밤의 풍경. 2006년 2월.

의 예술작품에서도 폭넓게 나타난다. 대표적인 사례가 중남미예술 전반에 걸쳐서 나타나는 이른바 매지컬 리얼리즘Magical Realism이다. 우리나라에서는 마술적 사실주의로 번역된 매지컬 리얼리즘은 알레호 카르펜티에르와 가르시아 마르케스 등에 의해 세계적인 주목을 이끌었다.자모라 外. 마술적 사실주의연구. 2001.

마치 폭탄처럼 강력한 에너지로 세계인의 이목을 집중시켰다고 하여 '붐Boom문학' 열풍을 이끌었던 이들의 예술은 세상 여러 곳의 문화가 하나의 도가니 속에서 펄펄 끓어오르는 쇳물처럼 뒤섞인 결과물이다. 중남미대륙의 원주민, 아프리카에서 강제로 붙들려 온 노예의 후손들, 식민지모국으로부터 차별받는 현지 태생의 백인들의 문화가 화학작용을 일으킨 특유의 민속신앙과 정신문화가 매지컬 리얼리즘으로 이어진 것이다.

이들은 서구의 비평가들이 자신들의 예술에 매지컬 리얼리즘이라는 이름을 붙이는 것조차 어깃장을 놓으며 비꼬았다. 카르펜티에르는《이 세상의 왕국》이라는 소설의 서문에서 "우리의 현실은 경이롭다."라는 말을 통해 자신들의 예술이 철학을 비롯해 역사, 문화 등 총체적인 중남미의 정체성을 반영하는 사유체계임을 강조했다.김현균, 마술적 사실주의에 대한 도전과 새로운 라틴아메리카 정체성의 모색. 2014.

마르케스의 입장도 다르지 않았다. 4년 11개월 2일 동안 비가 그치지 않는 마을 마꼰도, 죽은 자와 산 자의 대화, 돼지꼬리를 달고 태어난 아이 등 부엔디아 가문의 신비로운 사연을 두고 환상문학이라는 타이틀을 붙이는 것을 저어했다. 그는 조국 콜롬비아의 민중사를《백년 동안의 고독》에 담아냈으며 소설 속의 모든 일들이 자신의 나라에서는 현실로 벌어진다는 말을 남겼다.

현실의 반영이라는 신화적 문법을 계승한 예술이 먼 나라에만 있는 것이 아니다. 6·25전쟁 당시 황해도에서 벌어진 신천대학살을 그려낸 황석영의 소설《손님》이 대표적인 예다. 황석영은 자신의 저작에 대한 이런 작가의 말을 남겼다.

> 천연두를 서병으로 파악하고 이를 막아내고자 했던 중세의 조선 민중들이 '마마' 또는 '손님'이라 부르면서 '손님굿'이라는 무속의 한 형식을 만들어낸 것에 착안해서 나는 이들 기독교와 맑스주의를 '손님'으로 규정했다. …(중략)… 여기서는 굿판에서처럼 살아있는 사람과 죽은 사람이 동시에 과거와 현재를 넘나들면서 등장하고 그들의 회상과 이야기도 제각각이다. 나는 과거로 떠나는 '시간여행'이라는 하나의 씨줄과, 등장인물 각자의 서로 다른 삶의 입장과 체험을 통하여 하나의 사건을 모자이끄처럼 총체화하는 '구전담화'라는 날줄을 엮어서 한 폭의 베를 짜듯 구성하였다.

황해도 지노귀굿에서 착상을 얻은 이 소설은 매지컬 리얼리즘을 전면적으로 끌어들인 작품이다. 이런 경향은 수많은 예술작품에서 쉽게 찾을 수 있다. 제주4·3의 참상을 고발한 현기영의 단편소설 '순이 삼촌'에서도 비슷한 면모가 발견된다. 너븐숭이의 옴팡밭에서 한 맺힌 최후를 맞이한 순이 삼촌의 죽음을 현기영은 이렇게 묘사했다.

북촌마을 학살지, 너븐숭이 애기무덤 추모비.

깊은 소(沼) 물귀신에게 채어가듯 당신은 머리끄덩이를 잡혀 다시 그 밭으로 끌리어갔다. 그렇다. 그 죽음은 한 달 전의 죽음이 아니라 이미 30년 전의 해묵은 죽음이었다. 당신은 그때 이미 죽은 사람이었다. 다만 30년 전 그 옴팡밭에서 구구식 총구에서 나간 총알이 30년의 우여곡절한 유예(猶豫)를 보내고 오늘에야 당신의 가슴 한복판을 꿰뚫었을 뿐이었다.

'30년 전의 해묵은 죽음'과 더불어 '30년의 유예를 거친 총알'은 시공을 뛰어넘는 초시간적 신화의 문법이라고 볼 수 있다.

이처럼 비유와 비약의 수사로 펼쳐지는 매지컬 리얼리즘의 요체는 주술적 사고에 있다. 나는 매지컬 리얼리즘에 대한 번역어

'마술적 사실주의'보다 주술적 사실주의가 본뜻을 적실하게 살린다고 여긴다. 우리에게 통용되는 마술이란 단어가 지닌 오락적 프레임보다 주술이라는 번역이 본뜻에 부합되기 때문이다.

주술적 사고의 비유와 비약은 빼어난 예술작품들을 탄생시킨 구비전승의 전통에서 그 진면목이 나타난다. 나의 경험담 속에서도 확인되는데 그중 하나를 간추리면 이렇다. 중학생 때 들었던 것으로 기억한다. 중독에 가까운 알코올 홀릭인 나의 부친께서 다 떨어진 슬레이트 오막살이에 막노동을 하는 친구들을 모아놓고 낮술을 즐기며 안주 삼았던 수많은 이야기 중 한 대목이다.

4·3 당시 무장대 사령관이었던 산군대장 이덕구는 날개 돋친 장수였다. 토벌대들로서는 워낙 신출귀몰하는 귀신 같은 괴물 사냥

이 최대의 숙원이었다. 어느 날 이덕구가 식량을 구하러 산에서 내려왔다는 정보가 토벌대의 귀에 닿았다. 토벌대는 야음을 틈타 내려온 산군대장의 행로에 매복했다가 사냥감이 나타나자 번개처럼 기습하며 사격을 가했다. 그러나 산군대장은 막대기 하나로 총알을 받아치며

관덕정에 전시된 이덕구의 시신.
출처 《4·3유적지답사길잡이》, 제주시·제주4·3연구소.

27

빗나가게 만들었다. 칠흑 같은 밤중이라 불똥처럼 날아드는 총알의 궤적이 힘을 잃은 가을모기의 비행처럼 한눈에 읽혔기 때문이었다. 더욱이 겨드랑이에 날개가 돋친 아기장수인 터라 산군대장은 훌쩍 날아오르더니 어둠 속으로 유유히 사라져버렸다. 토벌대는 말 그대로 닭 쫓던 개 신세와 다를 바 없었다.

작전에 실패한 토벌대는 절치부심하였고 여러 가지로 방책을 도모하며 단단히 벼렸다. 다시 이덕구 출몰정보가 들어오자 이번에는 생포든 사살이든 반드시 목적을 이루겠다는 각오로 총을 들고 나섰다. 아니나 다를까, 산군대장은 여느 때처럼 날개를 펼치며 막대기를 휘둘렀다. 그러나 다음 순간 총탄을 맞고 쓰러졌다. 토벌대가 날개 돋친 아기장수를 잡기 위해 일곱 방향으로 포위한 뒤 사격했기 때문이었다. 그들은 일곱 방향으로 포위하면 붙잡을 수 있다는 아기장수의 전설을 믿고 따른 것이다.

민중의 영웅담 중 하나인 아기장수설화와 실존인물의 결합이 낳은 날개 돋친 산군대장 이덕구의 전설은 사상과 이념을 떠나 제주 사람들의 심성사에 반영된 주술적 세계관이며 신화적 사유다. 이처럼 비유와 비약의 수사는 주술적 사실주의라고 불러도 그릇되지 않는 신화의 요체라고 할 수 있다.

주술에 담긴
서사와 역사

　　　　　　　　　　　굿은 종교의례임에도 불구하고 경건
함 속에 넘쳐나는 신명을 품고 있다. 아름답고 다이내믹한 모습은
마치 공연예술작품처럼 보이기도 한다. 규모나 종류에서 다른 지
역의 굿을 압도하는 제주도의 굿은 더더욱 대단한 예술성을 담고
있다. 인류의 예술이란 것이 신앙에서 비롯되었다는 공공연한 사
실을 증명하고도 남는다. 짧게는 2~30분 안에 일단락되는 '비념'
에서부터 길게는 보름이 넘게 치러지는 '두 이레 열나흘 굿'에 이
르기까지 엄청난 레퍼토리를 쏟아내는 제주도의 굿에는 도대체
어떤 시나리오가 있기에 이런 모습을 드러내는지 궁금해진다.

　앞서 살펴본 대로 굿이라는 의례는 본풀이라는 신화와 더불어
종교를 구성하는 양 축이다. 신화가 기도문이라면 의례는 기도 행
위 자체다. 제주도의 무속신앙에 대입하면 신화는 마치 연극처럼

표선면 토산리 신과세굿 중 일월삼멩두. 2019년 2월.

펼쳐지는 의례의 극본 노릇을 한다. 제주도의 굿이 다채롭고 풍성한 이유는 본풀이가 무진장 넘쳐나기 때문이다. 한 조사에 따르면 현재까지 수집 채록된 본풀이가 무려 996편에 이른다.강소전·한진오, 제주신화·전설 체계화연구, 2017 신화와 연계된 신앙전설까지 포함한다면 1,000편이 넘으며 아직 채록되지 않은 것까지 헤아린다면 제주도는 신화의 섬이라고 불러도 지나친 말이 아니다.

　제주도의 본풀이는 크게 일반신본풀이, 당신본풀이, 조상신본풀이 등으로 나뉜다. 일부 연구자들은 특수본풀이라는 항목을 더하기도 한다. 일반신본풀이는 우주의 빅뱅부터 천지만물이 생겨나기까지의 과정을 다루는 창조신화, 생명의 탄생과 죽음, 운명과 부富, 농경을 비롯한 생산 활동, 집안의 안녕과 평화 등 동토의 툰드라에서 태어났건 열사의 사막에서 태어났건 사람이라면 누구에게나 필수적인 삶의 문제를 관장하는 신들의 사연을 담고 있다. 주로 한 집안에서 치르는 굿인 ᄉ가칩굿시가굿에서 나타난다. 굿의 규모에 따라 큰굿에서는 일반신본풀이를 모두 노래하고, 규모가 작은 굿에서는 목적에 따라 몇 가지를 추려서 노래한다.

　당신본풀이는 전통적인 신앙권으로 나뉘는 마을마다 자리한 지킴이들인 당신堂神의 사연을 담고 있다. 당신본풀이는 마을의 신

구좌읍 송당리 마불림제 중 공싯상에 놓인 일월삼멩두. 2017년 8월.

성을 다루고 있으므로 한 마을이 생겨난 유래부터 변천사에 이르는 역사의 노래라고 할 수 있다. 일반적으로 당굿에서 볼 수 있으며 때때로 스가칩굿에서도 굿을 청한 이의 출신마을 당신본풀이를 노래하기도 한다.

조상신본풀이는 한 집안이나 특정한 직업군에서 모시는 신의 내력담이다. 한 집안에 실존했던 조상을 신으로 받드는 경우가 많아 가족사의 서사시라고도 할 수 있다. 사회에 위대한 공헌을 했거나 비범한 능력을 지녔던 조상을 신으로 모신다. 뜻한 바를 이루지 못하고 원통한 죽음을 맞이했던 선조의 넋을 달래기 위해 조상신으로 섬기는 집안도 있다. 드물게는 도깨비신인 영감신이나 뱀의 화신 등을 숭배하는 집안도 있다.

어떤 존재가 신의 지위까지 올라가 사람들의 숭배를 받기에 이르는 사연을 담은 본풀이는 신의 존재를 밝히는 것이므로 제주도의 굿에서 가장 중요한 역할을 하는 이야기이다. 그런데 제주도 굿의 대본 노릇을 하는 이야기는 본풀이 하나에 그치지 않는다. 제주도의 굿에는 본풀이와 더불어 "연유 닦음, 영게울림, 공시풀이"라는 또 다른 이야기의 축이 있다. 본풀이를 비롯한 네 가지 이야기가 자동차의 네 바퀴처럼 함께 구르며 맞물리며 굿이라는 드라마의 극본 역할을 한다.

제주시 노형동 4·3 해원상생굿 중 영게울림. 2016년 4월.

(위) 조천읍 선흘2리 시왕맞이 중 공싯상에 놓인 일월삼멩두. 2018년 4월.
(아래) 조천읍 선흘2리 시왕맞이 중 영게울림. 2018년 4월.

　본풀이가 신들의 내력을 다룬다면 '연유 닦음'은 인간의 사연이다. 굿을 치를 수밖에 없는 상황이 발생한 연유를 신께 고하는 과정인데, 굿의 서두에서 단골^{제주도굿에서 신앙민을 이르는 말}이 굿을 치르게 된 곡절한 사연을 심방^{제주도굿에서 무당을 이르는 말}이 '말미'라고 일컫는 노래조의 음영^{吟詠}으로 읊조린다. 굿을 치르는 긴요한 목적과 단골의 한 맺힌 사연이 연유 닦음에서 낱낱이 드러난다. 일가족끼리라도 쉽게 드러내지 못했던 응어리진 아픔부터 소원하는 바까지 숨김없이 진실하게 고백하는 이 과정에는 바라는 것을 신께 청원하기에 앞서 살아오면서 저지른 잘잘못을 고하는 것부터 시작한다. 어리석고 미혹한 자신의 과오로 벌어진 고통을 달게 받았으니 용서해달라는 겸허한 성찰이며 진실한 회개라고 할 수 있다. 연유 닦음은 개인의 삶을 되돌아보는 성찰의 계기를 만들어낸다. 가족 간에 빚어졌던 갈등이나 비밀스런 사연이 공유되며 가족의 유대를 더욱 끈끈하게 만드는 효과를 유발하는 '사람의 이야기'이다.
　'영게울림'은 망자의 영혼이 심방의 몸과 입을 빌려 살아남은 이들에게 생전의 회한과 저승에서의 소원을 풀어내는 영적인 대화의 과정이다. 이 과정에서 죽은 이와 산 이의 못다 나눈 소회가 펼쳐진다. 죽은 이의 사연은 생전의 삶부터 죽음의 원인에 이르기까

지 절절할 수밖에 없다. 특히 제주 사람이라면 누구든 원한 맺힌 죽임을 당한 4·3 희생자의 영혼을 모시지 않은 이가 없을 텐데, 이처럼 원통하고 애꿎은 죽음의 주인공이 털어놓는 넋두리야말로 영게울림의 절정이다.

　제주도에서는 규모와 시간에 상관없이 거의 모든 굿에서 빼놓지 않고 치러야 하는 대목들이 있다. 그 가운데 하나가 공시풀이다. '공시풀이'는 굿을 치르는 심방의 사연이다. 기구한 무당 팔자를 노래한다고 해서 '팔자 그르친 심방 전상이웨다~.'라는 말미가 담긴 공시풀이는 서창하기 그지없는 팔자타령이다.

　제주도의 심방들에게는 '일월삼멩두' 또는 간단히 '조상'이라고 부르는 신물神物 세 가지가 있다. 첫째는 '시왕대번지'라고 불리는

한림읍 한수리 영등굿 중 공싯상에 놓인 일월삼멩두. 2019년 3월.

신칼이다. 둘째는 천지문天地間이라는 세 글자가 새겨진 엽전 모양의 천문 한 쌍, 술잔 모양의 작은 놋그릇인 상잔 한 쌍, 천문과 상잔을 담는 접시 모양의 놋그릇인 산대가 하나의 조합을 이룬 '산판'이다. 셋째는 오색천으로 꾸민 술이 달린 방울 모양의 '요랑[搖鈴]'인데 '천앙낙화금정옥술발'이라고도 불린다. '신칼, 산판, 요랑'이 하나로 어울린 일월삼멩두는 굿을 치를 때마다 '공싯상'이라는 상 위에 정중히 모신다. 굿을 치르지 않을 때에는 심방의 집에 마련한 '당주'라는 곳에 모셔놓고 날마다 예를 갖춘다고 한다.

일월삼멩두는 심방을 탄생시킨 무당의 조상신의 상징이다. 또한 일월삼멩두가 한 심방에서 다른 심방에게로 대물림될 때 물려준 심방의 영혼 또한 이 신물에 스며든다고 믿는다. 다시 말하면 굿을 치르는 심방 자신의 인생 내력은 물론 무당의 조상신과 무업을 치렀던 선조의 영혼까지 깃든 이 신물의 사연을 풀어내는 것이 공시풀이인 셈이다. 이런 점에서 공시풀이는 심방의 자서전이며 모노드라마이고 나아가서는 굿의 역사라고 할 수 있다.

이렇게 연유 닦음, 영게울림, 공시풀이는 신화인 본풀이와 함께 굿의 서사를 구성한다. 본풀이가 신의 이야기라면 연유 닦음은 사람, 영게울림은 망자, 공시풀이는 이들을 잇는 영매인 심방의 것이다. 신, 사람, 망자, 심방의 모든 이야기가 쏟아져 나오는 제주역사 전승의 장이 굿이다. 따라서 제주도의 신화를 내밀하게 들여다보기 위해서는 수많은 본풀이의 각 편 중 한두 가지의 줄거리를 파악하는 것에만 멈춰서는 안 된다.

신성을 드러내는
이미지 속의 이야기

세상 어디든 사람이 살고 있는 곳에
는 어김없이 신이 존재한다. 누구나 삶의 문제와 실존적 번뇌를
풀어낼 의지처로 신의 품을 갈망한다. 하지만 특별한 사람이 아니
면 신과 만날 수도 느낄 수도 없다. 이런 이유로 존재하지만 부재
하는 모순을 안고 있는 신성은 그것을 믿는 사람들로 하여금 불
안과 의심을 갖게 만들었다. 이 때문에 원시의 조상들로부터 오늘
날의 현대인에 이르기까지 많은 사람들은 저마다 신의 형상을 그
리고, 새기고, 빚으며 거룩한 신성의 이미지를 상상해왔다.

원시의 동굴과 바위에 신의 형상을 입히는 일이 현대인에게는
'미술'이라는 장르예술로 해석될 수 있지만 이 그림들을 새기던
옛사람들로는 이와 같은 행위가 '주술'이며 하나의 의례였다. 누
군가는 캄캄한 동굴 깊은 곳을 밝히는 등잔이나 횃불을 들었을 것

굿청을 꾸민 기메와 살장. 조천읍 영등굿. 2018년 3월.

이다. 다른 누군가는 물감을 개었을 테고, 또 누군가는 그림을 그렸을 것이다. 그들 모두 바위를 두드리고 노래하고 춤추며 신성한 굿판을 이어갔음이 분명하다.

주술적 의례로부터 탄생한 미술은 굿판과 신전을 떠나 산 자의 집과 죽은 자의 무덤을 비롯한 수많은 장소에 신의 모습을 드러나게 했다. 그리고 그것은 현재까지도 끊임없이 이어진다. 인간의 무의식 속에 숨겨진 본능의 습관 중 하나는 신과 만나는 것이었다

내왓당 무신도 ① 천자위(天子位), ② 제석위(帝釋位), ③ 원망위(寃望位), ④ 수령위(水靈位), ⑤ 감찰위(監察位), ⑥ 상사위(相思位), ⑦ 본궁위(本宮位), ⑧ 중전위(中殿位), ⑨ 상군위(相君位), ⑩ 홍아위(紅兒位)

출처: 디지털제주시문화대전.

제주의 옛사람들도 그러한 의도로 굿 속에 수많은 미술적 장치들을 동원하여 신을 이미지화하는 전통을 만들어냈다.

그 전통 중 대표적인 것이 다른 지역의 '설위설경'과 '지화'에 해당하는 '기메'다. 정확한 이름은 '기메기전'과 '살장'이다. 기메 외에도 불교의 탱화나 전통 민화를 닮은 무신도巫神圖와 신의 형상을 표현한 조상造像이 있지만 다른 지역만큼 다채롭지는 않다. 이 중에서 가장 널리 알려진 것인 국가지정 중요민속자료로 지정된 '내왓당 무신도'이다. 전체 열두 폭 중 열 폭이 남아있는 이 그림은 제주시 용연 근처에 있었다는 내왓당에 모셨던 열두 신의 형상을 그린 것이다.

이 그림은 다른 지방의 무신도와 달리 마치 고구려 고분벽화처럼 신비한 화풍을 자랑하며 각 그림마다 한자로 '천자위天子位, 제석위帝釋位, 원망위寃望位, 수령위水靈位, 감찰위監察位, 상사위相思位, 본궁위本宮位, 중전위中殿位, 상군위相君位, 홍아위紅兒位'까지 신의 이름을 적어놓고 있다.김유정, 제주의 무신도-현존하는 내왓당 무신도 10신위 연구, 1997

이 중에 한두 점을 살펴보자. 천자위는 '천잣또 마누라'라고 불리는 내왓당의 최고신이다. 조선 후기에 그려진 그림답게 유교사회의 계급 중 높은 신분인 양반의 갓을 쓰고, 왕을 상징하는 벼락지팡이인 왕홀王笏을 들었다. 왼손은 알 수 없는 수인手印을 틀어 금방이라도 풍운조화를 부릴 듯하다. 머리 뒤쪽에서 꿈틀대는 뱀의 형상은 당연히 영생불멸을 상징한다.

'ᄌᆞ지홍이아기씨'를 그린 홍아위도 마찬가지다. 한 손에는 부채, 또 한 손에는 앙증맞은 호리병을 들고 있다. 부채는 당연히 바람을 일으키는 마법을 지니고 있다. 호리병도 제주의 여러 신화에 등장하는 것으로 열두 가지 풍운조화가 담긴 신비한 성물이다. 머리채에 꽂은 비녀는 새의 모습이다. 날개를 펼치면 하늘과 땅 사이의 모든 곳을 넘나들 수 있는 새의 생태적인 특징이 초월적인 세상까지 자유롭게 왕래한다는 주술적 사유로 이어져 즈지홍이 아기씨의 권능에 다다랐다.

문자속이 전혀 없는 까막눈이나 어린아이가 보아도 신의 권능을 한눈에 알아볼 수 있게 묘사한 내왓당 무신도는 서사적 기법으로 표현한 신화미술의 극치라고 할 수 있다.

이처럼 신의 모습을 구상적인 그림으로 그린 무신도는 내왓당 무신도 외에 구좌읍 행원리 본향당의 무신도 말고는 거의 발견되지 않는다. 그림과 다른 형식으로 신의 이미지를 구체적으로 드러내는 조각과 비슷한 신상神像의 모습도 예닐곱 마을에서 찾을 수 있다. 나무를 이용해 가부좌를 튼 불상처럼 만든 뒤 한복을 입혀놓은 신상의 모습은 정교하지도 웅장하지도 않다.

비교적 온전한 모습을 지닌 서귀포시 예래동 열리하로산당 부부신의 신상을 보면 마치 어린아이의 모습처럼 정겹고 소박해 보인다. 거룩한 신성은 가장 낮은 곳에 임하며 가장 누추한 모습으로 나타난다는 경구를 떠올리게 한다.

이와 같은 신상 중에 보는 이의 가슴을 먹먹하게 만드는 신상이 있다. 서귀포시 성산읍 수산1리 본향당인 울뤠ᄆ루하로산당의 신상이다. '울레ᄆ루하로산또'와 '요왕국부인'의 모습이다. '울레ᄆ루하로산또'는 '할로산 서녘 어깨 소못뒤밧'에서 솟아나 아홉 형제

중 만형으로 알려져 있다. 제주도 당신앙의 계보를 더듬어본다면 '한라산계'에 속하는 신이라고 할 수 있다.

지명에서 유래했다는 '울레ㅁ루'라는 이름의 뜻은 천둥벼락이 들이치는 마루들판로 풀이된다. 기세등등한 이름만큼 이 당의 신앙권 또한 넓어서 애초에는 수산1리, 고잡수산2리, 고성리, 오조리, 성산리, 난산리, 신양리, 시흥리에 이르는 여덟 마을이나 되었는데 근래에는 대여섯 마을이 주신主神으로 함께 모시고 있다.

그런데 이 신상에는 당연히 있어야 할 신들의 얼굴이 없다. 머리가 잘린 몸뚱이만 가부좌를 튼 채 앉아있다. 도대체 어떤 일이 있었길래 마을 최고의 신성은 참수된 시신처럼 섬뜩한 모습을 갖게 되었을까? 6~70년대 미신타파운동이 극에 달하던 시절 계몽교육을 받고 무속신앙에 의구심을 품게 된 청년들 중 몇몇이 호기를 자랑하며 신상의 목을 베겠노라며 내기를 제안한 뒤 실행에 옮겼다고 한다. 신상을 훼손한 청년은 용기를 인정받았지만 얼마 지나지 않아 알 수 없는 죽음을 맞았다. 그 뒤로 신상은 목이 잘린 모습 그대로 남게 되었다.

머리 잘린 신상 말고도 눈길을 사로잡는 존재가 하나 더 있다. 제단 위의 신상 뒤편에 마치 불상의 광배처럼 자리 잡은 태극기다. 태극기는 또 무슨 이유로 신성보다 높은 자리에 지성소至聖所를 구축한 것일까? 심방과 단골들이 말하는 사연은 이렇다.

이 마을에서는 해마다 정월이면 좋은 날을 택해 마을굿을 치르는데 이를 '군인굿'이라고 부른다. 전란통에 죽어간 마을 사람들의 원혼을 달래는 굿이다. 제주근현대사의 무참한 학살극 4·3의 광풍

성산읍 수산1리 본향당의 목 잘린 신상. 2019년 2월.

에 죽어간 원혼들이 첫째다. 둘째는 6·25전쟁이 발발하자 국군에 자원입대해 압록강까지 북진하며 빨갱이 소탕을 하다 사라져간 이들을 위함이다. 셋째는 머나먼 남의 나라 전장을 누비며 빨갱이 사냥에 선봉대로 나서서 빨갱이를 죽이는 것으로 빨갱이의 혐의를 벗기 위해 목숨까지 내던진 이들을 위함이다. 이런 이유로 군인굿을 치르기 위해 신상 뒤에 태극기를 걸어놓기에 이른 것이다.

목 잘린 신상과 태극기의 사연을 알고 나면 자연히 국가폭력이라는 단어가 떠오르게 될 것이다. 더욱 기가 막히는 일은 최근 몇 년 사이 제주 최대의 사회문제로 떠오른 제주 제2공항 예정지 중 한 곳이 이 마을이라는 점이다. 또 다른 국가폭력이 가해지고 있는 것이다. 언제나 굿이 끝날 무렵이면 마을 사람들의 횡액을 한 몸에 지고 대명대충代命代充 액막이의 제물로 바쳐지는 수탉의 뒤틀린 목처럼 제2공항이 들어서면 신상뿐만 아니라 누구의 목이든 온전하겠는가.

수산1리 본향당의 신상처럼 굿을 하건 하지 않건 언제나 자리를 지키는 신의 이미지와 달리 기메는 굿을 할 때마다 일회적으로 사용한 뒤 불태운다. 강소전인간과 신령을 잇는 상징-巫具 전라남·북도, 제주도 편, 2008에 의하면 종이, 대나무, 천 등의 재료들을 사용해 제작한다. 기메는 굿청을 장식하는 용도로만 쓰이지 않는다. 필요에 따라 심방이 손에 들고 춤을 추거나 특별한 동작을 할 때에도 사용한다. 기, 지, 지전, 살장, 송낙, 꽃 등으로 분류된다.

'기'에 속하는 것들은 굿판의 무대장치처럼 고정된 채로 유지되는 것이 있고, 필요에 따라 손에 들고 도구처럼 사용하는 것이 있다. '지'는 대체로 고정된 채로 유지되는 것으로 보아 마치 굿청을 꾸미는 장식처럼 보이기도 한다. '지전'은 주로 고정된 장식처럼 쓰이다가 상황에 따라 분리되는 것도 있고, 뜻 그대로 종이돈, 즉 신에게 바치는 돈의 용도로 쓰이는 것도 있다. '살장'은 '지'처럼 고정된 채로 굿청을 장식한다. '송낙'은 고깔 종류의 장식들을 가리키는데 고정해놓았다가 필요에 따라 손에 들고 도구로 사용하기도 한다. 마지막으로 '꽃'에는 성주꽃이 있는데 다른 지방의 지화 紙花처럼 종류가 다양한 것은 아니다. 이 밖에도 육고비, 동심절, 고리동반, 칠성신상, 철쭉대, 적패지처럼 어느 한 곳에도 속하지 않는 종류도 몇 가지 존재한다.

기메는 신을 이미지화한 미술적 장치로부터 무대장치나 소품 등으로도 쓰이며 폭넓은 변신을 즐긴다. 앞서 살펴본 '신칼, 산판, 요량'의 일월삼멩두도 그 자체로 미술적 가치를 지니지만 굿이라는 의례 속에서는 점구占具로도 쓰이고, 춤의 소품으로 쓰이는 등 다채로운 변신을 거듭한다. 이처럼 굿이라는 의례 속에 녹아든 장르 예술적 요소들은 그 자체로 상징적인 기호로 작용하거나 다른 무엇과 결합하여 또 다른 의미로 작용하며 복잡다단하고 변화무쌍한 굿의 체계를 탄생시켰다.

노래와 춤에 깃든
제주의 신성

　　　　　　　　　　　사람은 애초에 맨몸으로 태어난 존재다. 원시의 인류는 생존을 위해 몸을 움직였고, 소리를 질렀다. 무리를 이루고 사회집단을 만들게 되면서 서로 소통하기 위한 언어를 고안했고, 그것에 기초해 문화를 일구기 시작했다. 초월적인 힘이 세상을 지배한다는 생각을 하게 되고 종교적 심성을 싹 틔우게 되자 언어는 신화라는 이야기로 이어졌고, 신화와 짝을 이루는 의례가 탄생했다.

　의례를 치르려면 일상과는 다른 형식의 소리와 몸짓이 필요했다. 비로소 노래와 춤이 의례의 요소로 자리 잡게 되었다. 다시 시간이 흐르며 악기가 탄생했다. 오늘날 미술과 연극 등으로 불리는 예술적 요소도 합쳐지며 탄탄한 모양새의 굿이 일정한 양식을 갖게 되었다.

제주 4·3 70주년 해원상생굿에서 춤추는 심방. 2018년 4월.

　제주도의 굿 또한 이러한 노정을 걸어오며 오늘날의 모습으로 자리 잡았다. 만일 굿에 소리와 춤이 없다면 어떤 모습이 펼쳐질까? 아무리 상상해도 다른 모습이 떠오르지 않거니와 오히려 제주도의 굿 속에서 소리와 춤이 어떤 역할을 맡는가 하는 궁금증이 높아진다.

　노래와 춤은 떼려야 떼놓을 수 없는 요철 같은 관계다. 노래를 부르다 보면 춤을 추게 되기 마련이다. 물론 춤을 동반하지 않는 노래도 있고, 노래나 반주 없이 추는 춤도 있다. 제주도의 굿에 모든 경우가 나타난다. 아무래도 경건하고 엄숙한 대목에서는 노래가 독립적으로 불리고, 격정적이거나 신명 나는 대목에서는 두 가

지가 나란히 나타난다.

노래만 불리는 대목 중에서 대표적인 것은 '본풀이 창'이다. 신화를 노래로 읊는 대목을 본풀이 창이라고 할 수 있다. 그런데 본풀이 창을 비롯한 제주도의 무가(巫歌)는 대체로 두 가지 방식으로 불린다. 일정한 멜로디와 리듬의 규칙을 가진 방식과 노래 부르는 이가 자신의 호흡이나 감정의 흐름에 맞춰 자유롭게 선율과 박자를 조절하는 방식으로 나뉜다. 앞의 것을 '소리'라고 하고 뒤의 것을 '말미'라고 이른다.

소리로 부르는 본풀이나 무가들은 일정한 규칙을 가지고 있어서 음치나 박치가 아닌 바에야 누가 불러도 같은 패턴을 지닌다. 군웅신의 사연을 담은 '군웅덕담', 지장아기씨의 사연이 담긴 '지장본풀이' 등이 대표적인 예다.

말미는 본풀이를 비롯한 무가를 노래할 때 가장 많이 쓰이는 방식이다. 대화하듯이 뱉어내는 말도 아니고 음악적인 규칙을 지닌 소리도 아닌 중간 형식이다. 굿에서 본풀이를 풀어낼 때는 제단 앞에 앉아서 심방이 장구의 일종인 삼동막살장귀나 북을 연주하거나 요량을 흔들며 말미로 섬기는 것이 일반적이다. 이때 다루는 악기 또한 특정한 규칙 없이 심방이 호흡에 맞춰 즉흥적으로 연주하며 말미의 템포를 느리고 빠르게 조절하거나 극적인 효과음

구좌읍 월정리 신과세굿에서 춤추는 심방. 2018년 3월.

을 가미하는 역할을 한다.

　이렇게 보면 말미라는 방식은 노래의 원초적인 형태라고 할 수 있다. 선율과 박자의 규칙이 정비되고 일정한 양식을 갖추기 이전의 음악이라고 볼 수 있는데 제주도의 전통민요에서도 쉽게 찾을 수 있다. 이 방식은 주로 생업과 관계된 일을 할 때 부르는 노동요에서 많이 쓰이는데 예를 들면 '쉐 모는 소리'^{소 모는 소리} 등이 대표적인 예이다.

　쉐 모는 소리는 뜻 그대로 소를 다룰 때 부르는 노래인데 즉흥적인 선율과 박자로 술술 풀어낸다. 사람들끼리 호흡을 맞춰 부르는 '마당질소리'^{타작소리}나 '검질 메는 소리'^{김매는 소리}가 특정한 규칙성을 지니는 것과 대조적이다. 여기에는 또 다른 이유가 있다. 타작을 하거나 김을 매는 일은 사람들끼리 호흡을 맞춰서 치르는 공동노동이다. 특히 도리깨를 들고 마주 서서 번갈아 내려치는 타작은 노래의 박자가 동작의 기준 구실을 한다. 일정한 패턴의 노래를 함께 부를 때라야 일이 어긋나지 않는다는 말이다.

이와 반대로 쉐 모는 소리는 사람끼리 호흡을 맞추는 것이 아니라 소와 사람이 앙상블을 이루는 것이다. 당연히 소는 사람처럼 선율과 박자를 맞출 수 없으므로 사람이 소의 상태를 살피고 호흡을 맞추며 즉흥적인 말미로 노래를 하게 된다. 사람의 호흡보다 소의 호흡이 중요시될 수밖에 없다. 사람이 부르는 것이지만 동물과 인간이 함께 만들어낸 음악인 셈이다.

말미의 방식은 이렇게 원초적이며 자연적이다. 제주 사람들이 자연 자체를 1만8천 신으로 여겼던 사유체계가 본풀이 창을 할 때면 으레 말미의 방식을 택하게 만든 것 같다. 자연과 사람이 호흡을 맞추고 공생했던 세계관의 결과물 중 하나가 말미인 듯하다.

이처럼 자연에 가까운 노래인 말미의 방식은 제주도에서 두드러질 뿐 제주만의 것이 아니며 우리나라는 물론 전 세계에서 발견된다. 오페라의 레시타티보나 흑인음악에서 비롯된 랩도 이와 비슷한 형태에서 유래한 것이라고 할 수 있다.

노래가 말미와 소리라는 두 가지 방식으로 진행된다면 춤은 노래 중에서 소리의 방식을 반주 삼거나 악기 연주를 반주로 삼는다. 이 둘 중에서 악기 연주에 맞춰서 춤판을 펼치는 것이 많은 비중을 차지한다. 따라서 제주의 굿춤을 헤아리려면 굿에 쓰이는 악기와 그것의 연주법에 대한 이해가 필요하다.

제주도의 무속음악에 쓰이는 악기와 그것을 연주하는 행위를 통칭 '연물'이라고 부른다. 연물이 생겨난 유래담은 '초공본풀이'라는 신화에 담겨 있다. 초공본풀이는 이 세상에 굿이라는 것이 어떻게 생겨났고 누구에게서 비롯되었는가를 알려주는 신화로, 제주도 심방들의 조상신인 '노가단풍아기씨'와 그의 아들 세쌍둥이 '젯부기 삼형제'가 주인공으로 등장한다.

삼천선비들의 계략에 빠져 삼천전제석궁에 갇힌 어머니를 구하기 위해 세상이 생긴 이래 최초로 굿을 치르게 된 젯부기 삼형제가 너사무너도령삼형제와 의형제를 맺고 '데영, 설쉐, 울북'이라는 세 가지 악기를 만들어서 연주한 것이 연물의 기원이다.문무병 外, 제주도큰굿자료, 2001.

이 악기들을 차례로 살펴보면 데영은 다른 지역의 징과 비슷하며 빠르기와 장단을 조절하는 지휘자 역할을 한다. 설쉐는 놋그릇과 거의 비슷한 모양으로, 뒤집어놓은 거름채 위에 그릇 뒷바닥이 위쪽을 향하게 엎어놓고 두 개의 채로 내려치는 악기다. 울북은 다른 지역의 북과 비슷한데 크기가 조금 작으며 구덕이라는 대바구니 위에 엎어놓고 한 면을 연주한다. 북을 칠 때에는 양손에 채를 쥐고 왼손의 위, 오른손의 아래로 교차시켜 북편을 두드린다.

데영이 다른 지역에서도 보이는 징과 비슷하다는 점 외에 설쉐와 울북의 형태나 연주법이 매우 독특하다는 점에 주목할 필요가 있다. 우리나라 다른 지역에서는 찾아볼 수 없는 두 악기의 특징은 주로 쿠로시오 해류가 흐르는 남아시아에서 제주까지 이어지는 해양문화권에서 발견된다.

일반적으로 대륙문화에 속하는 타악기의 연주법은 악기를 세워 놓고 채를 수평으로 움직이며 두드린다. 아시아 남방에서부터 제 주까지 이어지는 해양문화권의 타악기는 악기를 눕혀놓고 채를 수직으로 내려치는 방식을 주로 쓴다. 설쒜의 연주법은 전형적인 해양문화권의 연주법이며 이와 비슷한 악기들이 남아시아 곳곳 에 존재한다. 양손을 교차하며 북의 한쪽 면을 두드리는 울북의 연주법 또한 제주도보다 위도가 낮은 아시아 남부에서 종종 발견 된다. 이런 특징을 놓고 볼 때 제주도의 굿은 남아시아와 북아시

성산읍 온평리 영등굿에서 연물 반주에 맞춰 춤추는 심방. 2016년 3월.

아, 해양문화와 대륙문화가 밀물과 썰물처럼 교차하며 혼합된 것으로 보인다.

이뿐이 아니다. 연물이 지닌 해양문화의 특징은 연주음악에서도 찾을 수 있다. 우리나라의 음악은 선율과 박자 중에 박자를 매우 중요시하며, 3소박♩♪♪과 2소박♩♪♪을 사용해 3소박 12박자와 2소박과 3소박이 혼합된 10박자의 장단꼴을 만들어낸다. 이러한 박자체계는 무속을 비롯한 궁중음악 등 각종 종교음악에 두루 적용된다.

이 속에는 하늘과 땅을 경배하는 관념이 반영되어 있다. 10박자는 천간天干, 12박자는 지지地支를 상징하는데 다른 지역의 굿에서

조천읍 와흘리 신과세굿 중 지장본풀이를 부르는 모습. 2009년 2월.

입춘굿 중 초감제에서 춤추는 심방. 2008년 2월.

는 두 가지의 박자체계가 두루 쓰이며 하늘과 땅으로 이어지는 수
직적인 주술관을 만들어냈다. 음악과 불가분의 관계에 있는 춤 또
한 수직적인 도약과 굴신이 발달되어 있다.

이에 비해 제주도의 무속음악에서는 3소박 12박자의 장단꼴만
쓰인다. 음악이 이러하니 춤 또한 수평적이다. 춤과 음악이 수평
적인 이유 또한 바다에 면한 해양문화적 특징으로 보인다. 무속신
앙의 뿌리가 되는 신화만 보아도 제주의 신들은 바다를 건너온다
거나 땅속에서 솟아난다. 이는 땅속에서 솟구치거나 밀물과 썰물
로 들고나는 물의 속성을 반영한 것이다.

주술적인 세계관이 이러하니 굿에 쓰이는 음악과 춤은 물론 여

극적 행위 또한 수평적이다. 이를테면 망자를 저승으로 떠나보내는 '차사영맞이'의 '저승질침'이나 영등굿 등에서 치르는 '요왕질침'이 그렇다. 이 굿들은 각각 멍석을 길게 깔고 댓가지를 꽂아 '차사영겟질'과 '요왕질'이라는 무대장치를 설치해놓고 심방이 이 사이를 왔다 갔다 하며 돌을 파내고 흙을 다지고 다리를 놓는 등의 마임에 가까운 춤을 추는 방식을 갖고 있다. 인간세상과는 다른 세상인 저승이나 용궁도 걸어서 갈 수 있는 곳이라는 수평적 사고를 반영한 것이다. 이렇게 제주도의 굿에 쓰이는 음악과 춤에는 해양문화의 흔적이 진하게 배어있다.

비결정성의 놀판굿,
굿놀이

              지구상의 모든 나라와 민족은 연극적 전통을 지니고 있다. 특히 오늘날 우리 주변에서 펼쳐지는 공연 performance이라는 행위양식은 영화, 축제, 미디어드라마, 대중오락 등과 연주회, 무용, 연극을 비롯한 각종 무대예술, 심지어 스포츠 이벤트에 이르기까지 복잡한 형태로 나타난다. 연극을 흔히 희곡, 배우, 무대, 관객의 네 가지 요소를 갖추고, 희곡을 바탕으로 무대에서 배우들이 연기하는 행위라고 한다.

   그러나 이러한 규정은 17세기 국민연극에서 비롯된 유럽 근대극의 전통에 뿌리를 둔 것이다. 유럽 근대극은 고대 그리스의 비극을 기원으로 삼는다. 유럽 근대극의 개념으로 세계 각처의 다양한 공연양식과 연극적 행위들을 설명하는 것은 사실상 불가능에 가깝다. 더욱이 우리나라처럼 전통적으로 드라마적 요소보다 놀

입춘굿 중 아기놀림. 2007년 2월.

이적 요소를 중시하는 '연희演戲'가 대부분인 경우와 동서양을 막
론한 중세 이전의 의례적 연극 등은 설명하기 어렵게 된다.

　우리나라에서는 유득공이란 사람이 《경도잡지》에서 '연극演劇'
이라는 말을 최초로 사용했다고 하는데 이 말의 속뜻을 연희라는
말과 견주어 따져 묻고 싶다. 우리나라를 비롯한 동아시아 공연양
식에서의 희戲와 극劇은 의례를 통한 갈등의 제기와 해결을 보여
준다. '戲＝虎＋戈＋豆', 희戲는 호랑이虎 탈을 쓰고, 창戈을 든 사람
이 제기豆를 앞에 두고 춤추는 모습이다. '劇＝虎＋豕＋刂', 극劇은
호랑이虎와 돼지豕가 서로 칼刂을 들고 싸운다는 뜻으로 탈을 쓴 두

구좌읍 송당리 신과세굿 중 아기놀림. 2019년 2월.

사람이 싸운다는 의미다. 희戱는 의례적 놀이를 의미하고, 극劇은 갈등의 연극을 의미한다. 의례를 통해 자연과 인간과의 갈등, 인간과 인간 사이의 갈등을 해결하고 소멸하는 행위가 우리의 연희이며 연극인 굿놀이다.

굿놀이의 메카는 단연 제주도다. 굿의 한 과정이지만 독립적인 완결성을 지닌 굿놀이가 아니더라도 제주도의 굿은 전 과정이 연극적인 구조로 짜여 있다. 이처럼 제주도 굿이 지닌 고도의 연극성은 극본 노릇을 하는 본풀이가 풍부한 데서 확보된 것이라고 할 수 있다. 신들의 사연을 담은 본풀이는 비교적 완고한 틀을 갖고 있어서 기록되지 않은 구비·행위전승임에도 불구하고 파격을 거부하려는 속성이 있다.

그러나 굿이라는 의례는 상황과 조건에 따라 다종다양하게 펼쳐지는 아메바 같은 것인 탓에 신화인 본풀이를 시시때때로 변형한다. "신화는 의례를 구축하고 의례는 신화를 해체한다."라고 주장한 레비스트로스의 분석이 정확히 맞아떨어진다. 마치 한 편의 희곡이 무대에서 상연될 때마다 수많은 변신을 거듭하는 것과 같은 이치다.

제주도는 뭍과 다른 자연환경에서 비롯된 매우 독특한 문화를 지니고 있다. 다른 지역의 굿은 종교와 예술의 경계에서 탈춤, 판소리, 농악 등 다양한 연희를 탄생시키며 근대극의 수용까지 이어졌지만 제주만은 달랐다. 굿으로부터 예술로 퍼져나가는 원심력보다 굿이 예술을 빨아들이는 구심력이 강했는지, 모든 연희적 요소들을 굿이 수렴한 결과가 제주도의 굿놀이다.

제주도의 굿놀이에는 "전상놀이삼공놀이, 세경놀이, 사능 놀이산신놀이, 꽃탐, 갈룡머리용놀이, 물 놀이, 영감놀이, 줴목줴상도시마을굿, 강태공서목시놀이, 불찍앗음, 칠성새남, 구삼싱냄, 아기놀림, 고분멩두, 입춘굿놀이"김은희, 제주도 굿놀이의 특징 연구, 2007. 등이 있다. '꽃탐' 등 의례과정에서 다시 여러 가지 굿놀이로 세분 가능한 경우도 있기에 그 수는 더 늘어날 수 있다.

이 놀이들 중에는 본풀이와 연계되어 그 서사를 극적으로 재현하거나, 본풀이를 전제로 또 다른 서사를 구현하는 경우가 있다. 이와 달리 본풀이와는 직접적인 관계없이 의례를 구성하는 다양한 과정이 맞물리는 상황에서 탄생한 경우도 있다. 후자의 경우는 신화적 서사보다 의례적 연행이 놀이의 근거가 된다.

굿을 청한 주체에 따라서도 분류할 수 있는데 사능놀이는 사가굿만 아니라 마을공동체의 당굿에서도 치른다. 입춘굿놀이는 전근대사회에서 관아와 민간이 함께하는 고을굿에서 펼쳤던 굿놀이다. 나머지는 대부분 개인과 가정의 안녕을 발원하는 사가굿에서 펼치는 굿놀이들이며 사가굿의 굿놀이는 단골집안신앙민 가정의 것과 심방칩무당집의 것으로 나누어진다.

제주도의 굿놀이 중에서 본풀이와 연계된 것으로는 세경놀이, 전상놀이, 영감놀이 등이 대표적인 예이다. 이 중에서 전상놀이와 영감놀이는 각각 삼공본풀이와 영감본풀이의 줄거리를 대본 삼아서 펼쳐낸다. 그러나 세경놀이는 세경본풀이의 내용을 있는 그대로 재연하지 않고 본풀이의 내용을 바탕으로 또 다른 이야기를 전개한다.

세경본풀이는 자청비가 농경과 풍요의 신으로 좌정하는 내용을 담고 있다. 이와 달리 세경놀이는 '펭돌이어멍'이라는 인물이 겁탈을 당한 뒤 펭돌이를 낳아 기르면서 농사를 가르치고 큰 수확을 얻어내는 과정으로 진행된다. 그런데 세경본풀이와 세경놀이의 표면에 나타나는 줄거리의 이면을 곰곰이 따져보면 묘한 일체성을 찾게 된다. 세경본풀이에서 서로 대립각을 세우며 충돌하는 자청비와 그의 하인 정이어신 정수남이는 각각 농경문화와 수렵목축문화를 대표하는 신성이다. 다시 말하면 농경신과 목축신의 각축을 주인을 성적 대상으로 갈망하는 하인의 계략극으로 그려냈

조천읍 와흘리 신과세굿 중 산신놀이. 2009년 2월.

조천읍 와산리 불돗당굿 중 산신놀이. 2017년 4월.

다는 말이다.

　이야기는 다르지만 세경놀이의 두 주인공인 펭돌이어멍과 펭돌이에게서도 농경과 목축이 뒤섞이는 양상이 나타난다. 눈도 코도 없는 바보천치로 태어난 펭돌이가 문명에 길들여지지 않는 모습을 보이며 어머니와 갈등을 빚다가 결말부에 이르러 농사일을 배우고 결국에는 풍작을 이룬다. 펭돌이가 바보천치라는 점은 목축보다 농경이 발달된 문화라는 인식을 빗댄 설정이다. 이런 점에서 펭돌이어멍은 자청비, 펭돌이는 정이어신 정수남이의 극적인 화신임이 확인되는 것이다.

전상놀이의 대본 구실을 하는 삼공본풀이는 사람의 직업과 팔자를 관장하는 전상신의 내력담이다. 무조신의 내력담인 초공본풀이, 인간의 수명을 관장하는 신의 이야기인 이공본풀이와 더불어 제주도 본풀이의 '삼불휘'세 가지 뿌리로 불린다. 신불휘인 초공본풀이, 꽃불휘인 이공본풀이, 업불휘인 삼공본풀이의 삼불휘는 인문질서의 모든 측면을 관장하는 매우 중요한 신화다.

삼공본풀이를 대본 삼아 벌어지는 전상놀이는 본풀이의 이름을 따서 삼공놀이라고도 불린다. 삼공맞이굿에서 펼쳐지는 전상놀이는 본풀이의 줄거리를 순차적으로 따르지 않고 이야기의 결말부

조천읍 선흘리 신굿 중 전상놀이. 2017년 7월.

부터 시작해 도입부로 되돌아가는 방식으로 진행된다.

삼공본풀이에서는 자신이 타고난 복록으로 잘산다고 말했다가 부모에게서 버림받은 가문장아기가 죽은마퉁이를 만나 부자가 된 뒤 게와시잔치걸인잔치를 벌여 맹인거지로 전락한 부모가 찾아오게 만든다. 마침내 가문장아기와 상봉한 부모가 눈을 뜨는 것으로 끝난다.

전상놀이는 이 줄거리 중 게와시잔치를 여는 대목부터 시작한다. 가문장아기가 자신을 못 알아보는 부모에게 어쩌다가 이런 신세가 되었느냐고 묻는다. 이에 부모는 자신들이 혼인해 세 딸을 낳아 기르며 부자가 된 뒤 가문장아기를 쫓아냈다가 다시 거지 신세로 되돌아왔다는 사연을 신세타령처럼 노래하며 삼공본풀이의 줄거리를 토해낸다. 이들의 신세타령이 잦아들면 가문장아기가 부모의 눈을 뜨게 만들고 나쁜 기운을 소멸시키는 것으로 굿놀이가 일단락된다.

사건의 결말을 놓고 서두로 돌아가서 실마리를 찾아가는 추리극 형식의 전상놀이의 구조는 고대 그리스의 3대 비극작가로 알려진 소포클레스의 연극 오이디푸스대왕을 떠올리게 한다. 아버지를 죽이고 어머니와 결혼해 자식까지 낳은 비극적 운명의 주인공 오이디푸스의 이야기를 비극으로 만든 소포클레스 또한 극의 서두를 신화의 결말부로 연출하는 추리극으로 탈바꿈시켰다. 부모를 알아보지 못한 탓에 자신이 다스리는 테바이에 재앙이 생기자 스스로 눈을 찔러 맹인이 된 오이디푸스가 도대체 어떤 길을 걸어왔는가 하는 궁금증을 증폭시키는 것이다.

전상놀이와 오이디푸스대왕은 이렇게 서사의 역대입을 통해 극적인 효과를 최고조로 끌어올리는 공통점을 지니고 있다. 차이가 있다면 전상놀이는 장님의 눈을 뜨게 만드는데, 오이디푸스대왕은 멀쩡한 눈을 훼손한다는 것이다. 이것은 서구의 연극미학과 우리의 전통적인 굿놀이가 지닌 사유체계의 차이이며 앞에서 살펴본 연극演劇과 연희演戱의 차이점이다.

세경놀이와 전상놀이를 토대로 살펴보면 굿놀이가 본풀이를 있는 그대로 재연하지 않는다는 것을 알 수 있다. 이런 특징은 굿놀이뿐만 아니라 제주도의 굿 면면에서 숱하게 나타난다. 어떤 것도 고정되지 않고 상황과 조건에 따라 끊임없이 변화하는가 하면 밑도 끝도 없는 파격을 연출해내기도 한다.

어느 한 대목에서 신명이 최고조로 차오르면 그 과정의 목적과 순서는 뒷전으로 밀려나고 즉흥적인 신명풀이를 끝도 없이 이어가는 것을 두고 '놀판굿'이라고 부른다. 제주도의 굿이 굿놀이를 넘어서서 놀판굿까지 이를 수 있었던 원천은 어떤 것도 고정불변의 원칙으로 삼지 않는 비결정성에 있다고 봐야 할 것이다.

신화는 곧 돈?
스토리텔링의 난맥

굿이 제주 사람들에게 종교적 율법이며 사회적 규범이었던 시대는 지나간 지 오래다. 이른 새벽 신당神堂 안을 감도는 쌀쌀한 바람을 밀어내고 박명의 희미한 빛줄기를 간신히 피워 올리는 촛불처럼 안간힘을 다해 버티는 것이 오늘날 우리의 무속이 처한 사정이다. 종교와 주술이란 단어가 자리했던 곳에는 언제부턴가 문화와 예술이 똬리를 틀고 앉았다.

의도가 어찌 되었건 우리는 종교와 주술에게 이별을 고했거나 고하는 중이고, 문화와 예술이라는 파트너와 새로운 관계를 도모하는 시대에 살고 있다. 한 걸음 더 나아가 2000년대 들어서는 콘텐츠, 스토리텔링 등의 개념이 본격화되며 문화예술이라는 말보다 문화경제주의적 맥락에서 비롯된 문화산업이라는 말이 통용되기에 이르렀다.

오늘날이 이야기로 장사하는 '스토리셀링story selling'의 시대이고, 전근대사회가 이야기를 함께 나누는 '스토리텔링story telling'의 시대라면, 중세 이전 사회는 신화, 즉 이야기로 치유하는 '스토리힐링story healing'의 시대였다.

제주의 굿은 문화유산로서의 가치가 매우 크고 콘텐츠로의 변환과 그것의 성공 가능성 또한 매우 크다. 하지만 제주의 무속은 급속도로 쇠락하고 있다. 제주의 무속이 처한 오랜 위기의 배경에는 여러 가지 요인이 자리 잡고 있다. 그중에서도 무엇보다 큰 요인은 소위 '압축적 근대화'라는 급격한 사회변동이다.

일제의 식민지배에서 벗어난 한국사회는 6·25전쟁 이후 무엇보다 경제발전을 최고의 목표로 삼아 전진해왔다. 이 과정에서 재래의 민속을 비롯한 온갖 사회적 장치들을 비합리적인 것으로 여기고 외래의 것을 선진적인 것으로 여기는 풍조가 정부의 주도하에 열풍을 일으켰다. 이 때문에 많은 사람들이 한국사회의 근대화를 두고 비문명적 요소들을 일신하는 합리화와 비생산적 요소들을 뒤바꾸는 산업화의 과정이었다고 진단한다. 안타깝게도 무속이야말로 가장 먼저 없어져야 할 것으로 손꼽히며 미신타파운동이라는 암초에 부딪혀 만신창이가 되고 말았다.

미신타파운동은 일제강점기에서부터 뿌리를 찾을 수 있다. 해방 이후 이승만 정권의 암묵적인 비호 아래 개신교 중심으로 간헐적으로 전개되다가 박정희 정권에 이르러 새마을운동과 맞물리며 전가의 보도를 빼들어 서슬 퍼런 칼날을 휘둘렀다. 박정희 정권은 새마을운동 당시 공식적으로 무속신앙을 억압하며 지역의 신당을 파괴하고 굿을 중단시키는 활동을 새마을사업의 성과로 여겼다. 사가의 굿 또한 소음을 구실로 경범죄 처벌법을 적용해 무당을 경찰서로 잡아가 다시는 굿을 하지 않겠다는 각서를 쓰도록 강요하였다.

달라진 생업기반과 그에 따른 기술의 변화와 미신으로 여겨 백안시하는 풍조는 여염집의 굿을 위축시키기도 하였거니와 무엇보다 공동체 신앙의 핵심인 당굿에 크나큰 영향을 끼쳤다. 신과세제, 영등제, 마불림제, 시만곡제로 이어지는 4대 제의가 제대로 지켜질 수 없게 되었는가 하면, 며칠에 걸쳐 이루어지던 과정이 굿을 마치는 날로 합쳐서 벌어지는 당굿의 면모로 고착화되었다. 마을 곳곳을 순례하며 액막이를 하는 '거리굿'과 대동놀이에 가까웠던 '놀판굿'이 사라지며 당이라는 한정된 공간으로 축소되고 말았다.

급속한 당굿의 위축과 소멸은 고유한 '단골판'마저 흔들어 놓았다. 이를테면 한 마을에 당을 맨 심방이 있으면 단골들은 비단 당굿만이 아니라 평소에도 비일상적인 문제가 발생할 때마다 집으로 찾아가 '산'을 받았다. 산은 심방이 신의 의사를 물어 점치는 것을 이른다. 집안의 대소사가 생기거나 안택을 해야 하는 경우에는 두말할 것도 없이 심방을 청해 굿을 치르는 것이 오랜 관습이었는데 최근에는 간신히 명맥을 유지하는 당굿 말고는 이런 모습을 찾아보기 힘든 형편이다.

미신타파운동과 무형문화재 지정이라는 극단적인 양상으로 왜곡과 소멸의 길을 걷던 무속은 2000년대 접어들며 새로운 전기를 맞았다. 우리나라의 각종 문화원형들이 문화산업의 자산으로 주목받기 시작하며 무속 또한 그 흐름에 포착되었다. 언 발에 오줌 누는 격이었지만 생사의 갈림길에 선 무속을 살리기 위한 시도가 뒤늦게라도 시작되어 누구나 반색했다. 제주도내에서도 지방정부, 문화산업계, 학계, 문화예술계 등이 협력하거나 각각 독자적 방식으로 무속의 재발견에 돌입했으니 누가 싫어했겠는가.

그러나 달라진 세상은 순진한 기대감을 무너뜨렸다. 근대화와 산업화 등이 빚은 사회변동은 사람들로 하여금 더 이상 과거의 시선으로 무속을 바라볼 수 없게 했다. 전근대사회는 당연하거니와 근대 초기까지도 종교적 심성으로 무속을 대하던 태도가 바뀐 것이다. 근현대사회는 헌법을 모든 제도와 사상의 규범으로 삼지만 그 이전 사회는 종교의 율법이 모든 것을 결정하던 세상이었다. 오늘날 무속에 주목하는 시선은 철석같은 종교적 믿음이 아니라 문화적 가치 또는 재화적 가치에서 비롯되었다는 말이다.

무속을 바라보는 시선의 변화는 당연한 이치다. 어떤 산물이건 동시대의 사상과 정서가 투영되지 않는 것은 없기 때문에 무속을 바라보는 시선도 당대의 사회적 정서에서 자유로울 수 없다. 이런 점에서 무속을 현대적으로 계승하고 변환하는 것은 바람직한 일이다. 그러나 이런 노력들은 때때로 부정적인 결과를 낳기도 한다. 때문에 제주도의 무속을 둘러싼 오늘날 다양한 관심과 노력에도 반성적 성찰이 필요하다.

무속에 대한 오늘날의 시선은 크게 문화와 산업의 두 가지 입장으로 나뉜다. 문화적 시선은 무속의 프로세스인 신화와 의례의 의미가치에 중점을 두고, 산업적 시선은 재화가치에 집중한다. 문화적 의미가치에 집중하는 입장은 무속의 본질적 영역인 영성에 담긴 사상과 예술의 가치는 물론 모든 시대를 관통하는 진리를 교훈처럼 받아들인다. 산업적 재화가치에 집중하는 입장은 이윤창출을 위한 상업적 경향을 보인다.

이 두 가지 중 어느 하나가 옳고 그르다고 판정하는 것은 바람직하지 않다. 중요한 점은 이 두 가지를 저울에 매달았을 때 어느한 쪽으로도 치우지지 않는 균형이 잡히는가를 판정하는 것이다.

문화적 의미가치와 산업적 재화가치의 균형을 가늠할 때 오늘날의 모습은 아무래도 후자 쪽으로 기우는 경향이 강하다. 이처럼 균형이 무너지는 배경에는 어떤 원인들이 도사리고 있는지 자못 궁금해진다. 나의 인상비평에 가까울 모르겠지만 지방정치의 관료주의, 문화산업계의 경제주의, 관련학계의 고답적인 민속주의, 문화예술계의 소재주의라는 각 분야의 한계가 원인으로 작용하는 듯하다.

지방정치의 한계는 지역정치인의 이슈몰이와 공직자들의 관료주의가 맞물리며 나타난다. 유네스코문화유산, 무형문화재, 각종 전통문화축제 등 대중적 인기를 끌어올리기 쉬운 테마에 전력투구를 한다. 이를테면 근래에 해녀문화를 지원하기 위해 제주도내 각 어촌계에 영등굿과 잠수굿을 치르는 경비를 지원하며 굿이 사라진 마을까지 독려하며 복원을 유도하고 있는데, 이는 바람직한 모습이 아니다. 지원하기에 앞서 현황조사를 면밀히 진행하고, 현장에서 실질적으로 필요로 하는 지원책에 대한 수요조사, 그에 따

애월읍 광령1리 본향당(자운당)의 쓰러진 신목(神木).

른 지원방안과 실행이 순차적으로 진행되어야 하는데 제대로 되지 않는 인상이다.

하나의 예를 들자면 제주도의 전통적인 굿을 수행할 수 있는 심방이 태부족인 상태에서 금전적 지원을 펼치자 어떻게든 일을 치르려는 몇몇 어촌계에서는 신흥무당인 보살과 법사들을 섭외해영등굿을 맡기고 있다. 그러나 신흥무당들은 전통적인 제주도굿을 제대로 치르지 못하는 경우가 많다. 결국 복원을 시도한 결과물이 보살굿으로 뒤바뀌는 결과를 낳고 있는 것이다.

이런 현상에는 관련학계의 전문가들에게도 책임이 있다. 고답적인 민속주의에 매몰되어 사회변동으로 인한 제주도굿의 변화양상을 깊이 있게 바라보는 연구자가 드물다. 과거의 한 시점을 기준 삼아 이미 사라져버린 굿에 대한 향수에만 빠져 있다. 신흥무당들이 굿판에 나서고 무속의 양상이 변화하는 것에 대해 안타까워만 할 뿐 관여하지 않는다. 학문적 객관성도 매우 중요한 것이지만 학계의 전문가로서 사회 참여를 통해 올바른 대안을 제시하는 일을 소홀히 하는 것 또한 고답적인 민속주의라는 비판에서 자유로울 수 없다.

문화산업계의 경제주의는 심각한 지경이다. 이 분야에 종사하는 사람들은 누구나 '해리포터', '반지의 제왕', '신과 함께'와 같은 흥행작을 생산해 상업적으로 성공하려고만 든다. 특히 제주도의 신화에 주목하면서도 밀도 있는 이해는 물론 현재적 가치에 대한 분석도 미흡하다. 대중적인 수준의 신화 이해로 대단한 성공을 노리며 지자체에 투자와 지원을 호소한다. 앞으로도 이런 상태에 머문다면 그들이 바라는 것조차 이룰 수 없는 뜬구름 같은 꿈에 지나지 않을 것이다.

마지막으로 내가 속한 문화예술계의 소재주의도 균형을 무너뜨리는 원인 중 하나로 들 수 있다. 대다수의 예술가들이 제주의 무속을 이루는 신화와 의례를 고루 탐구하지 않고 신화에만 몰입한다. 그조차도 본풀이의 드러나는 서사에만 집중하며 이면에 담긴 의미와 철학을 들여다보지 않는다. 신화를 대본 삼아 다양한 장르

누군가에 의해 훼손된 조천읍 와산리 불돗당의 신석(神石).

예술적 요소로 펼쳐내는 의례의 연행원리에 대한 탐색이 무엇보다 중요한데 큰 관심을 두지 않는다.

신화의 원천인 현장에 대한 직접적인 탐색에 인색한 태도는 마치 문화산업계의 경제주의와도 비슷하다. 드물게 현장을 탐색하는 이들이 더러 있지만 굿이 지니는 총체적인 성격을 무시하고 문학, 미술, 음악, 연극, 무용 등의 장르요소로 해체해 일면적으로만 파악한다. 나 또한 이들 가운데 한 사람인지라 이 점에 대해서는 누구보다 깊은 반성과 성찰의 필요성을 느낀다.

서두에서 말한 것처럼 성스러운 이야기 하나를 놓고 '셀링selling, 텔링telling, 힐링healing' 중 어느 것을 택할 것인가가 또다시 커다란 숙제로 떠오른다. 우리는 신성과 물성, 신화神話와 재화財貨 사이에서 무엇을 택해야 할까?

去剝潭水路
九百七十里

제2부

돌의 애니마,
생명을 낳은 섬땅

제주의 돌은 시원과 영원을 품는다
천지개벽으로부터 설문대가 지상에 납시기까지
여신이 남긴 사체화생의 메시지
살아 숨 쉬는 돌, 생명을 잉태하다
바다를 건너온 돌이 품은 신성
주술적 사실주의는 아픈 역사를 돌에 새긴다
또 다른 세상을 잇는 경계의 어귓돌
역삽과 지형의 성저를 품은 세주의 돌

제주의 돌은 시원始原과
영원永遠을 품는다

　　　　　　　　　　제주에 가장 많은 것이 뭐냐고 물었
을 때 많은 사람들이 돌을 첫손에 꼽을 것이다. 꼼꼼히 따져 보면
제주에도 돌이 귀한 지역과 흔한 지역이 나뉘지만 대체로 돌이 지
천인 탓에 예로부터 제주 사람들은 돌과 함께 살아왔다.

　최근 세계농업유산으로 지정된 흑룡만리의 제주 밭담을 비롯해
해안마을의 원담과 포구, 중산간 마을의 잣담 등은 제주 토박이들
의 생업활동에 있어서 톡톡한 역할을 해왔다. 잘 알다시피 제주의
돌은 생업에만 쓰인 것이 아니다. 집을 짓는 데에도 중요한 재료
로 이용되었으며, 망자의 묘에 산담을 두르기도 해서 돌은 제주
사람들의 삶과 떼려야 뗄 수 없는 천연의 보물이었다.

　돌이 개개인의 생활에서만 요긴하게 쓰였던 것도 아니다. 마을
의 지세를 보아 액살을 방비할 때 쌓는 '거욱대'나 '답다니' 등 비

보풍수에도 돌이 이용되었다. 제주 전체를 놓고 볼 때에도 해안선을 따라 에둘러 쌓은 환해장성과 연대, 오름을 잇는 봉수대 등의 방호시설에도 어김없이 한몫을 단단히 했다.

돌은 삶의 중요한 수단으로 사용되기도 했지만 그 자체가 신성이 깃든 존재로 여겨져 곳곳에서 섬김을 받았다. 돌을 숭배하는 것을 일러 배석신앙이라고 하는데, 이는 제주뿐만 아니라 세계의 모든 곳에서 존재했던 원초적인 신앙이다.

인류사회의 모든 종교와 신앙은 자연 만물에 영혼이 깃들어 있다고 믿는 애니미즘에서 비롯되었다. 돌을 비롯한 자연물을 숭배하는 애니미즘의 무대는 역사 이전의 선사시대로 거슬러 올라간

강정마을 해군기지 건설 전의 구럼비. 2010년.

곳에 있다. 우리가 원시라고 부르는 시대를 살던 선사인들에게 돌은 창조주 자체였다. 소설가이며 종교학자로 널리 알려진 엘리아데는 선사인들의 돌 숭배를 두고 돌에는 생명을 주는 힘이 잠재해 있어 생명을 낳을 수도 있으며, 사람도 성스러운 돌로 변할 수 있다는 믿음의 산물이라고 말했다. 심지어 돌은 죽은 조상의 영혼이 머무는 정령의 집이라고까지 했다.

피를 흘리며 저절로 움직였다는 조천읍 와산리 눈미불돗당의 왕석만 보아도 엘리아데의 해석에 쉽사리 고개를 끄덕이게 된다. 눈미불돗당의 커다란 왕석이 아니더라도 제주의 자연마을 곳곳의 당堂에는 유독 돌이 많다. 당신堂神의 정령이 들고 나는 관문이라는 '궤'도 돌로 이루어져 있다.

제주의 마을 당堂에는 돌과 더불어 커다란 고목들이 위풍당당한 모습을 자랑하는 경우가 많다. 나무 숭배 또한 돌을 향한 믿음처럼 애니미즘의 소산이다. 나무는 우주의 중심인 '세계수世界樹'다. 때로는 우주의 중심을 넘어서서 우주 그 자체가 나무라는 상상을 낳기도 한다. 톨킨의 소설 '반지의 제왕'으로 유명한 북유럽 신화에서는 우주를 '이그드라실'이라는 커다란 나무로 형상화했다. 두부모 자르듯 딱 잘라 말할 수는 없지만 나무가 우주를 상징한다면 돌은 생명의 창조력을 상징한다.

선사인들은 인공적인 집을 짓는 기술을 고안해내기 이전까지 바위그늘이나 동굴에서 살았다. 제주의 탐라 개국신화 배경이 되는 삼성혈과 혼인지의 신방굴만 보아도 이는 쉽게 확인된다. 동굴은 다름 아닌 돌의 숨구멍이며 신성이 깃든 공간이다. 앞서 말한

애월읍 상귀리 본향당(황다리궤당)의 궤.

것처럼 제주의 마을 당*이면 대부분 갖추어져 있는 '궤'는 동굴의 축소판이다.

선사인들에게 바위그늘이나 동굴은 신과 인간이 함께 머무는 돌의 숨구멍이며 생명 창조력의 원천이었다. 제주도나 우리나라에서는 찾을 수 없지만 유럽에는 동굴벽화들이 여러 군데 남아있다. 금방이라도 뛰쳐나갈 것처럼 역동적인 모습의 들소와 사슴들은 도무지 선사인의 솜씨라고 믿기 어려울 정도로 아름답고 정교하다. 횃불을 밝혀 들고 어렵사리 동굴 끝까지 기어들어가서 그림을 그리는 과정에 대해서 많은 연구자들이 다양한 견해를 내놓았다.

그중에서 가장 설득력이 있는 것은 선사인들이 사냥의 성공을

기원하며 집단적으로 벌인 주술행위의 결과물이 그림이라는 주
장이다. 그림을 그리며 춤추고 노래하는 동굴 속 굿판의 황홀경이
눈에 아른거린다. 이들이 이렇게 동굴 속에서 주술을 펼치며 신비
로운 그림을 그린 이유는 두말할 것 없이 제주의 궤처럼 동굴이
돌의 생명 창조력을 품은 신성공간이기 때문이다. 이런 점에서 돌
의 숨구멍인 궤와 동굴은 모양과 크기는 다르지만 같은 의미를 지
니고 있다.

　돌이 생명을 창조하는 능력을 지녔다는 믿음을 드러내는 신화
또한 세계 곳곳에서 전해지고 있다. 그리스신화 속에서 새 인류의
시조가 된 데우칼리온의 이야기를 살펴보자. 인간들의 불경에 진
노한 제우스가 대홍수를 일으켜 인류는 모두 죽음에 이르렀다. 아

제주국제공항이 들어서며 사라진 몰래물 마을에 홀로 남은 방사탑.

버지 프로메테우스의 도움으로 살아남은 데우칼리온과 피라는 제
우스로부터 커다란 어머니의 뼈를 등 뒤로 던지라는 신탁을 받는
다. 두 사람은 돌을 머리 뒤로 던져 인간이 다시 태어나게 한다.
이렇듯 어머니의 뼈인 돌과 생명의 숨구멍인 궤는 선사인들에게
있어서 살아있는 사람의 거처이며 신이 머무는 신전이다.

  그리고 돌은 죽은 자의 집이기도 하다. 대표적인 예가 제주에도
많이 분포하는 고인돌이다. 돌에서 태어나 돌과 함께 살다 다시
돌 속에 사후의 거처를 마련했던 선사인의 삶은 생명의 시원인 돌
의 힘을 빌려 영원성을 얻으려고 했던 기원이었다.

  비바람과 천재지변에도 단단히 버티는 돌의 강력한 힘은 영속

적인 것으로 여겨졌다. 시간의 흐름에 아무런 영향을 받지 않는 듯한 돌의 모습은 영원불멸한 시원의 이미지로 다가왔다.

그리스신화 속의 최고신 제우스의 탄생에 얽힌 사연에서도 돌이 지닌 영원불멸의 시원성을 엿볼 수 있다. 그리스신화에서 가장 유명한 신탁 중 하나인 아비를 죽인 자는 아들 손에 죽게 된다는 사연을 지닌 제우스의 탄생 이야기에서도 돌이 중요한 역할을 한다.

크라노스는 자신의 부친 우라노스를 죽인 뒤 최고신의 자리에 등극했다. 하지만 저주의 신탁 때문에 아내 레아가 자식을 낳을 때마다 집어삼켜버렸다. 제우스를 낳은 레아는 꾀를 내어 강보에 돌을 쌌고, 크라노스가 아무런 의심 없이 삼킨 덕분에 제우스는 살아남았으며, 마침내 크라노스를 무찔러 형제들을 토해내게 했다. 크라노스가 뱉어낸 것은 제우스의 형제들만이 아니다. 제우스를 대신해 집어삼켰던 돌 또한 뱉어냈다.

자신의 분신과 다름없는 이 돌을 놓고 고민하던 제우스는 독수리 두 마리를 잡아 반대 방향으로 날려 보낸다. 독수리들은 제각기 세상을 한 바퀴 돈 뒤 델포이에서 만난다. 이에 제우스는 이곳이 세상의 중심이라고 여겨 자신을 대신했던 돌을 세워놓고 신전을 짓는다.

이 돌이 바로 지구의 배꼽으로 알려진 '옴파로스'다. 이 돌에는 세상의 시작이며 끝인 공간성과 더불어 비로소 제우스가 만든 우주의 질서가 펼쳐진다는 시원성이 함께 담겨 있다.

이슬람 성지 중 하나인 사우디아라비아의 메카에 있는 '카으바의 검은 돌' 또한 시원성을 담은 돌 중 하나다. 이슬람 경전 꾸란

조천읍 와흘리 본향당(한거리하로산당)의 궤.

에 사연이 남아있는데, 알라가 태초의 인간 아담에게 내려준 돌이 카으바의 검은 돌로 알려진다. 아담은 이 돌을 중심으로 카으바 신전을 세웠다.

다시 제주로 발걸음을 옮겨보자. 탐라 개국신화의 주인공인 삼 신인이 솟아났다고 하여 모흥혈로 불리는 삼성혈, 그들이 장성한 뒤 온평리 황누알 해안가로 들어온 벽랑국 삼공주와 초야를 치르 며 신방으로 삼았다는 신방굴, 그리고 셋이 활을 쏘아 거처를 나 눠 가질 때 화살이 날아가 꽂혔다는 삼사석, 이 모두가 돌이 지닌 창조력과 시원성을 담아낸 이야기다.

서두에 언급했지만 마을마다 비보풍수로 세워진 방사탑도 돌이

탐라 개국신화의 무대인 성산읍 온평리 '신방굴'.

다. 거욱대, 극대, 극, 거오기, 솔대 등 그 이름도 마을에 따라 다양하게 불리는 방사탑은 돌이 지닌 영원불변성을 유감주술적으로 이용한 결과물이다. 마을에 따라서는 성벽처럼 길게 담을 쌓아 삿된 기운을 막는 방사벽도 더러 있다.

돌이 지닌 생명의 창조력, 영원불멸의 시원성은 제주 토박이들이 지닌 자연에 대한 경외감을 담은 이야기와 수많은 석물들에 오롯이 담겨 있다. 그러나 이 모든 것이 이미 옛이야기로만 남아있다. 세계적인 규모를 자랑하는 제주돌문화공원 등지에서는 제주의 돌문화를 자랑스럽게 전시하고 있지만 다른 한편에서는 깨고 부수며 파괴를 일삼고 있다.

벌써 십 년 가까운 시간이 흐르는 동안 지난한 갈등을 벌이고 있는 제주해군기지를 보라. 강정마을의 자랑 구럼비는 엄청난 크기의 바위대지였다. 가까이 설문대할망의 전설이 맺혀있는 범섬을 바라다보던 구럼비는 이제 더 이상 볼 수 없고 갈 수 없는 기억 속의 파편이 되고 말았다.

최근 초미의 관심사로 떠오른 제2공항 예정지인 성산읍 일대에는 존재 여부가 확인된 천연 동굴만 무려 열여덟 곳 넘게 분포한다고 알려졌다. 만일 공항이 들어선다면 신성의 생명력을 지닌 돌의 숨구멍이 모두 무너지고 말 것이다.

구럼비를 찾은 소설가 현기영 2010년 3월

인간의 오만과 탐욕은 이미 신성과 멀어졌다. 돌은 그저 깨뜨려 없애거나 건설자재로나 쓰는 것이 가치 있는 것이라고 여기는 세상이다. 그러면서도 우리는 신들의 고향이니 세계 7대 경관 등을 운운하며 제주를 자랑한다. 이렇게 모든 것을 깨부수고 난 뒤에 무엇을 자랑할 것이며 어디에 신들이 머문다고 자랑할 것인지 의문이 생긴다.

아직은 구럼비가 남아있었던 몇 년 전 어느 날이었다. 제주작가회의 행사로 강정 바닷가에 소설가 현기영 선생과 동행한 적이 있다. 어린 날 소를 치던 목동 시절을 떠올리며 허리를 구부려 바위틈의 용천수에 입을 댔던 선생은 시원한 소리를 내며 물을 들이켰다. 그리고는 맛을 음미하며 구럼비와 범섬을 한참 동안 살펴보더니 이런 말을 남겼다.

"범섬 앞바다는 설문대할망의 빨래터고, 구럼비는 할마님이 먹젠 버무린 ᄆᆞᆯ조베기(메밀수제비)여."

이제 구럼비는 사라졌다. 생명을 품은 돌의 숨구멍인 동굴들도 사라질 위기에 처했다. 이런 마당에 제주섬의 창조주 설문대가 이 섬 어느 곳에 발을 디딜 수 있겠는가? 신조차 버틸 수 없는 땅인데 인간이며 뭇 생명들이 살아남을 수 있겠는가?

천지개벽으로부터 설문대가 지상에 납시기까지

　　언제였을까? 제주섬의 창조주 설문대가 망망한 바다를 헤쳐 물 가운데 터를 잡은 그 까마득한 날이. 우리는 이따금 세상이 처음 열리던 날을 떠올리며 창조의 새벽을 상상할 때가 있다. 굳이 신성을 믿지 않는 과학주의자라고 해도 우주의 시원인 빅뱅에 대한 관심이 적지 않을 것이다. 우주와 생명의 시작과 끝에 대한 인간의 궁금증은 어쩌면 본능에 가까운 것인지도 모른다.

　　그러하기에 세상 모든 신화는 시원, 즉 창조로부터 비롯된다. 창조신화는 창세신화로도 불리며, 각각 우주창조, 자연창조, 인간창조, 지형창조 등으로 나뉜다. 세계 모든 나라에 이러한 창조신화가 있듯이 우리나라와 제주에도 신비로운 이야기가 전해 내려온다.

　　제주의 창조설화 중 가장 널리 알려진 이야기는 아마도 설문대한

성산읍 고성리 영등굿 중 초감제. 2018년 3월.

망 전설일 것이다. 천지창조 이야기의 순서를 매긴다면 여신 설문대의 사연은 지형창조로 분류된다. 그렇다면 우주와 자연의 창조 이야기는 없을까?

제주의 우주와 자연창조 이야기는 굿에 담겨 있다. 제주도의 굿에는 '굿ᄃ리'라고 불리는 제차※가 있다. 그 중 첫 번째가 굿을 치르는 목적과 이유를 신에게 고하는 '초감제'인데, 이 속에 우주와 자연창조 이야기가 구성진 노랫가락으로 담겨있다.

초감제에서 노래하는 우주의 시작은 천지가 하나로 엉긴 상태인 '천지혼합 시절'에서 비롯된다. 말하자면 동양의 혼돈이나 서양의 카오스와 같다. 이 카오스 속에서 청이슬과 백이슬이 생겨나며 하늘과 땅이 분리되기 시작했다.

흥미로운 점은 우주가 탄생하는 순간인 천지개벽을 천황닭, 지황닭, 인황닭이라는 생명 탄생에 빗대었다는 사실이다. 스스로 생겨난 천지인의 성스러운 닭 중에서 먼저 천황닭이 목을 치켜들고, 지황닭이 날갯죽지를 펴고, 인황닭이 꼬리를 펼치니 비로소 우주가 탄생했다고 한다.

또 다른 전승에서는 천지혼합인 상태에서 '도수문장' 또는 '두수문장'이라고 불리는 거대한 신이 스스로 탄생해 머리 위쪽을 밀어내 하늘을 만들고, 발아래를 짓눌러 땅을 분리했다고 한다. 그리하

구좌읍 송당리 본향당(백줏당) 신과세굿 중 초감제. 2014년 2월.

여 우주와 자연이 생겨났는데, 이때 눈이 넷인 반고씨라는 청의동자가 함께 생겨났다. 도수문장은 반고씨의 눈동자를 모두 뽑아 해와 달을 두 개씩 만들기에 이르렀다.

이렇게 우주가 생겨나고 자연과 생명이 생겨나는 과정을 일러 제주의 굿에서는 '베포도업침'이라고 하는데, '월일광도업', '천황, 지황, 인황도업', '산베포, 물베포, 원베포, 신베포, 왕베포, 국베포도업' 등의 순서로 창조의 과정이 이어진다.

신화를 해석할 때 앞뒤가 안 맞는 이야기 전개 때문에 적잖은 어려움을 겪는데 그것이야말로 가장 흥미로운 수수께끼로 작동한다. 제주의 초감제에도 많은 수수께끼가 도사리고 있어 우리를 유혹한다. 입에서 입으로 전해져온 이야기인지라 어떤 이는 '천황닭, 지황닭, 인황닭'을 등장시켰고, 또 어떤 이는 '도수문장'과 '청의동자 반고씨'를 등장시켰다. 이것은 누가 옳고 누가 그른가에 대한 판정을 내릴 문제가 아니다. 어떻게 믿느냐에 달린 것이기에 둘 다 옳다고 보아야 한다. 그보다 중요한 것은 동물신과 인격신의 차이를 헤아리는 일일 것이다.

인류의 신앙은 자연물과 자연현상 자체를 영적인 존재로 믿는 정령신앙에서 비롯되어 동식물을 신성에 빗댄 것으로, 다시 사람을 닮은 인격신의 창조로 이어졌고, 끝에 이르러서는 형상이 없는 초월적 존재에 다다랐다.

이런 관점에서 초감제를 보면 카오스인 우주 자체를 영적 존재로 여긴 관념은 '청이슬, 백이슬'을 빌려 우주의 생명활동을 묘사했고, '천황, 지황, 인황닭'은 천체와 우주의 순행을 동물신에 빗댄 것이라고 할 수 있다. 마지막으로 '도수문장'과 '청의동자 반고씨'는 해와 달, 지구의 대지와 자연의 탄생을 인격신으로 형상화한 이야기라고 볼 수 있다.

결국 도수문장이나 반고씨의 이야기는 인격신의 관념이 싹튼 시기에 다듬어진 이야기라고 볼 수 있다. 그렇다고 해서 '청이슬, 백이슬', '천황, 지황, 인황닭', '도수문장, 청의동자 반고씨'의 순서로 신화가 변화했다고 도식적인 생각을 하는 것은 무리다. 어느 것이 먼저냐 나중이냐 또한 단정할 수 없는 것이며 지역이나 집단에 따라서도 순서가 달랐을 것이라고 보는 것이 옳겠다. 입장에 따라서는 '청이슬, 백이슬'의 모티프를 가장 후대의 것으로 보기도 한다. 중국의 도교에서 말하는 음양사상의 우주관과 비슷한 관념이기 때문이다.

도수문장이나 반고씨처럼 인격적인 존재의 신들과 만날 때 우리는 가장 큰 흥미를 느끼게 된다. 도수문장은 초감제에서 이미 밝히고 있듯이 우주를 하늘과 땅으로 갈라놓은 거인신이다. 초감제에서는 눈의 형상만 말하고 있으나 반고씨 또한 중국의 창조신화에서 새의 알처럼 생긴 카오스를 깨고 스스로 태어난 최초의 거인신이다.

세계의 창조신화 속에 등장하는 인격신은 대부분 거인이다. 제주도 지형창조설화의 주인공인 설문대할망 또한 거인신이다. 근대철학에서 사람을 소우주라고 여기거나 동양의학에서 사람의 머리끝에서 발끝까지를 산천초목에 견주어 내경도內經圖 등의 인체도를 만들어낸 것을 토대로 보면 우주와 자연이 거대한 사람일 것이라는 원초적 상상은 이해가 되고도 남는다.

세상을 창조한 거인신은 나라마다 민족마다 넘쳐난다. 그중에서 가장 널리 알려진 것은 아무래도 그리스신화 속의 '티탄족'일 것이다. 인도의 프루샤, 이집트의 슈, 북유럽의 위미르, 중국의 반고 등도 천지창조의 거인신이다.

위미르는 태초의 공간인 니플하임, 기눙가가프, 무스펠하임의 기운이 한데 뭉쳐 태어난 최초의 서리거인이다. 위미르는 그와 함께 탄생한 거대한 암소 아움두라로부터 창조된 부리의 후손들인 오딘, 베, 빌리에게 살해당했다. 그리하여 그의 뼈는 산과 낭떠러지가 되고, 작은 뼈와 이빨은 돌, 머리카락과 털은 초목, 두개골은 하늘, 뇌수는 구름이 되었다.

중국신화 속의 반고는 세상이 커다란 알 속에 혼돈의 형태로 자리하고 있을 때 그 속에서 저절로 잉태되었다. 그가 알을 깨고 나온 세상은 혼란한 암흑 속에 싸여 있었던 탓에 반고는 도끼를 휘두르며 어둠을 깨뜨렸다. 반고의 끊임없는 도끼질에 의해 우주는 결국 둘로 나뉘어 하늘과 땅이 생겨났다. 이미 엄청난 거인이었음에도 불구하고 하루에 한 장씩 자라난 반고는 하늘과 땅 사이를 점점 벌려놓았다.

1만8천 년이라는 시간이 흐른 뒤 그가 쓰러져 죽음에 이르자 비로소 하늘과 땅이 완전히 분리되어 지금의 모습을 갖추게 되었다. 거대한 반고의 주검은 지상의 자연물로 변화했는데 피와 땀은 강과 바다가 되고, 뼈와 살은 산과 들과 언덕이 되었다.

우리나라의 설화 중에도 반고처럼 산천초목을 만든 거인 장길손의 이야기가 있다. 엄청난 거인이었던 장길손은 커다란 덩치 탓에

조천읍 와산리 붉돚당굿 중 초감제, 2017년 4월,

항상 굶주려 있었고, 변변한 옷조차 없어서 겨우 음부만 가리고 다닐 정도였다. 굶주림에 시달리며 온 천하를 전전하던 그는 우리나라 남쪽 지방에 이르러 사람들의 환대를 받으며 배불리 먹고, 새 옷까지 얻어 입게 된다. 이에 기분이 좋아진 장길손이 덩실덩실 춤을 추었더니 그의 큰 그림자가 그만 해를 가려서 한 해 농사를 망치고 말았다.

결국 장길손은 쫓겨나서 북녘으로 향하다가 배가 너무 고픈 나머지 돌이며 흙이며 나무 따위까지 닥치는 대로 먹어치웠다. 그 탓에 배탈이 나서 구토와 설사를 했는데, 토한 것은 백두산이 되고, 눈물은 압록강, 두만강, 설사는 백두대간의 산줄기가 되었다. 어찌나 세차게 싸질렀는지 똥이 사방으로 튀던 중에 큰 덩어리 하나가 제주도로 변했다고 한다. 또 그가 백두산에 올라서서 오줌을 세차게 내갈기자 그것이 바다가 되어 우리나라와 일본이 나뉘게 되었다는 이야기도 전해온다.

장길손처럼 커다란 옷을 입고, 엄청난 양의 음식을 먹고, 많은 양의 배설을 하는 거대한 생식기의 거인신 이야기는 우리나라 도처에서 발견된다. 마고할미, 마귀할멈, 마고선녀, 노고할미, 서구할미, 개양할미, 안가닥할매, 설문대할망 등 일일이 거명하기에도 벅찰 정도로 지역마다 수많은 거인신이 존재한다. 제주를 대표하는 여신 설문대 또한 이들 거인신 중 하나다.

신화가 만들어지는 원리를 놓고 볼 때 태초의 신들은 대부분 스스로 탄생한다. 이를 일러 제주도의 굿에서는 '무위이화無爲而化'라고 표현한다. 사전적 의미는 애쓰지 않아도 스스로 변하여 제대로 이루어진다는 뜻이지만 제주의 신화에서는 스스로 태어났다는 뜻으로 쓰인다. 이처럼 창조신화의 핵심적인 키워드는 '스스로 태어남'에 있다.

창조신화의 신성이 '무위이화 無爲而化'한 것처럼 스스로 태어나 머리를 꼿꼿이 치켜들어 날개를 퍼덕이며 꼬리를 흔들어 젖힌 '천황닭, 지황닭, 인황닭'의 첫 울음소리는 한 편의 시를 떠올리게 한다.

> 까마득한 날에
>
> 하늘이 처음 열리고
>
> 어디 닭 우는 소리 들렸으랴
>
> …
>
> 다시 천고(千古)의 뒤에
>
> 백마 타고 오는 초인(超人)이 있어
>
> 이 광야에서 목 놓아 부르게 하리라.
>
> — 이육사, 「광야」 부분

제주를 비롯한 세계 곳곳에서 벌어지는 과학문명과 산업자본으로 인한 물성숭배의 폐해를 생각할 때마다 다시 태초의 신성이 울음소리를 우렁차게 토해내기를 간절히 바라게 된다.

여신이 남긴
사체화생死體化生의 메시지

언제부턴가 판타지 붐이 크게 일기 시작하면서 제주도의 신화와 전설은 그 어느 때보다 인기를 얻고 있다. 1만8천에 이른다는 제주섬의 수많은 신 가운데서 가장 널리 알려진 존재가 누구인가 인기투표를 한다면 설문대할망이 1위를 기록할 공산이 크다. 이 여신의 행적이 보여주는 원초성과 거대한 육신이 지닌 용모의 매력은 누구나 홀딱 반하고도 남을 듯하다.

설문대를 둘러싼 이야기는 신화, 전설, 민담 등 설화의 모든 영역에서 나타난다. 제주섬을 창조한 일부터 길쌈과 빨래, 육지까지 다리 놓기, 죽음에 이르기까지 때로는 성스럽고 비극적인 이야기로, 때로는 사람과 비슷한 해학적인 모습으로 등장하며 재미있는 사연을 토해낸다.

이야기만 다양한 것이 아니다. 김순자"신문대할망"과 그 별칭(別稱), 2010. 에 의하면 이 여신의 이름 또한 '설문대', '선문대', '설만뒤', '설명두', '세멩주', '세멩뒤' 등 여러 가지가 있다. 구전되는 이야기에서 만이 아니다. 기록으로 남겨진 이름도 여러 가지다. 담수계의《증보 탐라지耽羅誌》에서는 '설만두고雪慢頭姑'라고 불렸으며, 장한철의《표해록漂海錄》에서는 '선마선파詵麻仙婆'와 '선마고詵麻姑'로 불렸다. 이원조의《탐라지초본耽羅誌草本》에서는 '사만두고沙蔓頭姑', 김두봉의《제주도실기》에서는 '사마고파沙麻姑婆'로 불렸다.

다양한 행적과 많은 이름을 지닌 여신 설문대라지만 제주도 구비설화의 본령이라고 할 수 있는 무속의 본풀이에는 등장하지 않는다. 이런 이유로 설문대할망 설화를 신화의 영역에서 제외하기도 한다.

본래 구비문학에서는 입에서 입으로 전해지는 이야기들을 하나로 묶어 설화라고 한다. 장덕순한국설화문학연구, 1995.이 제시한 설화 삼분법에 따르면 설화는 다시 신화, 전설, 민담으로 나뉘는데, 이 셋을 구분하는 기준이 있다.

신화는 의례와 한 쌍을 이뤄 신앙을 완성한다. 신앙이란 신이라는 대상이 있어야 하고, 그를 향한 기도행위가 있어야 한다는 말이다. 신이라는 대상을 설명하는 것이 신화고, 기도는 의례다. 신이 주인공인 이야기가 있다고 해서 그것을 신화라고 말할 수 없다. 신을 향한 기도행위인 의례가 반드시 동반되어야 이야기는 비로소 신화의 자격을 갖는다. 신의 이야기에 의례가 동반되지 않는다면, 제아무리 전지전능한 신이 주인공일지라도 그것은 전설이

설문대할망 전설지. 애월읍 곽지리 '외솥바리'.

나 민담으로 분류하는 것이 설화 삼분법이다. 그러나 신화가 아닌 전설이라고 해서 신성의 가치가 사라지는 것은 아니다.

전설과 민담을 나누는 기준은 증거물이 있느냐 없느냐에 달려있다. 설문대할망이 치마폭으로 흙을 날라 쌓은 것이 한라산이 되었다는 이야기의 증거로 제주섬 중앙에 높은 산이 우뚝 솟아 지금까지 남아있다. 말하자면 한라산이 이야기의 증거물인 셈이다. 그러나 민담에서는 증거물조차 필요하지 않다. 그래서 민담은 밑도 끝도 없는 흥미진진한 서사를 자랑하며 세태를 신랄하게 풍자한다.

다시 정리하면 세 가지 이야기 중 가장 먼저 생겨난 것이 종교를 탄생시킨 신화이고, 신화 속의 이야기가 의례를 떠난 일상생활에서 회자되면서 전설을 낳았다. 전설은 다시 입심 좋은 사람들을 거치며 민담으로까지 이어진 것이라고 할 수 있다.

천지창조를 노래하는 신화의 의미를 살펴보

설문대할망 신상. 장공익 명장의 작품.

면서 우리는 모든 신화에 우선하는 것이 창조신화라는 사실을 확
인했다. 우선한다는 말은 그만큼 일찍 생겨났다는 말이다. 설문대
의 사연 또한 지형창조의 이야기이므로 여느 신화보다 앞선 시기
에 만들어진 이야기다.

　설문대 이야기의 고대성은 다름 아닌 굿에서 확인된다. 독립된
본풀이는 존재하지 않지만 제주도 당신앙 중 가장 세력이 넓은 송
당마을 본향당신의 본풀이 속에 그 흔적이 짧게 남아 있는데 '웃
손당은 금백주, 샛손당은 세명주, 알손당은 소로소천국'이라는 노

랫말이 그것이다.

오늘날 금백주의 본향으로 널리 알려진 당®은 송당마을의 윗동네인 '웃손당'이고, 그의 남편신인 소로소천국의 본향은 아랫동네인 '알손당'이다. 위아래 동네 사이에 있다고 해서 '샛손당'으로 알려진 마을의 본향당신이 설문대라는 사연을 짤막하게 소개하고 있다.

이로 보아 언제였는지 추정하기는 어렵지만 아주 오래전에는 설문대할망도 기원을 받았다는 사실이 확인된다. 이와 비슷한 사례로 표선면 표선리 당캐포구에도 설문대와 흡사한 여신을 모시는 세명주할망당이 있어서 사실을 뒷받침하고 있으며 '정의굿'^{제주도 남동부 일대의 굿}에서는 4·3 이후에도 '산신맞이' 등에서 설문대를 모셨다고 한다.

또한 '공깃돌바위, 솥덕바위, 외솥바리, 삼솥바리' 등 설문대할망의 전설을 담은 바위들이 밀집한 마을인 제주시 애월읍 애월리에는 신들의 사연만큼이나 신비한 이야기의 주인공이 있다. 바로 '대경이할망', '공덕할망'이라고 불리는 할머니다. 사연은 4·3의 포화가 잦아든 1960~70년대의 이야기로 보인다.

손주 이름을 빌려 대경이할망으로 불리는 이가 이 마을에 살고 있었는데, 할머니는 독특한 사람이었다고 한다. 마을 젊은이들이 경우에 어긋난 짓을 하거나 젊은 여성들이 퍼머를 하고 짧은 치마를 입고 다니면 근본을 모른다고 크게 꾸짖는 욕쟁이할머니로 소문이 자자했는데 마을의 대소사나 공익적인 일에 많은 돈을 희사하는 기부처사였다고 한다. 그래서 마을 사람들은 이 노인을 공덕할망이라고도 불렀다.

정말 독특한 점은 다른 데 있었다. 대경이할망께선 해마다 특정한 날을 택해 하얀 천을 있는 대로 기워 너른 마당 가득 채울 만큼 펼쳐놓고 그것으로 집채만 한 크기의 버선을 만들어 설문대할망께 바치는 제 나름의 고사를 치렀다고 한다. 설문대할망을 신앙의 대상으로 섬긴 것이다.

대경이할망의 사연처럼 비교적 근래에 이르러 종교와 분리되었다고도 볼 수 있지만 설문대는 고대의 신이다. 여신 설문대의 고대성은 다른 지역의 거인신인 마고할미의 이야기에서도 확인된다. 조현설 마고할미신화연구, 2013 의 연구에 정치학자 최창집이 방북 기간에 채집한 '구빈마을과 왕림고개' 설화가 실려 있는데, 그 줄거리를 살펴보자.

평양시 강동군 남쪽 구빈마을에 전승되고 있는 전설에는 이런 내용이 전해온다. 단군이 거느리는 박달족이 마고가 족장으로 있는 마고성의 마고족을 공격했다. 전투에 패한 마고는 도망친 후 단군의 동태를 살폈는데, 단군이 자신의 부족에게 너무도 잘해 주는 것을 보게 된다. 이에 마고는 단군에게 마음으로 복종하지 않을 수 없게 되었다. 단군은 투항한 마고와 그 아래 아홉 장수를 귀한 손님으로 맞아 극진히 대접했는데 아홉 손님을 맞아 대접한 곳이 구빈九賓마을이고, 마고가 마고성으로 돌아오면서 넘은 고개를 왕림枉臨고개라고 한다는 것이다.

이 설화는 거대한 여신을 숭배하는 모계사회 신석기~청동기 조기 에서 부족국가의 남성 중심 사회 청동기 후기~철기 로 변화하는 과정을 알려주는 이야기다. 마고와 같은 성격의 설문대는 부계사회 이전 시기의 신성이었다. 시간이 흘러 국가 중심의 사회가 확고해지자 다른 신에게 자리를 넘겨주고 물장오리의 심연 속으로 모습을 감춘 고대의 여신임이 재확인되는 대목이다.

고대의 여신 설문대는 거석문화와도 깊은 관련을 지니고 있다. 설문대와 얽힌 제주의 자연지형 형성 이야기를 살펴보면 거의 대부분이 돌을 그 증거물로 남긴다. 성산일출봉의 등경돌, 제주시 오라동 고지냇도의 족두리바위, 애월읍 애월리의 솥덕바위, 구좌읍 김녕리의 두럭산 등 유독 거대한 자연석이 많이 등장한다.

거대한 여신과 돌의 이야기는 다른 지방에서도 많이 찾아볼 수

설문대할망 전설지. 제주시 오라동 '고지냇도 족두리바위'.

있다. 마고할미는 전국 각지에 전승되는 거인신으로 수많은 이름으로 불리는데, 치마로 큰 돌을 이곳저곳에 옮겨 놓고, 산 또는 흙을 이거나 지고 날라서 산천을 만들었다.

　경상도에 전해지는 이야기 속의 '안가닥할무이'는 신라시대 월성을 창조한 큰어미로, 회초리로 돌을 휘저어 성을 만들었다고 전한다. 전남 화순의 고인돌군락지에는 '핑매바위'라고 불리는 거대한 고인돌이 있는데, 마고할미가 치마폭에 돌을 싸서 운주사로 나르던 중에 치마폭이 터져서 그냥 놓고 간 돌이 이 바위라고 전해진다.

거대한 자연석에서 시작해 고인돌, 열석, 환석, 산성 등의 거석문화를 남기고 사라진 우리의 설문대는 어디로 갔을까? 오백장군 이야기에는 죽 솥에 빠져 죽은 설문대가 등장하지만 이 이야기는 설문대와 관련 없는 것이라는 견해가 지배적이다. 천불암 전설에 설문대 전설을 억지로 갖다 붙인 후대의 윤색이라는 혐의가 있으므로 이 이야기는 뒤로 물린다.

설문대의 진정한 최후는 물장오리의 심연 속에 있다. 물장오리의 깊이를 얕보고 뛰어들었다가 그만 죽고 말았다는 설문대의 최후. 여신은 진짜 죽었을까? 아니다. 신화 속의 죽음은 생물학적인 죽음이 아니라 또 다른 세상으로의 이동이나 다른 무엇인가로의 변신을 의미한다. 이와 같은 사체화생 모티프를 토대로 설문대의 죽음을 풀이하면 그것은 변신일 수밖에 없다.

제주섬을 창조한 여신 설문대는 죽은 것이 아니라 스스로 변신의 길을 택했다. 변신 후의 여신은 무엇이 되었을까? 나는 이 수수께끼의 해답을 뭍과의 다리 놓기에서 찾는다. 속곳을 만들어주면 제주 토박이들의 소원인 육지까지 다리 놓기를 하겠다던 여신의 약속은 이루어지지 않았다. 많은 사람들은 한 동이 모자란 명주 아흔아홉 동의 사연을 두고 제주가 변방의 섬이기에 숙명적으로 지녀야 하는 콤플렉스를 상징하는 이야기라고 해석한다. 100을 채우지 못한 '99콤플렉스'. 이것이 과연 온당한 해석인가?

내 생각은 다르다. 설문대할망은 물장오리에 빠져들어 죽은 것이 아니라 스스로 한라산과 제주섬으로 변신한 것이다. 다리 놓기를 거부한 여신은 변신을 통해 제주섬으로 화했다. 바다로 둘러싸인 제주섬이 된 여신은 뭍과 다른 제주, 자신의 신성이 고스란히 담긴 제주, 자신의 육신인 제주를 훼손하지 말라는 계시를 남긴 것이다. '99콤플렉스'가 아니라 '제주다움의 보존'이 물장오리와 다리 놓기 이야기를 통해 우리들에게 던져준 메시지다.

'제주다움의 보존'은 다른 것이 아니다. 태초의 자연성을 보존하는 제주, 물성에 사로잡혀 돈만 좇는 사람들이 없는 영성이 넘치는 제주를 말한다. 그러나 21세기에도 여전히 판타지를 꿈꾸며 설문대에 열광하는 사람들 대부분은 드러나는 이야기에만 넋을 놓을 뿐, 여신이 전하는 메시지에는 귀 기울이지 않아 안타까운 일이다.

판타지가 각광받고 신화 속의 주인공들이 오락과 여가의 대상이 되는 시대인 탓에 누군가는 '설문대할망 본풀이'가 없으니 새로 만들면 어떠냐는 의견을 내놓기도 하고, 이미 그것을 실행한 사람들도 더러 있다. 이런 이야기들이 오갈 때마다 떠오르는 작품들이 있다.

프랑수아 라블레는 《가르강튀아와 팡타그뤼엘》에서 통블렌느섬 몽살레브산 등의 지형을 창조한 거인의 전설을 소재로 중세 프랑스 교회권력의 치부를 폭로하며 풍자했다. 거인국에 가거나 스스로 거인이 되어 소인국에도 가고 이상한 나라를 모험한 조너선 스위프트의 《걸리버 여행기》는 고대의 신성한 거인신들을 이용해 당대를 비판한 이야기다. 자연정복이 인류의 최대 관심사였던 산업혁명의 진군 속에서 미지의 거인과 조우했던 탐험가의 사연을 담은 프랑수아 플라스의 《마지막 거인》 또한 비슷하다.

이들은 이 시대에도 여전히 신화가 필요한 이유를 말하는 소설들이다. 영성을 상실한 껍데기뿐인 이야기가 아닌 여신 설문대가 그토록 바랐던 '제주다움의 보존'은 《마지막 거인》 속에 그대로 배어있다. 자신을 끝내 죽음에 이르게 한 탐험가에게 거인은 마지막 한마디를 남겼다.

"침묵을 지킬 수는 없었니?"

새삼 '자연보호'라는 구호가 떠오른다. 우리 인간 또한 자연의 일부임은 물론 오히려 자연의 보호를 받는 존재인데, 거꾸로 인간이 자연을 보호하겠다며 나선다. 자연을 인간과 분리하고 대상화하는 멸망의 시대에 스스로 섬이 된 설문대는 우리에게 묻는다.

"제주다움을 지킬 수 있겠니?"

살아 숨 쉬는 돌,
생명을 잉태하다

　　　　　　　어느 날 하늘 높은 곳에서 날아온 바위가 산꼭대기에 내려앉아 피를 철철 흘리는 모습을 보게 된다면 누구라도 놀라 자빠질 게 분명하다. 이렇게 믿기지 않는 바위가 실제로 존재하는 마을이 있다. 바로 조천읍 와산리다.

　'눈미', '눌미'라는 옛 이름을 간직한 조천읍 와산마을 당오름에는 마을 사람들이 하늘에서 내려온 '왕석王石'으로 신봉하는 바위가 있다. 아버지의 심기를 거스른 탓에 인간세상으로 귀양을 당한 옥황상제의 셋째 딸 '불도삼싱또'의 화신이 이 왕석이라고 본풀이에 전해온다.

　여신의 이름과 지명이 합쳐진 당의 이름은 '눈미불돗당'이다. 마을 사람들은 이 당을 간단히 부를 때 '불돗당' 또는 '웃당'이라고 한다. 이 당이 마을 위쪽인 당오름 자락에 있고, 마을 가까운 곳에

조천읍 와산리 불돗당굿에서 신석(神石)에 바치는 제물. 2019년 4월.

본향당인 '베락당'이 있어 그곳을 '알당'이라고 이르던 데서 비롯된 이름이다.

하지만 본향당인 베락당이 이미 사라진 지 오래되어 마을 사람들은 웃당인 불돗당에 다닌다. 그 때문에 당굿을 벌이는 음력 3월 열사흘에는 본향당신인 '베락스제'도 함께 모셔 제향을 바친다. 흥미로운 사실은 베락스제 또한 옥황상제 격인 천지왕의 신하로 하늘의 신인데 이 마을의 본향당신으로 좌정했다는 사실이다.

하늘의 신들이 마을의 당신堂神으로 좌정한 경우는 다른 마을에서도 더러 나타난다. 하늘옥황천지왕의 아들 대별왕또와 소별왕

지금은 폐당이 된 조천읍 와산리 본향당(베락당).

또는 각각 해안동 동동 본향당과 오등동 본향당인 오드싱당의 당
신이 되었고, 농업의 신으로 널리 알려진 상세경 문국성과 중세경
자청비는 각각 구좌읍 덕천리의 금산당과 노형동 광평마을 너븐
드르본향의 당신으로 좌정했다.

　제주섬의 창조주 설문대가 송당리의 '샛손당'과 표선리 '당캐'의
당신으로 눌러앉았다는 사연과도 비슷한 사례들이다. 하늘의 신
들이 지상의 신으로 좌정하는 사연이 담긴 제주의 본풀이들은 엉
클어놓은 실타래처럼 복잡한 수수께끼를 내어놓는다.

　바위로 변신한 눈미불돗당의 여신 불도삼싱또를 최초로 목격하

고 그 신성에 놀라 기원한 이는 와산마을의 한 여인이었다고 한다. 마침 그 여인은 자식이 없어 근심하던 터라 당오름 꼭대기까지 힘겹게 올라가 피 흘리는 왕석 앞에서 자식을 점지해달라고 간절히 발원했다. 아니나 다를까, 얼마 지나지 않아 여인은 아기를 갖게 되었고, 감사의 인사를 올리기 위해 다시 당오름 꼭대기를 향했다.

조천읍 와산리 불돗당굿 중 신석(神石)이 스스로 움직였던 자리에서 제를 올리는 모습. 2019년 4월.

하지만 임신한 몸으로 오르기엔 산세가 험했다. 여인이 오름 중턱에 멈춰 서서 "영급이 있으면서 중턱까지만 내려오소서." 하고 기도를 했더니, 놀랍게도 왕석이 여인의 코앞까지 절로 굴러 내려왔다. 축원을 올리고 돌아온 여인은 몇 달이 지나 아이를 순산하게 되었고, 다시 감사드리러 당오름을 찾았지만 몸을 푼 지 얼마 지나지 않은 탓에 중턱까지 오르는 것도 버거웠다. 당오름 어귀에서 발만 구르던 여인이 다시 한번 기도를 하자 왕석이 다시 움직여 현재의 자리에 떡하니 버텨 서게 되었다고 한다.

피를 흘리고 스스로 움직이며 생명을 점지해주는 돌의 사연, 이 이야기는 두말할 것 없이 돌이 지닌 생명창조력을 형상화한 신화다. 제우스의 돌 옴파로스와 이슬람의 신성 카으바의 검은 돌처럼 눈미불돗당의 왕석 또한 신성이 깃든 바위로 창조성이 부여된 '모석母石'이라고 할 수 있다.

눈미불돗당의 왕석처럼 바위가 생명을 낳은 사연은 곳곳에서 발견된다. 심지어 바위가 직접 사람으로 변하는 경우도 있고, 사람이 바위로 변하는 경우도 있다. 함경도의 천지창조신화 중에는 불도삼싱또처럼 돌로 변신했다가 다시 제 모습으로 돌아온 '강방덱이'라는 건축의 신 이야기가 전해온다.

하늘의 신 중 하나였던 강방덱이는 옥황상제의 벼루를 깨뜨린 죄를 지어 인간 세상으로 영원한 유배를 당한다. 바위 속에 갇힌 강방덱이의 혼령은 하루가 멀다고 쿵쾅거리는 소리를 냈다. 옥황상제는 시끄러운 소리의 정체를 알아내고 강방덱이를 다시 하늘로 불러들인다. 옥황상제를 알현한 강방덱이는 오랜 세월 바위 속

116

에 봉인된 채 집 짓는 기술을 연마했다고 자랑하며 옥황상제의 궁전을 짓겠노라 한다.

이에 '모시두레 모시각시'가 나서서 자신은 모시 천 동을 짜고 강방덱이는 궁전을 짓는데, 누가 빨리 하느냐 내기를 제안한다. 함경도의 셍굿이라는 무가^{巫歌}에 포함된 강박덱이의 사연의 결말은 그의 패배로 끝이 난다._{김헌선, 한국의 창세신화, 1994.}

사람이 바위로 변하는 이야기는 강방덱이의 사연이 아니라도 수두룩하다. 제주의 대표적 절경인 산방산에 맺힌 전설도 그 가운데 하나다. 산방산의 선녀로 지상에 내려온 산방덕과 가난한 나무꾼 고성목의 사랑, 그것을 질투한 고을 사또의 음모, 사랑의 파국으로 치닫는 러브스토리는 산방굴로 들어가 끝끝내 차디찬 바위로 변신한 산방덕의 눈물로 마침표를 찍었다.

산방덕의 영이 깃든 산방굴에 터를 잡은 산방굴사에는 오늘날에도 자식 점지를 간절히 바라는 이들이 불공을 드리러 끊임없이 찾는다. 전설이야 슬픈 사랑 이야기이지만 돌로 화한 산방덕은 불도삼싱또처럼 생명창조의 여신으로 좌정했다고 볼 수 있다.

돌의 영력을 의인화하는 제주 사람들의 자연관은 비단 신화의 영역에만 머물지 않는다. 제2공항 건설 예정지로 도저한 위기와 갈등을 겪는 성산읍 신산리 바닷가에는 '홀어멍돌'이라고 불리는 커다란 바위가 있다. 바다를 향해 흐르는 용암의 물결이 그대로 굳어 파도의 무리처럼 낮게 깔린 이 바닷가 한쪽에 덩그러니 홀로 나앉은 홀어멍돌은 아주 먼 거리에서도 또렷하게 볼 수 있다.

이승과 저승 사이를 오가는 바다 일이 생업인 신산마을 사람들

제주 제2공항 예정지인 성산읍 신산리의 홀어멍돌.

은 해상의 사고로 인한 인명피해의 혐의를 이 바위에 새겼다. 초
가들이 옹기종기 모여 앉아 군락을 이룬 마을 안쪽에서 볼 때 다
른 집이 바다를 가리거나 지대가 낮아 바다가 보이지 않는 집들
은 두려울 일이 없었다.

　이와 달리 홀어멍돌이 조금이라도 보이는 집안은 남자가 단명
하거나 해상사고로 죽는다는 주술적인 풍수관이 오랫동안 이어

겨왔다. 그렇다면 이 마을 사람들은 얄궂게도 모든 혐의를 뒤집어쓴 홀어멍돌을 어쩌자고 가만히 놔뒀을까? 깨뜨려 없애버리면 그만일 텐데.

신산마을 사람들은 홀어멍돌을 깨뜨리는 대신 다른 방법을 택했다. 마을 안 높은 언덕배기에 바위 하나를 세워놓고 '남근석'이라고 부르며 홀어멍돌과 짝을 맞추는 방법을 택한 것이다. 홀어멍돌이 남자들을 빼앗아가니 배필감을 마련해 지세地勢의 균형을 맞춘 것이다. 자연을 살아있는 존재로 여겨 함부로 파괴하지 않는 배석신앙拜石信仰의 태도는 개발이라는 이름으로 무분별한 자연파괴가 벌어지고 있는 제주의 현재와 극적인 대비를 이룬다.

이처럼 돌이 지닌 생명창조력과 영원불멸의 시원성은 긴 세월이 흐르며 자손의 번창을 바라는 기자祈子 신앙으로도 이어졌다. 제주에서는 드물지만 다른 지방에서 흔히 볼 수 있는 좆바위, 씹바위, 공알바위 등으로 불리는 기자석祈子石이 그것이다. 돌이 지닌 영력 가운데 시원성은 퇴색하고 생명창조력만 각광받은 결과로 남근석과 여근석이라는 원초적인 신앙이 탄생한 것이다.

사람의 생식기를 닮은 바위에 기원하거나 심지어는 유사 성행위를 하면 자식을 얻게 된다는 관념은 비슷한 것을 통해 바라는 바를 이룬다는 유감주술의 결과물이다.

좆바위나 공알바위처럼 원초적인 기자석이 없다고 해서 제주에 기자신앙이 없는 것은 아니다. 제주의 기자신앙은 주로 '돌미륵'이라고 불리는 미륵불을 섬기는, 조금은 점잖은 치성으로 존재한다,

제주시 화북동의 '윤동지영감당'과 구좌읍 김녕리의 '서문하르
방당', 조천읍 신촌리의 '아웨낭거리 고동지은진미럭당' 등지에서
는 어부의 낚싯줄에 걸려 바다에서 올라온 돌미럭을 신성으로 모
시고 있다. 이 가운데에는 기자에 효험이 있어서 먼 마을에서도
부러 찾아와 치성을 올리는 곳도 있다.

제주시 화북동 윤동지영감당의 돌미럭.

바다를 건너온
돌이 품은 신성

제주 사람들은 먼 옛날 원시의 시간에서부터 오늘에 이르기까지 돌과 함께 살아왔다. 생업의 공간, 주거의 공간, 신앙의 공간을 가르는 '경계의 돌'이 있는가 하면, 불을 지펴 메시지를 주고받거나 지표로 세워 정보를 교환하는 '소통의 돌'이 있고, 그 자체에 생명과 신성을 부여한 '신성의 돌'이 있다. 이 밖에도 수많은 기능과 의미를 품은 채 억겁의 세월을 버텨온 황홀한 보석이 제주의 돌이다. 남는 게 돌이고, 돌이 보석이라면 제주는 말 그대로 보물섬인 셈이다.

지금부터 제주의 속살을 파헤쳐 볼 이야깃거리는 '바다를 항해하는 신성한 돌'이며 '돌미륵'이라고 불리는 존재들이다. 그 이름만으로 불교적인 색채가 강하게 느껴지는 '돌미륵', 그것은 과연 미륵불교의 영향력 속에서 탄생한 유물일까?

구좌읍 김녕리 서문하르방당의 돌미럭.

　제주에서 미륵 또는 미럭이라고 불리는 돌은 여럿이다. 먼저 제주읍성 동서에 자리한 동자복, 서자복의 '복신미륵'과 애월읍 광령리 서천암지에 있었던 '덕절 미륵불', 같은 마을에 있는 전설적인 법사 마용기의 '마씨미륵', 회천동 화천사의 '오석불', 제주시 이도동 우녀천에 있었던 '수신미륵', 화북동의 '윤동지 영감', 조천읍 신촌리 일뢰당의 '고동지 은진미륵', 조천읍 함덕리 본향의 '스신요왕 은진미륵 급서황하늘', 구좌읍 김녕리의 '서문하르방' 등이 있다.

　제주의 미륵은 두 가지 계통으로 나뉜다. 복신미륵, 덕절 미륵불, 화천사 오석불, 마씨미륵은 불교의 미륵신앙에서 비롯된 것이다. 이 중에서 마씨미륵은 미륵불교와 무속이 혼합된 형태지만 불교적 성격이 우세하다. 수신미륵, 화북동의 윤동지 영감, 신촌리 일뤳당의 고동지 은진미륵, 함덕리 서물당의 〈신요왕 은진미륵 급서황하늘, 김녕리 서문하르방은 무속에 뿌리를 두고 미륵불교를 부분적으로 수용한 결과물이다.

스스로 바다를 항해해 뭍으로 올라오는 돌미륵. 제주에서는 어떤 이유로 미륵이 바다에서 뭍으로 올라오는가가 자못 궁금해진다. 왜 하필 바다인가? 바다와 돌의 관계는 제주의 본풀이에 종종 등장한다.

칠성본풀이에 등장하는 장설룡의 딸 '칠성아기씨', 궤네깃당본풀이의 '궤네깃또', 이 밖에도 많은 신들이 무쉐석함에 담긴 채 바다에 띄워졌다고 알려진다.《고려사지리지》에 기록된 삼성신화 속의 벽랑국 삼공주가 배에 싣고 왔다는 옥함 또한 유교적 윤색을 거치기 전에는 스스로 바다를 항해했던 돌함이었을 가능성이 매우 크다.

이처럼 제주의 신화에는 무쉐석함, 무쉐설캅, 돌함, 오합상자 등 바다로부터 들어오는 돌의 신성이 종종 나타난다. 무쉐석함을 돌함이라고 할 때 이 또한 바다와 돌의 신앙적 관계망을 예의 주시하게 만든다. 바다로 떠나는 돌함과 바다에서 올라오는 돌미륵, 제주의 돌신앙은 바다와 밀접한 관계가 있다.

돌에 신성을 부여하는 신앙 형태는 세계 모든 곳의 원시신앙에서 발견된다. 그중에는 바다와 관계된 신앙 형태도 반드시 있을 것이다. 돌과 바다의 신앙적 함수관계를 대표하는 것이 고인돌이다.

세계의 고인돌은 신석기시대에서 청동기시대에 이르는 기간 동안 널리 유행했다. 세계에서 고인돌이 가장 많은 분포지가 우리나라임은 널리 알려진 사실이다. 우리나라의 고인돌 대부분은 해안가 또는 바다로 이어지는 강변에 분포한다. 공교롭게도 다른 나라의 고인돌 분포지 또한 우리나라와 비슷하다. 이와 더불어 전 세계의 고인돌 문화권에는 고인돌 자체를 바다를 항해하는 돌배라고 부르는 전설과 신화가 전해온다.

고고인류학계에서는 이와 같은 현상을 근거로 삼아 고인돌은 대륙문화보다는 해양문화 교류의 흔적이라고 한다. 인도네시아 숨바섬의 고인돌, 스코틀랜드 루이스섬의 칼라니쉬 원형열석, 프랑스 카르낙 열석 등에서도 우리나라와 같은 특징은 물론, 신앙행위가 이루어졌던 흔적까지 발견되고 있어 해양교류의 결과물이라는 견해에 고개를 끄덕이게 된다.

이처럼 고인돌로 대표되는 거석숭배가 해양루트를 타고 우리나라까지 전해진 것이라고 할 때 제주의 돌미륵은 해양문화권의 원시적인 신앙에서 기원한 것이라고 할 수 있다. 신석기시대에서 청동기시대로 이어지는 시기를 거치며 해양문화권에서 유래한 제주의 거석숭배문화는 오랫동안 이어지다 탐라라는 고대왕국의 탄생과 함께 대륙문화와 맞닥뜨렸을 것이다.

이 시기에 이르러 한반도 본토 세력들의 제주 진출 러시가 이어지며 대륙과 해양의 만남을 시도한 결과가 돌미륵 신앙을 낳은 것으로 보인다. 물론 한반도로 유입된 불교와의 습합은 당연한 일이었다.

원시의 거석숭배가 고대와 중세를 거치며 근대에 이르는 동안 많은 부침과 습합의 과정을 거쳤다는 사실에는 더 이상 설명을 덧붙일 필요가 없다. 이미 확인한 바처럼 신석기시대의 산물로 청동기시대에 이르러 쇠퇴한 흔적은 설문대할망 설화를 비롯한 한반도 곳곳의 거인설화에서도 확인된다. 대개가 여성신인 거녀巨女들은 거대한 바위와 잇닿은 전설을 품고 있다. 설문대할망의 행적을 둘러싼 많은 전설 속에도 거석은 끊임없이 등장한다. 거대한 여신들은 자연창조라는 공통의 권능을 지니고 있으며, 그 중심에는 거석숭배문화가 있다.

그러나 우리의 여신 설문대는 물장오리, 혹은 죽 솥에 빠져 죽었다. 그것은 무엇을 의미하는가? 앞에서 다뤘던 평양의 구빈마을 설화를 다시 떠올려보자. 토박이 집단인 마고와 뜨내기 집단인 단군 사이의 전쟁은 단군의 승리로 끝이 났다. 신석기시대의 마고와 청동기시대의 단군의 싸움은 역사의 발전을 의미한다. 거석숭배문화가 쇠퇴하고 있음을 보여주는 것이다.

마고의 패배로 인해 돌 숭배는 고대왕국의 성립과 더불어 청동기를 비롯한 쇠를 숭배하는 신앙에 밀려 변방으로 쫓겨났고, 그것은 설문대할망의 죽음과 같은 비유로 나타났다. 그러나 거석숭배는 사라지지 않았고, 무속과 불교의 혼합이라는 변신의 과정을 통해 '돌미륵'으로 우리 앞에 좌정해 있는 것이다.

무속신앙에서 비롯된 수신미륵, 윤동지 영감, 고동지 은진미륵, 서물당 급서황하늘, 서문하르방 등의 사례에서는 조상신의 면모가 엿보인다. 제주의 무속에서 숭배되는 신들은 일반신, 당신, 조상신으로 나뉜다.

일반신은 사람의 생로병사, 의식주, 관혼상제 등의 보편적인 사항을 관장하는 천상의 신이다. 당신은 말 그대로 지역신으로 한 마을의 생산, 물고, 호적, 장적 등 사람살이의 모든 사항을 관장하는 본향당신과 생업수호신, 육아치병신 등을 가리킨다. 조상신은 특정한 집안에서만 모시는 신을 이르는 말로 혈연적으로 이어진 조상, 혈연관계는 없지만 가업家業 등의 특별한 이유로 모시게 된 신격, 마지막으로 도깨비의 신성인 영감신, 뱀의 신성인 칠성신 등 비인격조상으로 나눌 수 있다.

화북에서 김녕으로 이어지는 네 군데 미럭당의 내력을 살펴보면, 그 마을에 살던 어부의 낚시에 연거푸 걸려 올라온 돌미럭이 꿈에 현몽해 자신을 모시라는 계시를 함으로써 제향을 받기에 이르렀다. 돌미럭을 최초로 발견한 어부의 집안에서 모시던 것이 마을 안의 다른 집안까지 섬기게 되며 당신으로 확장된 면을 볼 때, 비인격조상신이 당신으로 변신한 것이라고 추측할 수 있다.

한편 와산리 눈미불돗당의 경우는 네 곳의 돌미럭과는 사뭇 다르다. 이것은 전형적인 거석숭배다. 옥황상제의 비위를 상하게 한 막내딸이 지상에 유배당하며 커다란 바위로 변신한 사연은 조상신의 성격에 미럭불교가 부분적으로 뒤섞인 것과 다르다. 바위를 비롯한 자연물 자체를 숭배하는 원시의 신앙이 인격을 갖춘 신으로 변신하는 과도기의 양상을 보여준다. 불돗당의 '불도삼싱또'는 거석숭배의 상징적인 여신인 설문대할망과도 비슷한 면모를 보

126

제주 제2공항 예정지인 성산읍 수산1리에 있는, 냇물을 헤엄쳐 왔다는 '부
부바위'.

애월읍 하귀1리 바닷가의 수중 고인돌.

인다.

바다를 항해하는 신성한 돌은 돌미럭만이 아니다. 누군가에게 움직임이 발각되어 그 자리에 멈춰 선 것이 섬이 되었다는 비양도의 전설에서도 나타나고, 다른 지역에서도 연오랑 세오녀의 사연 등 많은 이야기가 발견된다.

이렇게 많은 증거물 가운데 가장 선명하게 증명하는 석물이 제주 바닷가에 있다. 하귀1리 해안가 조간대에 다리를 박은 세계 유일의 수중 고인돌이 그것이다. 일부에서는 우연한 결과로 자연석이 고인돌 모양을 지니게 되었다는 주장을 하지만, 가까운 곳에 선사시대 유적들이 자리해 있어 인공의 고인돌이라는 설이 설득력을 얻고 있다.

썰물에는 밑둥치까지 전신을 드러내고 밀물에는 상석만 파도 위로 밀어 올리는 수중 고인돌. 고인돌을 돌배라고 여기는 세계 각처의 신화와 전설은 이 바위 무덤을 증거 삼아 아직까지도 살아있는 돌의 신성을 일깨운다.

무쉐석함을 타고 동해용궁을 찾아가 영웅의 능력을 얻었다는 궤네깃또, 신라의 해와 달을 품은 채 연오랑과 세오녀를 일본까지 건너가게 했다는 항해하는 바위, 이 모든 신성이 제주 바닷가 수중 고인돌에 오롯이 담겨 있지는 않을까?

주술적 사실주의는
아픈 역사를 돌에 새긴다

다소 논란의 여지가 있지만 하
귀1리 바닷가의 수중 고인돌처럼 반나절은 물속에서, 다시
반나절은 물 밖에서 풍파와 마주 선 신비한 돌탑들이 제주
에 있다. 조천읍 신흥리 바닷가의 '큰개답'과 '오다리답' 등으
로 불리는 다섯 기의 방사탑들이 주인공이다.

이따금 썰물 때에 맞춰 신흥마을을 찾아 곱게 깔린 금모래
위를 총총거리며 탑 가까이 걸어갈 때면 항상 같은 질문이
떠오른다. 제주에 흔한 것이 방사탑인데 신흥마을 사람들은
무슨 이유로 이런 수중 방사탑을 세웠을까? 당연하게도 그
답은 밀물져오는 물결 골골마다 새겨진 제주가 거쳐 온 한
서린 신화와 역사 속에 숨겨져 있었다.

변방의 섬이기에 제주가 겪어온 격랑의 세월은 "저 하늘이

조천읍 신흥리 수중 방사탑.

칠성판이고 저 바당이 명정포여”라는 제주 줌수들의 노랫말에 눈물처럼 배어있다. 목숨을 내걸어야 하는 바다밭 일이야 두말할 필요조차 없는 것이고, 땅이라고 해봐야 돌밭에 거친 화산회토 일색인 곳이라 뭍의 농사나 마소를 치는 일도 바다 일 못지않은 힘겨움의 연속이었다. 다른 지역에서는 박토라며 거들떠보지도 않는 묵정밭 정도만 되어도 제주에서는 귀한 대접을 받는 문전옥답이었다.

생계를 꾸려나가는 노동만이 고난의 전부였다면 그나마 살 만도 했으리라. 고려에 복속된 이래 탐학한 관리의 수탈은 조선이 망하는 날까지 족쇄처럼 제주 백성들을 괴롭혔다. 조선시대에는 관리들이 제주목에 부임하는 것을 변방의 한직이라며 퍽이나 싫어했다는 말이 있다지만, 다른 한편에서는 “제주목사 삼 년이면 한양 저자에 고랫등 같은 기와집 짓는다.”라는 말도 심심찮게 오르내렸다고 한다.

그도 그럴 것이 조정에 진상하는 갖은 공물의 수량을 부풀려 뒤로 빼돌리면 엄청난 정치자금을 축적할 수 있었기 때문이다. 탐관오리들의 치부책에 먹물이 깊이 배일수록 제주 백성들의 옷섶에는 피눈물이 깊이 배일 수밖에 없었다.

어디 그뿐인가. 시시때때로 해안가에 침몰하는 왜구들의 노략질은 짓뭉개진 상처에 소금을 뿌리는 것처럼 극심한 고통을 가중시키는 일이었다.

제주 토박이들 중에서 나이가 지긋한 어르신들은 ‘눈물수건, 똠든 의장’이라는 말을 종종 쓰곤 한다. 고된 삶과 한 맺힌 죽음은 눈물 마를 날이 한 시도 없게 했고, 쉴 새 없는 노동은 흥건한 땀이 밴 갈정뱅이^{갈옷잠뱅이}에 소금꽃을 피워냈기 때문이다. 고난에 찬 노동의 연속인 삶도 버거운데 왜구의 침략까지 감당해야 했던 제주 사람들. 조천읍 신흥리 방사탑과 박씨일월을 모신 볼레낭당은 한 맺힌 사연이 서린 성역 중 한 곳이다.

조천읍 신흥마을 볼레낭당의 '볼레낭할망'은 본래 이 마을에 살았던 박씨 집안의 꽃다운 처녀였다. 불과 백 년 남짓 거슬러 올라간 옛날인 19세기 후반의 일이었다. 처녀 박씨는 여느 날처럼 바다 물질을 나갔다가 겁탈하러 달려드는 일본인 선원을 맞닥뜨렸다. 그를 피해 달아나다가 보리수나무 덤불 아래서 주검이 되었다.

한 맺힌 박씨 처녀의 원혼을 안타깝게 여긴 일가와 마을 주민들

박씨 처녀의 원혼을 모신 조천읍 신흥리 볼레낭당.

이 당을 설연하고 모시게 된 것이 오늘에 이르게 되었다고 한다. 그 때문에 신흥마을에서는 지금도 초정월에 포제굿을 치를 때는 물론 평상시에도 볼레낭당에는 남자들은 그림자조차도 얼씬하지 못하게 엄히 출입을 금하고 있다.

마을 사람들의 금기가 얼마나 강력한지 동네 남정네들이 이 당 앞을 지날 때는 쳐다봐서도 안 되고 시선을 다른 쪽으로 돌려 에 둘러 지나가야 한다. 당굿을 할 때면 지금까지도 검은색 옷을 입 은 사람은 남녀를 불문하고 아예 참가할 수 없다.

이 당에 함께 모시고 있는 하르방은 본래 신흥마을의 본향당인 '대방황수당'의 신이다. 이 하르방당은 거리굿을 지내던 당인데, 4·3 이후 이 당에 같이 모시게 되었다.

거리굿이란 거릿제, 거리도청제 등으로 불리는데, 본향당굿을 할 때면 당기를 모시고 마을 곳곳을 돌아다니며 집집마다 방문해 액막이를 하는 굿의 한 과정을 이르는 말이다.

신흥마을은 해안선이 마을 안쪽을 향해 반달 모양으로 깊숙하 게 휘어진 곳이다. 이 때문에 외부에서 들어오는 배가 마을 가까 이까지 오기 편해 왜구들의 노략질이 잦았다고 한다. 관군이 신흥 마을에 들어왔을 때면 기동이 빠른 왜구들은 이미 노략질을 끝내 고 나 잡아 보란 듯이 낄낄거리며 바다로 꽁무니를 뺀 뒤라 말 그 대로 닭 쫓던 개 신세가 되기 일쑤였다.

잦은 왜구의 출몰, 그때마다 번번이 놓치는 관군. 마을 사람들은 더는 앉은 채로 당할 수만은 없다고 여겼는지 머리를 맞대고 대 책을 강구했다. 길어야 백 년 전이라지만 지금과 달리 주술적 세계관이 여전히 유효했던 시대여서 신흥마을 사람들의 대책은 마을 북쪽 바다에 방사탑을 쌓는 쪽으로 모아졌다.

전하는 이야기에 따르면 그때가 무술년인 1898년 1월이었다고 한다. 왜구를 방비하는 것이 가장 큰 이유이기도 했거니와 기상재해로 인해 일어나는 해상의 피해나 마을의 액살厄煞까지 한꺼번에 두루두루 막을 요량이었다. 그리하여 자루처럼 안으로 굽이진 바닷가에 다섯 기의 탑을 세워 암탑과 수탑을 구분하고 하나하나 이름까지 붙여놓았다.

그 뒤로 박씨 처녀의 원령怨靈을 모신 볼레낭당과 함께 다섯 기의 방사탑은 신흥마을 바닷가의 든든한 지킴이로 자리 잡게 되었다.

마을의 지킴이가 된 탑들은 세월의 풍파를 용케도 버텨내는 듯했다. 하지만 공든 탑은 무너지는 일이 없다는 속담을 비웃기라도 하듯이 1950년대에 세 기가 무너지는 일이 생기고 말았다. 다시 마을에 궂은 일이 생겨나기 시작했지만 치를 떨게 했던 왜구가 더 이상은 존재하지 않는 시대였다. 주술적 세계관 또한 과학을 신봉하는 가치관에 떠밀려 방사탑처럼 무너지고 만 뒤라 사람들은 다시 세우려 들지 않았다.

그렇게 두 기만 남아 위태로이 마을을 지키던 세월이 다시 오십여 년이나 흐른 2006년. 마을에 해안도로를 만들게 되자 동티를 막을 생각으로 무너진 세 기의 탑을 복원한 것이 최근의 모습을 갖게 되었다.

'볼레낭할망'이란 이름을 얻고 당신堂神이 된 박씨 처녀와 같은 사연은 없지만, 제주의 여느 마을이라도 방사탑을 세우는 경우가 많다. 애월읍 수산리의 경우에는 방사탑을 비롯해 인공연못의 일종인 물통까지 만들어 액막이를 했다고 한다.

수산마을 본동에서는 화재예방을 위해 '오방수'라고 부르는 다섯 군데의 물통을 만들었다. 수산마을에 속한 마을 중 하나인 예원동의 경우에는 마을의 다섯 방위에 '오방석'을 만들어 세웠다고 전한다. 먼저 동쪽에는 새 모양의 형상석이 있었고, 서쪽에는 동주석, 즉 사람 모양의 돌을 세웠다고 한다. 남쪽에는 '불새'라고 부르는 새 모양의 형상석, 북쪽에는 개 모양의 방사석을 세운 뒤 그 주위로 이중의 성담을 둘렀다고 전한다.

마지막으로 중앙에는 염소 또는 양 모양의 '방사석'을 세운 뒤 등에 글씨를 새겨놓았다고 한다. 이와 더불어 본동의 오방수처럼 화재예방을 위해 동, 서, 남쪽에 물통을 파놓았는데 지금은 모두 메워지고 없다고 한다.

이처럼 제주의 방사탑은 여러 가지 이름을 지닌 것처럼 생긴 모양도 목적에 따라 동네마다 각양각색인 모습을 하고 액살厄煞을 막는 지킴이 노릇을 해왔다. 꼼꼼히 따진다면 사실 액과 살은 성격이 다르다. 전통적인 관념에 의하면 액厄은 시간과 맞물려 침입하고, 살殺은 허한 공간으로 침입한다.

하지만 제주의 방사탑은 액과 살을 뭉뚱그려 방비하는 시간과 공간의 지킴이다. 이미 말했던 대로 제주 토박이들이 겪어야 했던 이삼중의 고초 때문에 액이든 살이든 삿된 것이라면 모조리 막고 싶었던 간절한 마음이 방사탑을 이룬 돌멩이 하나하나에 담겨 있는 것이다.

돌에 새겨진 제주 토박이들의 염원은 오래된 전설과 신화 속에서만 모습을 드러내는 것이 아니다. 20세기 한국근현대사의 참극 중 하나인 제주 4·3을 추념하는 4·3평화공원 기념관에는 광개토대왕비만큼이나 큰 비가 세워지지 못한 채로 누워 있다. 눕혀져 있을뿐더러 글자 하나, 문양 하나도 없는데 이 바위를 비^碑라고 부르는 이유는 무엇일까? 어떤 사연도 새겨지지 않아 '백비^{白碑}'라고 불리는 이 바위 앞의 해설문을 읽고 나면 그 이유를 알게 된다.

"언젠가 이 비에 제주 4·3의 이름을 새기고 일으켜 세우리라. 백비^{白碑}, 어떤 까닭이 있어 글을 새기지 못한 비석을 일컫는다. '봉기, 항쟁, 폭동, 사태, 사건' 등으로 다양하게 불려온 '제주 4·3'은 아직까지도 올바른 역사적 이름을 얻지 못하고 있다. 분단의 시대를 넘어 남과 북이 하나가 되는 통일의 그날, 진정한 4·3의 이름을 새길 수 있으리라."

백비는 이곳에만 있는 것이 아니다. 제주의 굿에서는 사연이 있어 굿을 청한 본주가 백지를 접어 불사르는 '소지^{燒紙} 사름'이란 과정이 있다. 이때 접는 종이를 '백소지권장'이라고 한다. 백소지권장이라는 말을 두고 옛 어른들 대부분이 문자를 몰라 바라는 바를 쓰지 못해 백소지라고 부르게 되었다고 풀이하거나, 바라고 바라는 사연이 너무 많아 작은 종이 한 장에는 모두 써놓기가 부족해서 백소지로 올리게 되었다고 해석한다.

백비와 백소지권장은 이와 같은 이유로 쓰이지 못한 사연을 깊

표선면 가시리 본향당(구석물당) 신과세굿에서 백소지를 사르는 모습.
2008년 3월.

숙이 품고 있다. 4·3의 아픔을 담은 백비와 볼레낭할망, 그리고 수
중 방사탑은 제주가 지닌 아픔을 새긴 주술적 사실주의의 산물이
다. 백소지권장 또한 마찬가지다.

  첨단과학의 시대라는 21세기 벽두에 우리는 신화에 열광한다.
우리가 넋을 잃고 빠져드는 신화를 현실을 초월한 판타지로만 보
아서는 백소지권장에 담긴 주술적 사실주의를 가늠하지 못한다.
신화는 고통스러운 삶의 질곡에서 간절히 이루고자 하는 사연을
담은, 너무나도 뚜렷하고 현실적인 리얼리즘의 정수다. 주술적 세
계관에 바탕을 둔 백비와 방사탑 또한 사실주의의 소산이다.

다시 말하거니와 온갖 모험과 환상적인 체험의 연속인 제주의 수많은 본풀이와 바닷속에 반쯤 잠겨 신비감을 뿜어내는 신흥마을 방사탑은 결코 현실을 초월한 판타지가 아니다. '눈물수건, 땀든 의장'에 스민 주술적 사실주의의 산물이다.

제주4·3평화공원의 백비(白碑).

또 다른 세상을 잇는
경계의 어귓돌

.

　　　　　　　　　　사람들은 누구나 현실에서의 일탈을
꿈꾼다. 매일 반복되는 시시포스의 노역 같은 삶이 고되기도 하
고, 때에 따라서는 지루한 탓이기도 하다. 시간이나 경제적인 여
유가 있는 이들은 낯선 곳으로의 여행을 도발하거나 새로운 취미
를 찾을 것이다. 그럴 엄두가 나지 않는 이들 중에는 자신의 삶을
초월한 신화에 빠져들어 세상사를 잠시 잊는 사람도 더러 있을 것
이다. 물론 도전적인 사람이라면 어려움과 맞서며 현실 속에 자신
의 이상향을 만들어낼 것이다.

　현실의 고통 때문이었는지 옛사람들은 우리가 사는 곳과는 사
뭇 다른 신비한 세상을 고안해냈다. 그것은 파라다이스 같은 안락
과 평화의 섬으로 그려지거나 이 세상보다도 훨씬 더 고통스러운
지옥의 모습으로 그려졌다. 그리하여 사람들은 현실세계를 둘러

싼 또 다른 세상에는 수많은 이계^{異界}가 있다고 상상하게 되었다.

사방이 바닷물로 휘감겨 도는 제주섬을 대표하는 이계는 바다의 왕국 용궁일 텐데, 놀랍게도 그곳으로 들어가는 관문이 실제로 존재한다. 제주의 옛사람들은 이 관문에 '용궁올레'라는 이름을 붙여줬다. 과연 용궁올레는 어디에 있을까?《제주설화집성》에 채록된 이 전설의 내용을 간추리면 다음과 같다.

성산읍 신풍리와 신천리의 경계, 끝도 없이 펼쳐진 잔디밭이 장관인 신천마장 바다 기슭에 서면 기암괴석의 밀림 사이로 파도가 넘나드는 용궁올레를 두 눈으로 볼 수 있다. 이 바닷가는 기기묘묘하게 생긴 기암괴석들이 즐비해서 '용머리'라고도 불린다. 날카

성산읍 신천리 바다 기슭의 용궁올레.

로운 갯바위만큼이나 물살이 거칠고 다른 곳에 비해 수심이 매우 깊은 탓에 인근의 줌수와 어부들은 예로부터 남해용궁으로 들어가는 길목이라고 여겨왔다.

워낙 물살이 거칠어서 위험했거니와 신성한 곳이라 누구도 함

부로 드나들지 않았던 금단의 바다 기슭에 서면 가장 먼저 눈에 들어오는 것이 '칼선다리'와 더불어 '고망난 돌'로도 불리는 '창곰돌'이다. 바위의 모양이 곧추선 칼날 같은 '칼선다리'는 신점神占의 하나인 신칼점에서 가장 나쁜 점괘의 이름이다. 이 '칼선다리'는 세경본풀이 속의 자청비가 시부모가 낸 시험에 들 때 건넜던 서슬 퍼런 칼날로 된 다리에서 유래했다.

　'창곰돌'은 인간의 범접을 막기 위해 남해용궁의 수문장이 경계

성산읍 고성리 영등굿 중 요왕맞이. 2019년 3월.

를 서는 용궁의 입구다. '창곰돌'이란 말도 '창구멍을 낸 돌'이라는 뜻으로, 누군가가 파수를 서는 망루로 해석할 수 있다. 인간이 사는 세상과 다른 차원을 잇는 용궁올레에는 다음과 같은 이야기가 엮여 있어 그곳의 신비감을 더한다.

제주의 여느 바닷가 마을처럼 이 마을 여인들도 힘든 물질로 하루하루를 연명했다. 물질에 능한 줌수 가운데서도 '줌수 송씨'의 물질 솜씨가 가장 뛰어났다고 한다. 더욱이 송씨는 다른 줌수들보다 담도 커서 겁 없이 용궁올레에서 물질을 하곤 했다.

그런데 여느 날처럼 용궁올레로 자맥질해 들어간 송씨는 알 수 없는 광채에 휩싸여 정신을 잃고 말았다. 간신히 정신을 차린 송씨 앞엔 더 이상 깊은 바닷속이 아닌 듯 육지와 다를 바 없는 풍경이 펼쳐져 있었다. 놀란 송씨 앞에 어디선가 하얀 강아지 한 마리가 나타나 마치 자기를 쫓아오라는 듯이 꼬리를 흔들었다. 강아지를 쫓아 들어간 곳은 남해용궁의 입구였다. 진풍경에 넋이 나가 우두커니 선 송씨 앞에 이번에는 선녀처럼 아리따운 여인이 나타나 인간이 올 수 없는 곳에 나타난 그를 보고 깜짝 놀라며 어서 뭍으로 달아나라고 충고했다.

그제야 그곳이 어딘지 알게 된 송씨는 선녀가 가르쳐준 길을 따라 허위허위 헤엄쳐 나오기 시작했다. 얼마를 헤엄쳐 갔을까? 이제 뭍에 거의 다 왔다고 여긴 송씨는 두 번 다시 용궁의 진풍경을 볼 수 없다는 아쉬움을 참을 수 없었다. 끝내 그녀는 용궁을 떠나올 때 절대 고개 돌려 뒤돌아보지 말라는 선녀의 당부를 어기고 말았다.

송씨가 고개를 돌려 용궁을 바라다보는 순간 삽시에 물속이 칠흑같이 어두워지더니 어느 틈에 쫓아온 남해용궁의 수문장이 시퍼런 칼날을 겨누며 앞을 가로막았다. 어떻게 이곳에 들어왔느냐는 수문장의 문초에 저간의 사정을 낱낱이 고한 송씨는 살려달라고 애원했다. 눈물을 흘리며 애원하는 그가 측은했던지 수문장은 칼을 거두며 어서 나가라고 말했다. 이윽고 그를 용궁으로 이끌었던 강아지가 다시 나타났고, 그는 재차 강아지의 인도를 따라 뭍으로 올라왔다.

죽을 곳에서 구사일생으로 살아나온 송씨가 뭍에 발을 디디며 안도의 한숨을 내쉬는 순간, 바닷가에는 무시무시한 소용돌이가

성산읍 신천리 바다 기슭의 칼선다리와 창곰돌.

일더니 일찍이 볼 수 없었던 칼날 같은 바위가 하늘을 찌를 듯이 솟아올랐다. 다시는 어떤 인간도 들어와서는 안 된다는 경고로 남해용왕이 칼을 거꾸로 세워놓고 뭍사람들의 출입을 막은 것이다. 그리하여 오늘도 신천마장 해안가에는 남해용궁 수문장의 칼날인 '칼선다리'와 그가 파수를 서는 '창곰돌', 그 너머엔 짙푸른 물살로 일렁이는 '용궁올레'가 바위의 모습으로 남아 전설을 알려준다.

아름다움 풍광과 신비로운 전설이 절묘한 앙상블을 이룬 용궁올레의 사연처럼 제주의 굿에는 또 다른 용궁올레의 모습이 아름답게 펼쳐진다. 제주에는 다른 어떤 지역도 넘볼 수 없는 수많은 본풀이를 낳은 아름다운 굿이 있다. 흔히 말하는 것처럼 '1만8천 신들의 고향'이기에 굿이 다채로울 수밖에.

그렇게 다채롭다는 굿 가운데 용궁올레는 과연 어떤 굿에서 모습을 드러낼까? 매스컴에 자주 노출되어 제주 토박이라면 누구나 한 번쯤은 들어봤음직한 '영등굿'에 또 다른 용궁올레가 있다. 영등굿은 음력 2월 초하루부터 보름날에 이르는 기간 동안 해안마을을 중심으로 펼쳐지는 굿이다. 이 때문에 제주에서는 2월을 달리 '영등달'이라고 부르는데, 마을에 따라서는 초하루부터 보름까지라고도 하고, 2월 전체를 영등달이라고도 한다. 초하루에서 보름까지건 한 달 전체이건 이 기간 안에 풍어를 기원하며 치르는 굿이 영등굿이다.

풍어를 기원하는 의식은 영등굿 말고도 줌수굿, 요왕굿^{용왕굿}, 풍어굿 등이 있는데, 마을 전체가 함께 하느냐 줌수를 비롯한 특정 직업군만 참가하느냐 등의 이유로 구분된다. 그러나 외견 상 영등

146

구좌읍 김녕리 잠수굿 중 요왕맞이. 2019년 4월.

굿과 거의 차이가 없다. 이렇게 여러 가지 이름을 지닌 굿들이 별반 다르지 않은 이유는 바다 일을 하는 이들이 가장 크게 신봉하는 신이 용왕이기 때문이다. 풍어의 의식 또한 그를 모시고 대접하는 '요왕맞이^{용왕맞이}'가 중심이 된다.

　요왕맞이에서 용궁올레의 모습은 어떻게 형상화될까? 현용준^{제주도무속연구. 1986}에 따르면 제주의 굿에서 '요왕질'이라고 불리는 용궁의 관문은 굿청에 기다란 멍석을 깔고 좌우에 오색 종이로 만든 '너울지'를 매단 솜대 여덟 개를 세워 꾸며놓은 것으로 마련된다.

여덟 개의 솜대를 '요왕문'이라고 부른다. 여덟 개의 요왕문 하나 하나는 바다의 신들을 상징하며 제각기 이름이 있다. 각각 '천금산 요왕문, 적금산 요왕문, 동해 청요왕문, 서해 백요왕문, 남해 적요 왕문, 북해 흑요왕문, 동경국 대왕문, 세경국 부인문' 등으로 불린 다. 굿을 집전하는 심방^{무당}에 따라 여섯 문을 세우는 경우도 있다.

심방들은 이 관문을 만드는 것을 두고 '요왕문 잡는다.'라고 하 며 모두 잡고 나면 요왕질을 닦는 '요왕질침'을 본격적으로 시작 한다. 요왕질침은 음악과 춤, 노래를 동반해 신명 나게 펼쳐지는 데 그 과정은 마치 사람들이 나다니는 길을 새로 만드는 것처럼 보인다.

먼저 길을 만들 장소의 상태를 알아보는 과정인 '요왕수정국질 돌아봄'에서 시작해 따비로 땅을 파고, 파낸 흙을 치우고, 돌을 고 르고, 흙을 다지고, 깨끗한 이슬을 뿌리는 등 여러 가지 공정이 이 어진다. 심방은 마치 도로공사를 하는 것처럼 전 과정을 하나하나 친절하게 설명하며 매 과정마다 호미, 괭이, 작대기 등을 든 것처 럼 팬터마임 같은 동작이 섞인 춤을 춘다.

노동의 동작을 춤으로 표현해내는 것을 보면 연극적인 느낌이 강하게 든다. 그리고 다른 지역의 굿춤처럼 발을 구르며 하늘로 솟아오르는 동작보다 종종 잔걸음을 걸어가며 요왕질을 따라 수 평적으로 이동하고 있음을 알게 된다. 용궁을 잇는 요왕질이 현실 의 공간을 이동하는 것처럼 수평적인 이유는 이미 밝힌 바와 같 이 해양문화적 특징이다.

제주도 무속과 신화에도 다른 지역과 마찬가지로 하늘옥황, 요

조천읍 신흥리 포제굿 중 요왕맞이. 2019년 2월.

왕수정국, 서천꽃밭, 영등땅, 웨눈베기섬, 강남천자국 등 다양한 이계異界가 존재한다. 하늘옥황이라고 해서 반드시 두레박을 기다리는 나무꾼처럼 수직으로 날아올라가야 하는 곳이라고 여길 일이 아니다. 저승이라고 해서 땅속 깊은 곳에 있는 것이 아니다. 아흔아홉 갈림길을 끝도 없이 걸어 저승에 닿는 강림차사도 있고, 천리둥이, 만리둥이라는 개마저 쫓을 수 있는 정도의 길을 걸어 서천꽃밭에 도착하는 할락궁이도 있다.

앞서 살펴본 줌수 송씨가 드나들었던 용궁올레도 마찬가지다. 환경적으로 바다로 둘러싸인 섬인 탓에 제주 토박이들의 우주관은 바다를 건너거나, 땅 위를 걷는 것처럼 수평적 이동에 초점이 맞춰져 있다. 굿의 극본인 본풀이가 그러하니 요왕질의 모습이며 심방의 춤까지 모든 것이 수평적 우주관의 지배를 받는 셈이다.

현실을 초월한 세계가 걷거나 헤엄치고 노 젓는 것만으로 만날 수 있는 곳이라니. 이것은 마치 각박한 도시살이와 영혼 없는 직장 생활에 염증을 느낀 사람들이 제주를 파라다이스처럼 생각해 만사 젖히고 찾아드는 최근의 이주러시와도 닮은꼴이다.

제주 토박이들은 육지 사람이 제주를 동경해 찾아드는 것처럼 또 다른 세상으로 가고 싶어 했고, 능히 갈 수 있는 현실감 있는 공간으로 형상화했다. 지금 자신이 살고 있는 현실이 너무나 고통스럽기에 마음만이라도 떠맡길 이상향을 가까이 두려 했던 심산의 결과이기도 하다.

한림읍 한수리 영등굿 중 요왕맞이. 2017년 3월.

억압과 저항의
상처를 품은 제주의 돌

새까만 먹돌이든 새빨간 속돌이든 제
주의 돌엔 바람 구멍이 숭숭 뚫려있다. 그래서 제주의 돌은 생겨
먹은 그 자체가 저항과 상처의 숙명을 품고 있다. 제주의 현무암
은 어떤 이유로 깊은 상처를 지닌 채 태어났을까? 박박 얽은 곰보
자국을 남기고 사라지는 천연두의 신 '호구대별상서신국마누라'
가 사람들의 얼굴뿐만 아니라 지천에 뒹구는 돌멩이의 피부에도
상처를 남겼다면 믿겠는가? 이름이 너무 길어 간단히 '마누라'라
고 불리는 역신痘神과의 전쟁 이야기는 진성기남국의 전설, 1968 의 연
구에 이렇게 실려 있다.

까마득한 옛날이었다. 마마신인 마누라는 봄부터 가을까지 제
주섬으로 찾아들곤 했다. 제주 사람들은 천연두가 두려워 마누라
가 찾아오면 정성을 다해 대접했다. 그럼에도 푸대접이라며 마마

를 퍼뜨리는 마누라의 기승에 지친 제주 사람들은 굴속으로도 숨어보고, 성담을 쌓아 막아내려고도 했지만 어떤 노력도 물거품처럼 꺼지고 말았다.

고심하던 사람들은 동해용궁의 산호수가 마누라를 물리칠 수 있는 유일한 무기임을 알게 된다. 그러나 누구도 선뜻 나서지 못했다. 어디 용궁이 사람의 몸으로 갈 수 있는 곳이었겠는가. 모두가 발만 동동 구르며 전전긍긍하는 사이 애기줌수바당에서 물질을 막 배우기 시작한 어린 줌수 하나가 남몰래 바다로 뛰어들어 무작정 헤엄쳐 나간다. 어린 줌수는 한참 바닷속을 누볐으나 좀체

제주해군기지 건설로 산산이 부서진 강정마을 구럼비 용암대지.

용궁을 찾지 못해 바위신령에게 기도해 마침내 용궁에 다다른다.

어린 줌수는 동해용왕께 산호수를 내어달라고 빌었지만 용왕은 산호수는 용궁의 보물이라 절대로 내어줄 수 없다고 일언지하거절한다. 그러나 손이 발이 되게 끊임없이 애원하는 어린 줌수를 매정하게 돌려보낼 수 없어 산호수 대신 대규모의 군사를 내어준다.

제주섬에 상륙한 용왕의 군사들은 바위신령의 군사와 합세해 마마신의 군사들과 큰 싸움을 벌인다. 제주섬 전체를 시산과 혈해로 탈바꿈할 정도의 엄청난 전투는 마누라의 승리로 끝나고 만다. 용왕의 군사들은 물거품이 되어 사라졌고, 바위신령의 군사들은 싸늘한 주검이 되어 섬 곳곳에 나뒹굴게 되었다. 마누라 군사들의 칼날과 화살에 상한 몸이 식어 구멍이 숭숭 뚫린 현무암이 되고 만 것이다.

실낱같은 희망마저 잃게 된 제주 사람들이 절망에 빠져 흐느끼는 순간, 용궁에서 뭍으로 헤엄쳐 돌아오다 숨이 차올라 죽은 어린 줌수의 시신이 떠오른다. 사람들은 그제야 줌수의 희생을 알고 시신을 수습하려고 한다. 그들이 줌수의 시신에 손을 대려고 하자 오색광채가 연기처럼 선연하게 피어오르더니 싸늘한 주검이 용궁의 산호수로 변신한다. 마누라를 물리칠 무기가 이렇게 탄생했고, 마침내 제주 사람들은 마누라를 퇴치하기에 이른다.

이 이야기는 '산호해녀'라는 이름의 전설로 채록되어 우리에게 전해지고 있는데, 지천에 뒹구는 제주의 현무암이 지닌 상처의 연유뿐만 아니라 제주 줌수의 숭고한 희생까지 되새기게 만든다.

제주해군기지 건설로 파괴된 강정마을 구럼비 바위.

눈치가 빠른 사람이라면 이 이야기가 제주의 역사를 상징적으로 담아낸 것인 줄 금방 알아챌 것이다. 현무암의 바위신령과 어린 줌수는 제주의 토착민이다. 마누라의 군단은 당연히 외세라고 할 수 있다. 유사 이래 외세의 침략에 시달려온 제주의 뒤안길은 이들의 대결을 통해 전설의 서사로 재탄생했다. 그렇다면 용왕과 그의 군사들은 어떤 존재들일까? 제주 사람들의 입장에선 이 또한 외세의 다른 모습이다.

우리는 역사를 통해 외세와의 전쟁을 또 다른 나라의 힘을 빌려 극복하려다 낭패를 맛본 사례를 종종 보아왔다. 임진왜란 당시 조선을 지원하러 와서는 뒷전에서 왜군과 비밀협상을 벌였던 명군이나, 삼국통일전쟁 당시 신라를 돕는다며 소리만 요란한 행군을 펼쳤던 그 유명한 '당나라군대'만 해도 또 다른 외세일 뿐이었다.

'산호해녀' 전설은 마누라를 물리칠 수 있는 유일한 무기인 산호수가 용궁의 보물이 아니라, 물질을 갓 배운 어린 소녀의 화신이라는 점에서 제주 사람들의 자주성이 강조되고 있다. 침략이건 지원이건 외세를 거부하고 스스로 모든 것을 해결하려고 했던 제주 토박이들의 자주정신이 이 이야기에 담겨 있는 것이다.

이 이야기를 접할 때면 자연스레 황석영의 소설 《손님》이 겹쳐진다. '마누라'의 다른 이름이 '손님'이란 점에서 이미 외세를 뜻한다. 소설 속의 참극만 보더라도 소련도, 미국도, 외래의 이념도 이와 별반 다르지 않다는 메시지를 던지는 것이 '산호해녀'의 또 다른 모습이라고 부를 만하겠다.

제주 역사 속 저항의 상처가 남은 돌의 이야기는 신통방통한 중국의 술사衡士로 알려진 '고종달 설화'에도 여러 형태로 등장한다. 실존 인물이었던 호종단胡宗旦을 모델로 삼은 이 이야기는 제주를 대표하는 풍수설화다.

먼저 역사 속의 실존 인물인 호종단의 면모를 살펴보면 송나라 복주福州 출신인 그는 고려 예종 때 귀화하여 15여 년 동안 관리 생활을 하였다. 송나라 최고의 교육기관인 태학太學에 들어가 엘리트 교육을 받았던 그가 고려로 귀화한 것은 비좁은 출사의 관문 때문이었다.

출사의 꿈을 포기한 호종단의 시선은 바다 건너 고려를 향했다.

당시 고려는 송나라의 문물을 받아들이며 각종 제도와 규율을 정비하고 있었다. 이 때문에 자국에서 출사하지 못한 송나라 선비 여럿이 귀화해 고관대작의 지위까지 올랐으니 대표적인 귀화 인물로는 유재와 신안지가 있다.이바른, 고려 예종~인종대 宋人 胡宗旦의 정치적 성격, 2001.

고려의 사정이 이러했으니, 송나라의 엘리트 출신인 호종단은 예종의 총애는 물론 선배 귀화인인 유산지의 지원까지 받으며 조정에 진출한다. 고려 조정의 중역으로 입지를 굳힌 호종단의 행적은《고려사》를 비롯한 여러 책에 실려 있다. 비록 후대의 기록이기는 하지만 호종단이 제주에 다녀갔다는 이야기 또한《세종실록지리지》와《신증동국여지승람》에 전한다.《세종실록지리지》에는 "호종단이 이 땅을 진무鎭撫하고"라는 구절이 나오는데, '진무'라는 표현에서 풍수지리에 따른 단혈斷穴 행각이 엿보인다.

호종단은 도대체 얼마나 신출귀몰한 능력을 지녔기에 제주섬을 진무할 수 있었을까? 그는 도교의 압승술사厭勝術師라는 남다른 이력을 지니고 있었다. 염승술厭勝術로도 불리는 압승술은 지형이나 산세를 인공적으로 조정하는 비보풍수裨補風水와 더불어 주문이나 주술로 사람을 저주하는 희한한 술법을 가리킨다. 더욱이 고려 예종도 도교에 유다른 관심을 지니고 있어서 이미 유원충이란 술사에게 동계東界, 오늘날의 함경도 일대의 산천을 순시하는 임무를 맡긴 바 있었다. 이런 임금이었으니 호종단에게도 전국을 순시하라는 명령을 내렸을 것이라고 추정할 수 있다.

전국을 누비던 호종단이 유유히 바다를 건너 탐라로 진입하던 안덕면 사계리의 용머리.

모습을 떠올려보자. 당시 탐라는 숙종 10년[1105년]에 탐라군으로 복속된 지 얼마 지나지 않았던 때라 고려와는 사뭇 다른 문화는 물론 독립적 지향이 강한 곳이었다. 즉위 초부터 각처에 감무를 파견하며 통치 질서를 정비하던 예종이 탐라를 완전한 군현으로 만들기 위해 호종단을 보냈을지도 모른다.

자신의 장기인 압승술을 앞세워 제주의 각처를 돌며 제도와 문물을 고려의 구미에 맞게 정비하는 동안 수많은 반발에 부딪쳤을 것이다. 이런 점에서 호종단은 고려 조정에는 만고의 충신이었겠지만 탐라의 백성들에게는 외세이며 공포의 대상이었음이 분명하다. 고려에 대한 반발심은 호종단을 전설 속의 인물 고종달로 변신시켰다. 제주섬이 천자天子가 태어날 지세를 지녀 중국 황제의 명을 받은 고종달이 섬의 산혈과 물혈을 모두 떠버렸다는 전설이 생겨난 것이다.

고종달이라는 제주식 토명土名으로 변신한 호종단의 행적을 다룬 전설이 매우 많은데 '꼬부랑나무 아래 행기물' 이야기가 가장 유명하다. 이 이야기는 표선면 토산리의 '거슨새미'와 '노단새미', 서귀포시 서홍동의 '지장새미' 등의 수신水神을 주인공으로 삼는 고종달의 단혈斷穴 실패담이다. 다른 한편에서는 고종달을 도와준 감목관 김만일 일가와 관련된 '번디기왓' 일화처럼 보은의 이야기로도 나타난다.

고종달 풍수전설 중에서 돌과 관련된 이야기는 안덕면 사계리의 '용머리'와 한경면 고산리의 차귀도 '매바위'의 사연이 가장 유명하다. 먼저 용머리의 사연은 이렇다. 제주의 명혈을 표시한 지리서를 들고 곳곳을 활보하며 정기를 끊던 고종달이 산방산에 이르러 바다 쪽을 내려다본다. 그의 눈에 승천하는 용을 닮은 용머리바위가 포착된다. 왕후지지임을 직감한 고종달은 득달같이 용머리에 뛰쳐 오른 뒤 혈맥을 찾아 인정사정없이 칼을 휘둘렀다. 그의 칼에 깊숙이 배인 용머리바위에서 피가 솟구쳤고, 끝끝내 용의 정기가 소멸되었다고 한다.

차귀도 매바위에는 용머리와 전혀 다른 이야기가 서려 있다. 제주의 단혈을 마친 고종달이 유유히 돌아가기 위해 차귀도 앞바다에 이르렀을 때였다. 한라산의 신령인 광양당신이 매로 변신해 그의 배 위로 날아드니 갑자기 폭풍이 일어났고, 고종달은 물에 빠져 죽고 말았다. 이로 인해 매바위가 있는 섬은 고종달이 되돌아가지 못했다는 뜻을 지닌 차귀遮歸, 돌아가지 못해 막힘라는 이름을 얻게 되었다고 한다.

제주섬으로 변신한 설문대처럼 산호수로 변신해 제주를 구한 사체화생死體化生의 주인공 애기줍수와 제주의 현무암, 제주를 난도질한 고종달에게 복수를 감행한 차귀도 매바위에 이르기까지 제주의 돌에는 불굴의 저항정신이 숭숭 뚫린 구멍마다 빼곡하게 들어차 있다.

한경면 고산리 차귀도의 매바위.

제3부

바다를 일구는
풍요와 고난의 바람

최고의 신성은 날씨를 조정한다
바람 타는 섬 제주의 바람신, 영등
영등바람은 바다를 일으켜 파도를 만든다
엇갈린 사랑의 안개는 산과 물을 가르고
풍운조화를 일으키는 열두 가지 요술 주머니
신성의 공간 동해용궁과 전설의 이상향 이어도
쿠로시오의 물결이 실어온 사랑 노래
태운 조싱과 태운 좀수질

최고의 신성은
날씨를 조정한다

천상에서 태어난 고귀한 존재였지만 하늘 아래 세상을 그리워해 스스로 지상에 강림한 신이 있었다. 그는 삼위태백으로 내려올 때 3천여 명에 이르는 하늘의 선인仙人을 이끌었고, 그들 속에는 풍백, 우사, 운사가 섞여 있었다. 그렇게 지상에 강림한 환웅은 웅녀와의 혼인을 통해 우리나라의 건국시조, 단군을 낳았다.

한국 사람이라면 모를 리 없는 신화다. 서두부터 결말까지 누구나 잘 아는 이 이야기를 새삼스럽게 꺼내는 이유는 환웅과 함께한 세 신 때문이다. 하필이면 환웅이 왜 풍백, 우사, 운사를 대동했는가가 중요한 화두 중 하나다.

수렵, 목축, 농경, 어로로 삶을 이어가던 옛사람들에게 있어서 기후현상은 밤낮이 바뀌고 계절이 바뀌는 시간의 순환과 더불어 가장 중요한 문제 중 하나였다. 이 중 시간의 순환은 반복적인 규칙성을 지니고 있어서 천기를 읽어 세시歲時를 고안해내기에 이르렀다. 그러나 기후현상은 어느 구름에 비가 들어있는지 모른다는 말이 있는 것처럼 예상할 수 없는 불규칙성을 지니고 있어서 초자연적인 존재가 지배하는 것으로 여겨 왔다. 그 때문에 세계 도처의 최고신들은 공통적으로 시간의 창조주이면서 기후를 조절하는 권능의 소유자로 신봉되어왔다.

힌두신화 속에 등장하는 제석천 인드라의 바즈라, 올림푸스의 지배자 제우스가 손아귀에 쥐고 있는 케라우노스, 북유럽신화 속의 영웅신 토르의 망치 묠니르 또한 환웅이 하늘에서 지니고 왔다는 천부인 삼보와 비슷하다. 이처럼 최고신의 권능을 상징하는 무기들의 공통점은 천둥과 번개를 일으키며 날씨를 조정하는 도구라는 점이다.

최고신들이 언제든지 벼락을 내리칠 기세로 무기를 움켜쥔 모습은 인류의 종교사에서 신이 사람을 닮은 '인간신'의 모습으로 형상화되기 이전 단계의 '동물신'이나 중간단계인 반인반수의 모습에서도 나타난다. 이상복설산에 그려진 바위그림 종교적 신성 간직, 2009.에 의하면 유럽의 지붕인 알프스 산자락에 무려 4만 점에 이르는 암각화가 있고, 세계적인 명소로 손꼽히는 프랑스의 몽베고 지역에는 황소 신인 '베be'의 머리가 그려진 바위가 있다. 당연히 동물신이 세상을 지배하던 그림이다.

이 바위그림의 주인공인 베의 얼굴 속에는 주술사로 보이는 사람이 다리를 벌리고 곧추 서서 양팔을 하늘을 향해 뻗고 있는 모습이 보인다. 흥미롭게도 그 주술사의 신체는 그림 속에서 황소 신 베의 이목구비 역할을 하고 있다. 말하자면 주술사와 황소 신이 하나가 된 신들린 상태의 모습이라고 할 수 있다. 황소 신의 뿔은 주술사의 손에 잡힌 도구로도 보인다.

이 도구에 대해 많은 연구자들은 농경민의 입장에서는 괭이일 수도 있고, 수렵민의 입장에서는 창이나 칼일 수도 있다는 해석을 내놓았다. 두 가지 해석은 모두 풍요와 결실을 바란다는 공통점을 갖고 있다. 양쪽 모두 설득력이 충분하다.

여기에 한 가지를 덧붙여서 천공을 향해 두 팔을 길게 뻗어 황소 신의 뿔을 잡은 주술사의 행위를 비, 바람, 번개 따위를 일으키는 뇌전雷電으로 보면 어떨까? 이처럼 이 그림을 신과 하나가 된 주술사가 풍요의 비바람을 일으키는 의식의 장면으로 보는 것 또한 지나친 비약은 아닐 것이다.

그렇다면 제주신화 속에는 기후를 조절하는 존재가 없을까? 없을 리 만무하다. 제주의 신들 중 최고신인 천지왕에게도 당연히 그와 같은 권능

울산암각화박물관 특별전 '신들의 신성한 거처-알프스 몽베고 암각화' 포스터.

바람의 신성인 영등신을 테마로 한 영등 퍼레이드의 한 장면. 2016년 3월.

이 있다. 천지왕본풀이에는 천상의 신인 하늘옥황 천지왕이 지상의 여신인 바구왕 총맹부인과 혼인하기 위해 지상으로 하강했다고 전해온다. 정성을 다해 천지왕을 대접하려고 했던 총맹부인은 지상 최고의 거부 수명장자에게서 귀한 쌀을 얻어다 밥을 짓는다.

　그러나 악독한 구두쇠로 소문난 수명장자가 빌려준 쌀에는 모래가 잔뜩 섞여 있었다. 모래 섞인 밥을 씹어 분기탱천한 천지왕은 수명장자의 악행을 낱낱이 살펴본 뒤 징벌을 내린다. 천지왕이 내린 징벌 중 하나가 벼락수제, 화덕진군으로 하여금 붉벼락을 내리친 것이다.

어디 천지왕만 그런 권능을 지녔겠는가. 그의 쌍둥이 아들인 대별왕또와 소별왕또도 마찬가지다. 두 형제가 이승과 저승을 놓고 서로 마음에 드는 곳을 차지하기 위해 벌였던 경쟁 중 한 장면을 보라. 태초에 하늘과 땅을 갈라놓은 거인 도수문장이 청의동자 반고씨의 네 눈동자를 뽑아 해와 달을 두 개씩 만들어버린 바람에 뭇 생명들은 밤이면 추워 죽고 낮이면 더워 죽기 일쑤였다.

천지왕이 두 아들에게 이것을 해결하는 자가 이승을 차지하라고 명하자 대별왕또가 천 근 활 백 근 살을 들어 해와 달을 한 개씩 맞춰 떨어뜨리자 세상이 평온해졌다고 한다. 이 장면을 일러 '일월조정'이라고 하는데, 우주의 순행원리를 확립했다는 점이 으뜸이지만 추위와 더위를 조절했다는 점에서 기후 조절의 권능이라고도 볼 수 있다.

이렇게 기후현상을 자유롭게 조절하는 신들을 향한 사람들의 기원은 어떻게 펼쳐졌을까? 최고신을 향한 의식은 최고의 인간들에게 독점적으로 부여된 권한이었다. 최고의 인간이라면 당연히 왕이다. 환웅의 아들 단군왕검, 단군이라는 이름조차 무당을 뜻하는 '단골'에서 유래한 것처럼 과거의 왕은 제사장을 겸하던 '무당왕 Shaman king'이었다. 환웅이 지상에 강림할 때 환인에게서 하사받은 '천부인 天符印' 삼보 三寶 또한 왕권의 상징인 동시에 천기를 조정

대별왕과 소별왕을 당신으로 모시는 제주시 해안동 동동본향 절물동산하르방당.

하는 신권의 상징이기도 했다.

이따금 TV사극에서 천재지변이 일어났을 때 임금이 그 원인을 놓고 자신의 부덕 때문이라며 자책하는 장면을 종종 연출하는 이유도 이러한 무당왕의 전통에서 비롯된 것이다.

황경숙한국의 벽사의례와 연희문화, 2000. 에 의하면 우리나라에서는 왕이 하늘에 기원하는 의식 중에 기후와 관련한 것으로 '기우제祈雨祭, 기청제祈晴祭, 기설제祈雪祭'가 있었다. 이 중에서 기우제는 사람의 생존과 생업에 없어서는 안 될 물에 대한 의례인 탓에 왕이 중심이 된 국가의 의식뿐만 아니라 민간에서도 많이 행하던 것이었다.

나라의 기우제를 보면 《삼국사기》에 고구려, 백제, 신라가 각각 시조의 능과 명산대천에 기우제를 행했다는 기록이 나온다. 고려

제주시 탑동 인근의 풍운뇌우단 표지석.

170

제주시 탑동 인근의 풍운뇌우단 터.

시대에는 무당을 불러들인 뒤 흙으로 용을 만들고 비가 내리도록 비는 취무도우聚巫禱雨 의식이 있었다. 조선시대에는 국행기우제國行祈雨祭라고 하여 12제차나 되는 복잡한 의식을 정기적으로 치렀다고 한다.

'영제榮祭'라고도 불렸던 기청제祈晴祭는 고려에서 조선시대까지 이어졌던 의례로 장마가 가을까지 계속되거나 궂은 날씨가 이어질 때 날이 개기를 바라며 치렀다고 한다.

마지막으로 기설제祈雪祭는 눈이 내리기를 기원하며 치르던 의식이다. 눈이 와야 할 시기에 눈이 오지 않으면 음력 11월과 12월에 임금이 친히 기설제를 치렀다고 한다.

임금이 집전하거나 주관하는 기후의례가 있는 것처럼 왕도와 떨어진 지방관아에서도 수령이 거행하는 의식이 있었다. 조선시대 제주목에도 풍운뇌우제라는 기후의례가 있었다.

임금이 직접 모시던 풍운뇌우산천성황단風雲雷雨山川城隍壇과 비슷했던 제주의 풍운뇌우단風雲雷雨壇과 풍운뇌우제風雲雷雨祭는 유교의 예법에 어긋나는 것이었다. 임금 외에는 누구도 지낼 수 없는 의식인데 유독 제주에서만은 치제致祭되고 있어서 이형상 목사 재임 시절에 철폐된 바 있다.조성윤, 19세기 濟州島의 國家儀禮. 1996. '절 오백 당 오백 불천수'로 제주섬 곳곳에 이름을 떨친 이형상인데 자신이 직접 봉행해야 할 의식 중에 군신의 법도를 거스르는 풍운뇌우제가 있다는 것을 참을 수 있었겠는가?

그러나 제주가 어떤 섬이던가. '풍재風災, 수재水災, 한재旱災'의 삼재三災가 끊이지 않는 곳인데 막는다고 막을 수 있었을까? 아니나 다를까. 제아무리 이형상이라고 해도 영원히 막을 수는 없었던 모양이다. 그가 불태워 없앤 신당들이 다시 제 모습을 찾은 것처럼 풍운뇌우제는 채 삼십 년도 지나지 않아 복원되기에 이른다.《숙종실록》에 따르면 숙종 45년 제주목사 정동후가 상소를 올려 풍우뇌우제를 되살려냈다고 한다.

백성 위에 군림하던 통치자조차 천재지변의 원인이 자신의 잘못 때문이라며 하늘제사를 지내 풍운뇌우의 신께 반성의 기도를 올리던, 신성이 지배하던 시대가 있었다. 적어도 그 시대에는 천

변만화하는 자연계의 기후현상에 대한 두려움보다 천재天災로 말미암아 구휼을 호소하던 백성들의 애원성이 더욱 두려웠던 임금이나 목민관이 적지 않았을 것이다.

오늘을 보라. 다리가 무너지고, 빌딩이 쓰러지고, 배가 침몰하는 인재人災가 끊임없이 반복되어도 '가만히 있으라.'라는 말 한마디로 끝내는 위정자들이 있다. 선거철이면 하늘제사를 올렸던 옛 임금들의 지극한 정성보다 더욱 깊은 애정으로 시민을 대하던 인사가 정가에 입성만 하면 돌변한다. 나라 안에서는 부정과 비리를 저지르고, 나라 밖에서는 전쟁을 일으키는 것이 21세기 세계의 정치인들의 본무라는 착각이 들 정도다.

이들과 유착해 지구의 살과 피를 오염시키는 기업가와 그들의 공장뿐인 세상이다. 생각할수록 넌더리가 난다. 마음 같아선 풍운뇌우단을 다시 세우고 하늘의 신께 하루 빨리 멸망으로 이끌어달라고 재촉하고 싶다.

바람 타는 섬
제주의 바람신, 영등

        지상의 어느 곳에든 갈 수 있고, 어떤 곳에도 존재하는 것이 있다면, 그것은 바람일 것이다. 해상의 물결조차도 바람과 하모니를 이루는 것을 보면 바람은 모든 곳에 머무는 존재임이 분명하다. 눈에 보이지 않지만 동서남북 사방팔방에서 자유롭게 넘나들고, 지세에 따라 산바람, 들바람, 강바람, 바닷바람으로 변신하는 바람이야말로 사람들로 하여금 경외감을 느끼게 한다.

  보이지 않지만 지구의 숨결처럼 모든 것을 매만지는 바람, 제주 토박이들이 눈에 드러나는 바람을 상상해 '영등신'이라고 불렀던 것처럼 지상의 모든 민족과 나라에서도 같은 생각이 싹을 틔워 수많은 바람신들이 생겨났다.

  이 나라가 역사의 첫 장을 펼쳐 터전을 닦은 신시_{神市}의 높은 신들 중에도 바람신인 풍백風伯이 있었다. 풍사風師라고도 불리는 그는 새의 머리에 사슴의 몸, 뱀의 꼬리, 표범의 무늬를 지닌 비렴飛廉의 모습을 하고 천지를 떠돌며 바람을 일으켰다고 한다.

중국의 고대 지리서인 《산해경山海經》에는 '궁기窮奇'라는 북풍의 신이 등장하는데, 그 또한 풍백처럼 괴수의 모습이다. 때로는 날개 돋친 호랑이거나 때로는 소의 몸에 고슴도치처럼 가시가 돋친 괴수로 그려진다.

현실에 존재하지 않는 괴수의 모습으로 나타나는 바람신 중에서 가장 유명한 존재는 그리스신화 속의 '티폰'이다. 태풍을 이르는 말인 '타이푼'도 티폰의 이름에서 유래한 것이다.

영등신의 막내아들 대섬밧영감또를 모시는 한림읍 한수리 대섬밧당.

북유럽신화에서는 벼락망치를 휘두르는 천둥번개의 신인 토르의 아버지이며 신들의 왕인 오딘이 바람을 일으키는 존재다. 오딘의 이름 속에 광란이라는 뜻이 담겨 있는 것을 보면 그가 일으키는 북극해의 칼바람이 얼마나 사나운 것인지 짐작이 되고도 남는다. 남아메리카 안데스 잉카문명의 최고신 비라코차 또한 폭풍을 일으키는 존재로, 태양의 왕관을 쓰고 번개의 손으로 시간을 창조한다.

이 밖에도 중동의 신화에는 바알, 아다드, 이쉬쿠르라는 바람신이 등장하고, 이집트에는 모래폭풍을 일으키는 세트가 있는가 하면, 일본의 코지키古事記에는 스사노오가 폭풍을 일으키는 존재로 묘사되어 있다. 골로빈, 이기숙·김이섭 공역, 세계 신화 이야기, 2001.

다시 우리나라 바람신의 사연으로 발길을 돌려보자. 단군신화 속의 풍백은 기나긴 역사를 거쳐 오는 동안 말 그대로 바람이 숨죽이듯 잦아들었다. 워낙 중국의 도교사상과 맥을 같이하는 신이기도 하거니와 왕이 집전하는 국가 차원의 의례에서나 섬기는 지배층의 신성인 탓에 민간에서는 이름난 신이 아니었던 것으로 보인다.

영등이야말로 좀체 잦아들지 않는 제주의 바람처럼 피지배층이 섬기던 바람신이었다. 제주 토박이들이라면 으레 '영등할망'을 떠올리게 되는 바람의 신 영등은 제주에서만 일렁이던 지역풍의 창조주가 아니라 우리나라 곳곳을 휘휘 감아 도는 광활한 영역의 신이다. 다른 지방에도 영등신앙이 널리 퍼져 있다는 말이다.

"영등의 본초가 어딜러냐, 영등의 본향이 어딜러냐." 바람맞이굿

영등신이 제주에 들어오는 첫 마을로 알려진 귀덕리의 영등굿. 2017년 2월.

인 제주의 영등굿판에서 불리는 노랫말처럼 바람을 타고 영등의 자취를 둘러보는 여정은 함경도에서 제주섬에 이르는 조선팔도 유람이나 마찬가지다. 그 내력 또한 매우 깊어 옛 문헌에서도 종종 등장하는데,《신증동국여지승람新增東國與地勝覽》의 제주목 풍속 조에는 이런 내용이 실려 있다.

"2월 초하룻날 귀덕(歸德) 김녕(金寧) 등지에서는 나무 장대 열둘을 세워 신을 맞아 제사한다. 애월포(涯月浦)에 사는 자는 나무 등걸 형상이 말머리 같은 것을 구해서 채색 비단으로 꾸며 말이 뛰는 놀이를 하여 신을 즐겁게 하다가 보름날이 되면 그만두는데, 그것을 연등(燃 燈)이라고 한다."

이 기록은 제주에서 펼쳐진 영등굿을 개괄적으로 소개한 것인데, 영등을 일러 연등燃燈이라고 표기하고 있다. 조선시대 울산읍지인 《학성지鶴城誌》, 신광수의 《석북집石北集》, 이학규의 《낙하생집洛下生集》, 이옥의 《봉성문여鳳城文餘》, 윤정기의 《동환록東環錄》, 김석익의 《해상일사海上逸史》 등 다른 기록에 나타나는 명칭 또한 매우 다양하다. '연등然燈, 煙燈, 燃燈, 영등迎燈, 靈登, 嶺登, 影等, 영동靈童, 永同, 영등신靈童神, 嶺登神, 영등제석盈騰帝釋, 풍신風神, 풍파風婆' 등이 그것이다.

제주뿐만 아니라 여러 지방에서 영등신에 대한 의례와 내용이 발견되고 이름 또한 다양한 것으로 보아 영등신앙은 전국적인 것으로 보인다. 영등신을 기록한 표기가 이렇게 다양한 이유는 민간에서 쓰이는 신의 이름을 한자로 표기하는 과정에서 때로는 발음을 빌린 음차音借를, 때로는 뜻을 빌린 훈차訓借를 사용했기 때문이다. 김석익이 《해상일사》에서 '煙燈'과 '燃燈'을 함께 사용한 것을 보면 한자 표기는 큰 의미를 지니지 않는다.

《학성지鶴城誌》에는 영등신의 성격과 면모가 비교적 자세하게 기록되어 있는데, "영등신은 봄의 양기를 발산하는 신으로 바꾸어 말하면 풍신이다. 민간에서는 영등제석이라고 부른다. 이월 초하루가 되면 영등신이 인간세상을 사찰하러 내려온다. 이때 여염집에서는 목욕재계를 하고 상인의 출입을 금하며 손님을 집 안으로 들이지 않는다."고 밝히고 있어 오늘날의 영등신앙과 크게 다르지 않다.

문자로 기록된 영등의 이야기가 아닌, 쓰이지 않은 민간의 신화와 전설 속 영등은 어떤 모습일까? 영등신에 대한 관념은 멀리 태산준령의 함경도에서 바다 건너 제주도까지 넓게 분포되어 있다. 경기도의 경우에는 충청북도와 인접한 지역에서 영등에 대한 인식이 나타나지만 의례나 풍속은 찾아보기 힘들다. 이런 사정은 충청도의 경우도 비슷하다. '이월밥'이라고 해서 소나무 가지를 부엌이나 장독대에 세워놓고 고사를 지내는 정도다.

강원도의 경우는 백두대간을 경계 삼아 영동과 영서가 나뉘는데, 해안지역인 영동지역에서 '영동할머니'라고 부르며 집집마다 '바람 올리기'나 '영등제'를 지낸다고 한다. 전라도의 경우에는 경상도와 가까운 동부지역에 영등신앙이 남아있는데, 강원도와 마찬가지로 '바람 올리기' 등의 고사를 지내는 정도로 미약하다.

내륙지역 중에서 경상도의 영등신앙은 주목할 만하다. 물론 제주도처럼 마을 사람 전체가 나서서 대대적으로 영등굿을 치르는 것은 아니지만 영등신에 대한 민담과 전설, 속신도 풍부하고, 개별적으로 지내는 의례도 '바람 올리기', '요왕 먹이기', '영등 모시기' 등 여러 가지 형태가 전해온다.

경상남도 통영 앞바다의 욕지도에서는 영등달을 정월 그믐날부터 2월 열아흐레까지라고 여기는데, 영등신이 하늘에서 내려오는 과정과 다시 승천하는 과정이 바람으로 묘사된다. 먼저 정월 그믐날과 이월 초하룻날의 이틀을 "바람 내려온다. 풍신 내려온다." 하여 영등신이 하늘에서 하강하는 날이라고 여긴다. 그 뒤로 며칠간 사람들의 대접을 받은 뒤 하늘로 돌아가기 시작한다.

흥미로운 사실은 영등신이 하나가 아니라 셋이라는 점이다. '상침, 중침, 하침'의 세 자매인 영등신은 차례로 승천하는데, 2월 아

유네스코 문화유산으로 지정된 제주시 건입동 칠머리당영등굿. 2008년 3월.

흐레에는 "큰손 올라간다.", 열나흘에는 "중간손 올라간다.", 열아
흐레에는 "끄트머리손 올라간다."고 한다. 경상남도 거창군을 비
롯한 여러 지역에서는 영등신이 기간 차이를 두고 번갈아 하강하
는 것에 대해 딸, 며느리, 아들, 손자 등 일가를 차례로 데리고 오
기 때문이며, 돌아갈 때에도 패를 나눠 승천하기 때문에 영등달이
'상층, 중층, 하층'으로 구분되는 것이라고 한다.

  이렇게 영등신앙이 미약한 지역이 있는가 하면 영등달이라 하
여 영등신이 지상에 머무는 기간 동안 치르는 의례가 많은 곳도

있고, 그에 따른 금기와 속신이 풍부한 지역도 있다. 남향 영등할머니 신앙 연구. 2009 의 연구를 살펴보면 영등달의 금기와 속신은 전국적으로 대동소이하며 제주와도 비슷한 것이 많다.

전라도에서는 "제석달은 제석이 어른이라 조상이라도 물 못 얻어먹는다."라고 하여 영등신 외의 다른 신에 대한 기원이나 고사를 치르지 않는다고 한다. 이는 영등신이 욕심이 많다는 관념에서 비롯된 것이다. 심지어 어떤 지역에서는 영등달은 큰 손님이 오시는 달이라 혼사도 치르지 않는다는 금기도 있다.

"이월에 장을 담그면 제사를 받지 않는다."고 여겨 장 담그는 일을 삼가는 것은 제주도의 금기와 거의 비슷하다. '이월동티'라고 해서 영등신을 제대로 대접하지 않으면 신병身病이나 재앙이 생긴다고 여겨 지극정성으로 고사를 치르고, 몸가짐을 단속하기도 한다.

무엇보다 영등신이 바람신인 탓에 날씨와 관련한 금기와 속신이 많은데, 이로 인해 '바람영등', '비영등', '물영등', '불영등' 등 영등신의 별명들이 속출하게 되었다.

이처럼 영등신이 지상에 강림하는 시간인 영등달을 둘러싼 의례와 금기, 속신이 풍부한 이유는 음력 2월이 봄이 오는 길목이기 때문이다. 계절의 순환을 놓고 보면 봄이야말로 실질적인 새해의 시작이 아니던가. 이 때문에 영등달에는 부지깽이를 거꾸로 심어도 잎이 난다는 속담이 생겼을 정도다.

목축, 농경, 어로를 생업으로 삼던 사회가 낳은 세시歲時와 더불어 그것을 관장하는 신을 숭배하던 옛사람들의 태도를 보며 오늘날의 바람을 생각하게 된다. 지구온난화며 엘니뇨, 라니냐 등 뜻조차 헤아리기 어려운 기상용어들이 일기예보에 단골손님으로 등장하고 있다. 기상관측 사상 최고의 강풍, 최고의 폭염, 최고의 한파, 최고의 가뭄이 매일같이 세계신기록을 양산하고 있다. 인간의 탐욕이 빚은 파괴의 결과를 대자연은 슈퍼태풍과 쓰나미로 고스란히 되돌려주고 있다.

모든 것이 우리가 자초한 일이다. 과학의 진보, 경제의 성장이라는 목표 아래 자연이 만든 시간을 거부하고 산업의 시간을 만들어낸 현대인들은 너무나 많은 것을 잃었다. 제주도에 들이닥치는 파괴의 물살도 이미 걷잡을 수 없는 지경이다.

이미 많은 것을 잃었고 이대로라면 모든 것을 잃고 말 것이다. 종말론자가 아니더라도 자연 멸망이라는 단어가 떠오른다. 세상에 영원한 것이 없는 것처럼 멸망은 언제든 찾아올 미래다. 파멸의 최후를 막을 순 없지만 멸망의 시각을 늦출 수는 있다. 지금이라도 인간 또한 자연의 일부라는 섭리를 받아들인다면. 그것이 판도라가 우리에게 선물한 희망으로 다가올 것이다.

영등바람은 바다를 일으켜
파도를 만든다

제주는 바람의 섬이다. 예로부터 풍재風災, 수재水災, 한재旱災의 삼재三災를 말할 때에도 바람을 으뜸으로 쳤다. 제주의 바람은 산과 바다의 합작품이다. 거센 물이랑을 만들며 바다와 함께 달려온 바람이 한라산과 수많은 오름에 부딪쳐 사방으로 진로를 바꾸는 것이 제주의 바람이다. 천연두의 신 '호구대별상서신국마누라'가 침입해 섬뜩한 병마를 퍼뜨릴 때에도 바람을 타고 섬 곳곳을 파고들었다고 한다.

이처럼 제주의 바람은 따사로운 훈풍이나 보드라운 순풍보다는 서슬 퍼런 칼날을 뽑내며 길길이 추어대는 희광이의 칼바람이 많았다. 강요배 화백의 〈팽나무와 까마귀〉를 보면 제주의 바람이 어떤 것인지 곧바로 느끼게 된다. 북풍에 시달려 남으로 휘어진 늙은 팽나무가 제주가 거쳐온 지난한 역사라면, 그 발밑에 내려앉아

한림읍 한수리 영등굿의 한 장면. 2017년 3월.

비바람을 피하는 날개 젖은 까마귀가 제주 토박이들인 셈이다.

바람 타는 섬이기에 제주의 옛사람들은 그것의 주재자를 섬겼다. 영등신, 굿판의 사제인 심방은 '영등대왕'이라고 하고, 심방을 통해 발원하는 단골신앙민들은 '영등할망'이라고 부르는 바람신의 정체는 이리저리 방향을 바꾸는 돌풍처럼 걷잡을 수 없는 수수께끼를 품고 있다. 너무나 많은 영등신의 본초本初가 전해지고 있어 쉬이 갈피를 잡기가 어렵다.

영등신의 내력에 대해 기록한 문헌자료는 심재 김석익의《해상일사》海上逸史와 열두 명의 지식인들이 1953년에 조직한 담수계淡水契의《증보 탐라지增補耽羅誌》가 있다. 두 자료에 소개된 영등신에 대한 이야기는 거의 일치한다.

> "당나라 대상(大商)의 배가 제주바다에서 난파되었는데 죽은 시신이
> 네 토막으로 흩어져 두개골은 어등개(구좌읍 행원리)로 떠오르고, 손
> 과 발은 각각 고내, 애월, 명월 포구로 떠올랐다. 그리하여 해마다 정
> 월 그믐에 온갖 바람이 서해로부터 불어오면, 이는 영등신이 오시는
> 것이라 하여 어촌 사람들이 무당을 불러 들에서 굿을 하였다."

한편 구비전승으로 이어지는 굿판의 영등신은 이와 다른 사연
을 지닌다. 영등굿판의 사제인 심방들은 영등신을 부를 때 '영등
대왕'이라고 하고, 그들을 통해 발원하는 단골들은 주로 '영등할
망'이라고 한다.

이처럼 영등신의 내력은 엇갈리는 경우가 많은데, 이는 영등신
의 본향으로 불리는 한림읍 한수리 영등당본풀이에서도 비슷한
양상을 보인다. 워낙 본풀이라는 것이 입에서 입으로 전해지는
속성 탓에 심방마다 다르고 지역마다 다른 것은 당연한 이치다.

영등당본풀이의 영등신은 '황영등'이라고 불리는 사례와 '전영
등'이라고 불리는 사례로 나뉜다. 황영등을 주인공으로 하는 본풀
이에서는 그가 귀신도 사람도 아니며 홀연히 나타나 용왕국에 터
전을 잡은 신이라고 한다. 전영등이 주인공인 이야기에서는 유대
감 집안의 글방선생으로 살다 죽은 뒤 혼령의 몸으로 유대감에게
보은한 사람이라고 전해온다. 진성기^{제주도 무가 본풀이 사전, 1991.}의 채
록에 따르면 두 가지 이야기 중에 황영등의 사연은 이러하다.

성산읍 고성리 영등굿의 지드림. 2019년 3월.

"옛날 한수리 어부들이 뱃일을 하다 풍랑을 만나 웨눈베기땅에 좌초되었다. 한 발 앞서 나타난 황영등이 웨눈베기들을 따돌린 뒤 어부들이 살아 돌아갈 방도를 알려준다. 어부들은 황영등이 가르쳐준 대로 '개남보살'이라는 주문을 외며 배를 띄웠다. 순풍을 타고 고향 바닷가에 다다른 어부들은 배가 포구에 닿기도 전에 안도한 나머지 주문을 그쳤다. 그러자 난데없이 폭풍이 불어왔고 어부들은 다시 웨눈베기땅으로 순식간에 휩쓸려갔다. 이번에도 황영등이 나타나 다시 도움을 주니 어부들은 무사히 고향으로 돌아올 수 있었다. 황영등의 소행을 알게 된 웨눈베기들은 황영등을 잡아 죽여 바다에 던져버렸다. 세 토막으로 잘린 황영등의 시신은 파도에 떠밀려 제주바다까지 다다랐는데 머리는 우도, 팔다리는 한수리, 몸통은 성산포바닷가로 흩어졌다고 한다. 천만다행히도 목숨을 구한 어부들은 재차 자신들을 살려줄 때 황영등이 했던 말을 잊지 않았다. 황영등의 유언은 해마다 2월 초하루가 되면 자신을 잊지 말고 위해달라는 것이었다. 그 뒤로 제주에서는 영등굿을 치르게 되었는데, 정월 그믐날에는 우도, 2월 초하루에는 한수리 비꿀물, 성산포에서는 2월 초닷새에 굿이 펼쳐진다. 황영등은 한수리, 우도, 성산포에 각각 처가 있어 삼 첩을 둔 신이다."

황영등의 사연 말고도 여러 본풀이에 등장하는 영등신은 다소 차이를 보이긴 하지만 공통적인 점은 남성성이 강한 '영등대왕'으로 묘사된다는 사실이다. 이는 앞서 말한 것처럼 굿판을 벗어난 민간의 속신에서 '영등할망'이라고 불리는 여성신과 정면으로 부딪친다. 어느 것이 맞는 것일까?

답을 먼저 말한다면 어느 것도 틀린 것이 없다. 남성성과 여성성 중 어느 한 측면이 두드러지는 현상은 신성한 존재가 지닌 비성非性적 성격 때문이다. 이 문제에 대해 좀더 깊숙이 들어가면 과연 신성한 존재에게 생물학적 젠더를 부여해 성구별을 할 수 있는가 하는 수수께끼와 만나게 된다.

세상의 모든 신은 기본적으로 창조의 권능을 지니고 있다. 우주창조, 자연창조, 생명창조에 이르기까지 모든 것을 창조하는 신성은 사람으로 치면 여성도 남성도 아닌 존재다. 오히려 두 가지 성을 다 갖췄다고 해서 신화학에서는 양성구유兩性具有의 존재라고 한

한림읍 한수리 영등굿의 지드림. 2019년 3월.

구좌읍 하도리 영등굿의 지드림. 2014년 3월.

다. 사실 '양성구유'는 젠더이분법에서 벗어나지 못하는 용어이지만 신화학에서는 신이 지닌 비성적 권능을 나타내는 뜻으로 여전히 쓰이고 있다.

서로 엇갈리는 영등신의 이야기는 젠더의 문제뿐만 아니라 영등신이 단수인가 복수인가 하는 수수께끼를 던지기도 한다. 제주의 영등신 이야기 중에 가장 널리 알려진 것이 아마도 며느리와 딸의 사연일 것이다. 영등할망이 제주섬에 들어오는 날 날씨가 맑고 화창하면 딸을 데려온 것이고, 비바람이 불거나 눈이 내리면 며느리와 동행한 것으로 여기는 민간의 이야기가 있다.

한편 제주의 동부지역 영등굿판에서 심방들이 서창하게 부르는 노랫말 속에는 '영등대왕, 영등부인, 영등아미, 영등도령, 영등별캄, 영등좌수, 영등이방, 영등형방, 영등호장, 영등나졸' 등 그 이름을 일일이 열거하기 벅찰 정도로 많은 존재가 등장한다. 서부지역에서도 '영등대왕, 영등부인, 늬눈이번개 삼대왕, 동정목 애기씨 신중선앙'이라고 부르며 여럿으로 묘사된다. 그렇다면 영등할망의 며느리와 딸, 영등대왕이 거느리는 수많은 존재들은 신일까 아닐까? 그리고 본풀이 속에 등장해 영등을 죽였다는 괴물 웨눈베기는 어떤 존재일까?

이 문제의 해답은 바람 자체에 깃들어 있다. 계절풍과 지역풍, 수많은 바람이 잦은 제주를 보시라. 제주 토박이들은 이렇게 많은 바람을 하나하나 구분해 아름다운 이름들을 붙여주었다. 보잘것없이 작은 섬처럼 보이지만 제주 안에서도 '동촌^{동부}'과 '서촌^{서부}', '산앞^{산남}'과 '산뒤^{산북}'가 있어 말이 다르고 풍습이 다른 것처럼, 바람 또한 지역과 계절에 따라 여러 가지 모습으로 나타난다.

김오진^{조선시대 제주도의 기상재해와 관민(官民)의 대응 양상, 2008}에 따르면 먼저 북극성을 좌표로 삼는 동서남북의 방위에 따른 바람을 보면 동풍은 샛ㅂ름, 서풍은 갈ㅂ름, 남풍은 마포ㅂ름, 북풍은 하늬ㅂ름이라 부른다. 이것으로 끝이 아니다. 다시 간방^{間方}에 따라 북서풍을 섯하늬ㅂ름 혹은 섯갈하늬ㅂ름, 북동풍을 동하늬ㅂ름, 동북풍을 높ㅂ름 또는 높하늬ㅂ름, 동남풍을 동마ㅂ름이나 든샛ㅂ름이라고 부르고, 서남풍을 늦ㅂ름, 든마ㅂ름, 섯마ㅂ름 등으로 불렀다.

바람의 세기에 따른 구분이 있는가 하면 특정 지역에서만 부는 지역풍을 구분하는 경우도 있다. 오랫동안 세게 부는 바람은 궁근새, 이와 반대로 오랫동안 약하게 부는 바람은 지름새, 파도를 일으키는 동풍을 겹선새, 시원하게 불어오는 남풍을 건들마, 산바람을 산두새, 회오리바람을 도깽이주제, 태풍을 놀브름 또는 노대브름, 돌풍을 강쳉이, 실바람을 멩지바람, 국지풍을 느릇이라고 부른다.

이렇게 셀 수 없을 정도로 넘쳐나는 제주 바람의 종류와 영등달이면 영등신과 함께 제주를 찾아 날아든다는 수많은 존재들은 사실 하나이다. 그렇다. 영등신을 다룬 신화와 전설 속의 손재들은 바로 바람을 의인화한 것이다.

어부들을 고향으로 돌려보내준 영등대왕이 순풍의 신이라면 풍랑과 돌풍을 일으키는 웨눈베기는 폭풍의 신이다. 마찬가지로 영등할망의 딸이 따사로운 봄바람의 신이라면 며느리는 매서운 겨울바람의 신이라고 할 수 있다. 이렇게 제주의 바람신은 영등대왕을 중심으로 무리를 이룬 복수의 신이라고 할 수 있다.

비단 제주의 바람신만 그런 것이 아니다. 세계적으로 널리 알려진 그리스신화 속의 바람신도 제우스 하나가 아니다. 폭풍을 일으키는 티폰, 바닷바람의 신 포세이돈, 계절풍의 신 아네모이도 있다. 특히 아네모이는 하나가 아니다. 동풍의 신 에우로스, 서풍의 신 제피로스, 남풍의 신 노토스, 북풍의 신 보레아스로 나뉜다. 이들의 이름에는 각각 봄, 여름, 가을, 겨울의 계절을 일으킨다는 뜻이 담겨 있다.

수많은 바람을 다스려야 하는 복수의 영등신, 그들에게 평온을 기원하는 제주의 영등굿은 주로 해안마을에서 펼쳐지고, 드물게는 구좌읍 송당리나 남원읍 한남리 등의 중산간 마을에서도 치러

한림읍 한수리 영등굿 중 배방선 과정에서 바다에 띄운 짚배. 2017년 3월.

진다. 제주의 영등굿 중 가장 널리 알려진 것은 칠머리당영등굿이다. 중요무형문화재로 지정된 지도 오래되었고, 최근에는 해녀문화와 더불어 유네스코가 지정한 세계문화유산의 반열에 올라 내외에 유명세를 떨치고 있다.

굿이란 것이 어지간한 사람이 아니면 어디가 시작이고 어디가 끝인지 모를 정도로 복잡한 절차로 이루어지는 탓에 굿판에 몇 차례 기웃거린다고 해서 쉽게 이해할 수 있다는 생각은 오산이다. 칠머리당영등굿을 예증 삼아 살펴보자. 큰 제차를 중심으로 간추리면 초감제, 본향듦, 요왕맞이, 씨드림, 마을도액막이, 영감놀이,

배방선, 지드림의 순서로 이루어진다.

초감제는 제주의 모든 굿에서 가장 먼저 치르는 과정으로, 하늘에 굿하는 장소와 시간, 연유를 알리고 모셔야 할 신들을 열거하는 과정이다. 본향듦은 칠머리당의 본향당신인 '도원수지방감찰관'을 비롯한 여섯 신을 청해 모시는 과정이다. 요왕맞이는 용왕을 청해 모신 뒤 대접하는 대목이다. 씨점은 바다농사의 풍년을 기원하며 초석 위에 좁쌀을 뿌려 풍흉을 점치는 과정이고, 마을도액막이는 마을 전체의 액운을 소멸하는 과정이다. 영감놀이와 배방선은 배를 지키는 선왕신인 영감을 청해 대접한 뒤 바다로 돌려보내는 과정이다. 마지막의 지드림은 어부와 줌수들이 개인적으로 용왕을 향해 백지에 싼 주먹만 한 제물을 바다에 던지는 과정이다.

여기서 한 가지 주목할 점은 영감놀이다. 배를 지켜준다는 도깨비신인 영감을 청해 놀리는 영감놀이는 본래 영등굿과는 무관하게 독립적으로 치르던 굿이다. 그런데 칠머리당영등굿이 중요무형문화재로 지정되는 과정에서 다른 영등굿과 변별력을 가지려고 추가한 것일 뿐이다. 실제 영등굿에는 배방선을 하기 전에 선왕풀이라는 과정을 통해 간단하게 영감신을 대접하는 것으로 그친다. 다른 마을의 영등굿이나 줌수굿에서는 아직까지도 이 원칙이 지켜지고 있다.

바람 타는 섬 제주에 영등신이 있고 영등굿이 있다. 바람 잘 날 없는 제주의 최근 모습을 보면 영등달만이 아니라 수많은 민생현안들이 평화롭게 해결될 때까지 영등굿을 치러야 되지 않을까 하는 생각이 좀체 수그러들지 않는다.

엇갈린 사랑의 안개는
산과 물을 가르고

　　　　　　　　　　어쩌다 TV를 켜고 채널 탐색을 하며
드라마들을 살피다 보면 온통 불륜 커플과 사생아 천지다. 어느
드라마를 봐도 똑같은 내용의 연속이라 도대체 어떻게 구별해야
할지 당최 실마리를 찾지 못하고 아예 TV를 꺼버리곤 한다. 엇갈
린 사랑의 파국을 낳는 불륜과 질투가 낳은 복수, 고난을 이기고
출세한 사생아의 친부모 상봉, 너무나 식상한 막장드라마가 반복
되는 건 어제오늘의 일이 아니다. 그것은 이미 신화시대의 이야기
속에서도 단골손님으로 등장하던 해묵은 테마다.
　사랑과 질투의 화신으로 유명한 커플이라면 가장 먼저 떠오르
는 이들이 당연히 제우스와 헤라다. 가정의 여신인 헤라는 제우스
의 일곱 번째 부인이었다. 이렇게 많은 부인을 두고도 제우스는
황소로 변신해 에우로페를 유혹했고, 레다에게는 백조로 변신해

접근한 뒤 알을 낳게 했으며, 다나에에게는 황금의 빗물로 다가갔다. 제우스가 염문을 일으킬 때마다 질투로 분기탱천한 헤라의 복수 또한 끊임없이 이어졌다. 이로 인해 그리스의 신화는 더욱 풍부하고 드라마틱한 이야기로 발전했으니, 사랑과 질투야말로 인류 최고의 이야깃거리가 아닌가 싶다.케네스 데이비스, 이충호 역, 세계의 모든 신화, 2008.

　그리스에만 사랑과 질투의 치정극이 펼쳐졌던 것이 아니다. 제주의 신들도 제우스와 헤라만큼이나 아슬아슬한 밀애를 즐겼고, 파국의 결말과 맞닥뜨리기도 했다. 그 가운데 가장 드라마틱한 이

근래에 복원한 서귀동 본향당(ᄇ름웃도 지산국당).

서귀동 본향당(ㅂ름웃도 지산국당) 내부.

야기는 해와 달, 바람과 구름을 조정하는 남신과 번개와 안개를 일으키는 두 여신 간의 삼각관계로 빚어진 서귀포 본향당의 사연 일 것이다.

서귀포 본향당의 주신主神인 '일문관 ㅂ름웃또'는 홍토나라 홍토 철리 비오나라 비오철리라는 곳에서 태어났다고도 하고, 제주 한 라산 설매국에서 솟아났다고도 하는데, 해를 부리고 기후를 조절 하는 권능을 지닌 신이다. 이미 그의 이름 '일문관'에 권능이 담겨 있다.

찬란한 천공이라는 뜻을 이름에 새긴 제우스, 버려진 아이라는 뜻의 바리데기, 던져진 아이라는 뜻의 던지데기라는 이름을 붙인 것처럼 신의 이름에는 권능이나 출신, 특징 등이 반영되는 경우가 허다하다. 언뜻 들으면 너무나 이국적인 어감을 풍기는 제주의 신들도 이름 속에 권능을 품고 있다.

한라산에서 솟아난 신들은 '동백자하로산또', '남판돌판고나무상태자하로산또', '한거리하로산또', '하로하로산또' 등 한라산신이라는 자신의 성격을 이름으로 드러낸다. 농업의 신인 자청비의 이름에는 스스로 자청해서 세상에 태어났다는 뜻이 담겨 있다. 업業의 신인 '가문장아기'의 이름에는 찢어지게 가난한 탓에 다 떨어진 뒤웅박처럼 시커먼 나무그릇에 밥을 먹여 기른 아이라는 뜻이 담겨 있다.

심지어는 '이 산 압은 줄이 벋고 저 산 압은 발이 벋어 황금산 노가단풍 태역단풍 모에단풍 왕대월석 금하늘 즈지멩왕아기씨'라는 너무도 긴 이름의 여신도 있다. 이름이 너무 길어 줄여 부를 때는 '노가단풍아기씨' 또는 '즈지멩왕아기씨'라고 부른다. 이런 경우에는 이름 자체가 하나의 서사를 갖춘 신화라고도 볼 수 있다.

다시 일문관의 이야기로 돌아가서 진성기^{제주도무가본풀이사전, 1991.}의 연구를 간추려보자. 해를 제 맘대로 부리며 바람 위를 날아다닌다는 일문관 브름웃또가 어느 날은 천기를 짚어보다가 천 리 만리 떨어진 곳에 엄청난 미인이 있다는 사실을 알게 된다. 브름웃또는 그 여인을 베필로 삼을 작정을 하고 홍토나라 홍토철리 비오나라 비오철리라는 곳을 찾아간다.

홍토나라와 비오나라는 과연 어디일까? 물론 신화 속에 존재하

198

는 상상의 공간이다. 이름으로 유추하면 홍토나라는 《서유기》 속 화염산처럼 열사의 사막 가운데 붉게 솟은 산을 지닌 황무지로 보이고, 비오나라는 《백년 동안의 고독》 속 언제나 비가 내리는 고장 마꼰도가 떠오른다. 어차피 상상의 공간이니까 다양한 그림을 그려볼 수 있다.

그런데 신화에 관심을 두는 사람들 중에는 상상을 실상과 연결 짓는 이들이 더러 있다. 상상의 공간을 현실 속에 존재하는 곳으로 여겨 유히메로스처럼 자꾸 억지 대입을 하려고 한다. 기원전 3~4세기의 인물인 유히메로스는 《성스러운 역사》라는 책에서 인도양에 있는 세 개의 섬에 제우스를 비롯한 수많은 그리스의 신들이 실제로 살고 있었다는 궤변을 쏟아낸 바 있다. 결국 그가 얻은 것은 신화의 사건과 공간을 실제라고 믿는 생각을 일컬어 '유히메리즘'이라고 부르게 되었다는 오명뿐이다.

물론 슐리만처럼 트로이를 발굴해 실제임을 밝혀낸 사람도 있기는 하다. 따라서 신화 속의 시공간이나 주인공들을 송두리째 역사적 사실로 믿는 관점도 그릇된 것이지만 그렇다고 무조건 거짓과 환상이라고 치부하는 관점도 마찬가지의 오류를 낳고 만다. 신화는 역사적 사실과 환상적 가공이 결합된 이야기이므로 두 가지 관점을 적절하게 저울질하는 태도가 바람직하다.

어쨌거나 제주 신화 속의 상상의 공간인 홍토나라와 비오나라를 찾아간 브름웃또는 마음에 품었던 여인을 찾아 청혼에 성공한다. 캄캄한 방에서 초야를 치르고 난 뒤에야 신부의 얼굴을 확인한 브름웃또는 심장이 멎는 것처럼 아연실색한다. 자신과 평생을

서귀포시 서홍동 안카름본향당(고산국당).

약속한 미모의 여인은 간데없고 못생긴 여자가 부인의 자리에 있
었다. 사정을 알아보니 미모의 여인은 지산국이었고, 못생긴 언니
고산국이 동생의 자리를 가로챈 것이었다. 사랑하는 여인을 포기
할 수 없었던 브름웃또는 지산국과 함께 청구름을 타고 제주로 도
망친다.

　화가 머리끝까지 치민 고산국도 바람을 타고 둘을 쫓기 시작했
다. 고산국이 제주에 다다르자 지산국이 안개를 일으켜 고산국의
시야를 가린다. 안개 덕분에 고산국을 피할 순 있었지만 해마저

사라져버렸다. 이에 ㅂ름웃또가 해를 다시 부르는 바람에 고산국에게 발각되고 만다.

고산국은 하나는 동생이고 하나는 남편이니 차마 죽이지 못하고 서로 떨어져 살기로 약속한다. 돌팔매질과 활쏘기로 서로의 좌정처를 선택한 셋은 서귀동, 동홍동, 서홍동에 제각각 자리를 잡는다. 그리하여 서홍동 본향당에는 고산국, 동홍동 본향당에는 지산국, 서귀동 본향당에는 ㅂ름웃또가 자리 잡는다.

여기서 흥미를 더하는 사실은 서귀동 사람들은 ㅂ름웃또만 모신 것이 아니라 그의 연인 지산국을 부인으로 여겨 함께 모신다는 점이다. 인간의 근대적 규범으로 치면 사실혼 관계가 인정된 셈이다. 엇갈린 치정극은 서홍동과 동홍동 두 마을의 관계마저 고르디우스의 매듭처럼 엉클어놓았다.

본래 두 마을은 '홍로' 또는 '홍리'로 불리던 한 마을이었다. 그러나 자매지간이지만 남자 하나 때문에 원수가 된 고산국, 지산국의 사연으로 인해 마을이 동서로 쪼개졌다. 그로 말미암아 두 마을 사람은 오랫동안 서로 혼인을 금하는 것도 모자라 물자의 교환은 물론 왕래조차 하지 않는 분단의 세월을 보내게 되었다고 전한다.

모름지기 신화는 오랜 세월 동안 전해내려 오는 사이 신들의 사연을 훌쩍 뛰어넘어 인간의 역사까지 반영하기도 한다. 서귀포본향당본풀이에는 동홍, 서홍, 서귀 세 마을이 생겨날 당시의 역사적 사건이 반영되어 있음이 분명하다. 워낙 환상적인 문법으로 가공되어 어떤 사건인지 구체적으로 확인할 길이 없지만 세 마을, 특히 원수가 되어버린 자매가 '삭 가르고 물 가른' 동홍과 서홍 두 마을은 오랫동안 신화의 금기를 지켜왔다고 한다.

이를테면 누군가가 동홍마을에서 귤나무를 구해다 서홍마을에 옮겨 심으면 나무가 죽어버리거나 동티가 발동한다는 속신도 있고, 마소를 서로 거래한 경우에도 비슷한 일이 생긴다고 믿어 빌리거나 사는 일이 일절 없었다고 한다. 물론 근래에 이르러서는 모두 옛이야기로 여겨 자유로이 왕래하고 있어 과거의 분단은 사라지고 없다.

신화가 반드시 지켜져야 하는 공동체의 율법이고 근간이던 시절에는 모든 사람들이 마을의 수호신을 마치 혈연조상처럼 섬겼다. 또한 신이 겪은 일과 그로 인해 생겨난 원칙과 금기를 자신의 것으로 여겼다. 특히 제주에서는 마을의 수호신이나 생로병사를 관장하는 신을 실제 혈연조상처럼 여겨 아예 '○○조상'이나, '○○하르바님', '○○할마님'이라는 호칭을 줄곧 사용해왔다. 신이 나의 조상이고, 나는 신과 이어져 있다는 믿음이야말로 신화로 다듬어진 공동체의 율법을 유지하는 데 가장 중요한 역할을 했음은 당연한 것이다.

태양의 일문관 브름웃또, 구름과 안개의 지산국, 바람의 고산국, 이들은 엇갈린 사랑으로 인해 제주섬의 세 마을에 터전을 잡게 된 경우다. 제주도 마을의 지킴이 당신堂神들은 저마다의 사연을 지닌 채 서로 조우하다가 갈산길산 좌정처坐定處를 찾아간다. 때로는 부부의 인연으로 만났다 헤어진 뒤 두 마을의 신으로 엇갈리기도 하고, 부모와 자식의 관계로 만났다가 분가해 여러 마을의 신이 된다. 어떤 경우에는 우연히 만난 신들끼리 서로 내기를 해서 좌정처를 고르기도 한다.

좌정처를 결정하는 사연도 여러 가지인데, 부부신의 경우에는 서로 식성이 달라 미식米食을 하는 신이 육식肉食을 하는 배우자를 부정하다고 여겨 쫓아내는 사례가 많다. 부모와 자식인 경우에는 자식이 불효를 저질러 쫓겨난 뒤 새로운 터전을 잡는 사례가 일반적이다. 어쩌다 만난 신들끼리 바둑이나 활쏘기 따위의 내기를 통해 제각각 터전을 찾아가기도 한다.

가지각색인 사연을 품고 제주의 온 마을을 끌어안은 만신전, 그것은 제주도 마을의 형성과 변화 발전 양상을 보여주는 바로미터다. 고광민제주무속의 전통과 변화: 행정권과 신앙권. 1989.에 따르면 오늘날에

━━━━

서귀포시 동홍동 본향당(지산국당).

야 일제강점기에 구획된 행정권을 중심으로 마을의 경계가 나뉘게 되었지만, 제주 옛 마을들은 신앙권을 중심으로 구분되었었다. 그러나 이런 모습은 이제 아득한 옛이야기일 뿐이다. 하나의 신앙권 속에서 설촌設村의 수호신, 생업의 수호신, 육아와 치병의 수호신 등이 하모니를 이루던 풍경은 대부분 사라지고 간신히 살아남은 신당들도 폐당廢堂 문턱으로 내몰리고 있다.

4년 전쯤이었다. 고산국이 좌정한 서홍동 동카름본향당을 찾은 적이 있다. 산비탈의 계곡에 자리 잡은 당까지 가는 길도 힘들었지만 당올레에 잡목과 가시덤불이 울창해서 들어갈 엄두를 못 내고 이리 기웃 저리 기웃하고 있었다. 당이 자리한 계곡 바로 위의 농원 주인이 무슨 일이냐며 물어왔다. 가시덤불이 우거져서 도저히 당에 들어갈 수 없다고 말하며 근래에는 단골들이 찾지 않는 것 같다는 짐작을 덧붙였다.

뜻밖의 대답이 돌아왔다. "다 들어갑니다. 요새도 이른 새벽에 찾아오는 분들 이수다. 신심이 이시민 어딘들 못 들어갑니까." 그렇다. 너무나 추레해 보잘것없는 곳이라도 믿음이 머물면 그곳은 성소다.

풍운조화를 일으키는
열두 가지 요술 주머니

제주는 연중 따뜻한 기후를 지니고 있지만 속살을 들여다보면 꼭 그렇지도 않다. 사시사철 칼바람이 윙윙거리고 흐린 날이 많다. 장마철의 빗발은 폭포수나 다름없다. 눈이 많이 내리는 곳이 아니지만 오다가다 기상이변처럼 폭설이 쏟아질 때도 있다. 제주 사람들은 폭우나 폭설이 섬을 뒤덮을 때면 방문을 꽁꽁 걸어 잠그고 두문불출하는 것이 보통이다.

이럴 때면 문득 신화 속의 열두 가지 풍운조화를 일으키는 요술 주머니가 내 손에 있었으면 하는 동심 어린 생각이 머릿속을 스치기도 한다. 마법사처럼 날씨를 조절할 수만 있다면 이놈의 눈보라를 저 북극해 끄트머리로 돌려보낼 수 있을 텐데. 그러나 아쉽게도 내 손엔 요술 주머니가 하나도 없으니 안타까울 뿐이다.

인간이 자초한 환경파괴로 그 어느 시대보다 이상기후의 재난

이 끊이지 않은 21세기, 요술 주머니로 날씨를 조절하며 사람들을 살뜰히 보살펴주던 신들은 모두 어디로 갔을까? 이제는 사라지고 이야기로만 남은 신들의 흔적을 현용준 제주도무속자료사전 개정판, 2007. 의 연구를 통해 따라가 보자.

서울 남산 '서소문 밖 백모래밭'에서 솟아났다는 여신이 있었다. '백줏또'라는 이름의 이 여신은 일곱 살 어린 나이에 부모 눈 밖에 나서 용궁으로 쫓겨난다. 용궁에 살던 열두 명의 외삼촌에게 여러 가지 도술을 배우며 곱게 자라나 열다섯 살이 되자 요술 주머니 열두 개를 갖고 고향으로 돌아가기에 이른다. 고향으로 오던 길에 여자라고 무시하는 삼천선비와 맞닥뜨리자 요술 주머니로 안개와 비바람을 일으켜 혼쭐을 내고는 발길을 돌려 외할아버지 천잣또가 좌정한 제주로 들어와 구좌읍 세화리의 당신堂神이 된다.

한편 서울 남산 '아양동출 이나장'이란 곳에서 솟아난 이가 있었으니 그의 이름은 '금상님'이었다. 천하명장의 운명을 타고 난 영웅인 그는 일곱 살 어린 나이에 적장의 목을 베더니 한 해마다 머리가 여럿 달린 적장을 하나씩 죽여 마침내는 머리가 열두 개나 되는 괴수를 퇴치해 대장군의 지위에 오른다. 그의 무시무시한 용력에 두려움을 느낀 임금은 금상님을 무쉐석함에 가둔 채 백 일 동안이나 불에 달구지만 상처 하나 없이 박차고 나와 바다를 향한다. 바다를 건너 제주섬에 다다른 금상님은 천상배필인 백줏또와 인연을 맺어 그 역시 세화마을의 당신으로 좌정한다.

백줏또와 금상님의 사연을 보면 서로 닮은 점이 너무 많아 요즘 유행하는 평행이론이 떠오른다. 어쩌면 두 신은 이미 태어나기 전부터 부부가 될 운명이었는지 모른다. 두 신의 사연 속에 담긴 데 칼코마니를 감상해보자. 둘은 모두 서울 남산 어딘가에서 솟아났다. 부모가 있다면 금상님의 출생담에서 보이듯이 하늘이 아버지이고 땅이 어머니인 셈이다. 공교롭게도 두 신은 일곱 살이 되던 해에 운명적인 사건을 만나게 된다. 백줏또는 용궁으로 떠나게 되고, 금상님은 적장의 목을 베었다.

그렇게 열두 해가 지나는 동안 백줏또는 삼촌들로부터 요술 주머니를 받으며 풍운조화의 도술을 배운다. 금상님은 머리 두 개 달린 장수부터 열두 개 달린 장수까지 차례로 퇴치하며 성장해 대장군이 된다. 풍운조화를 부리는 여신의 지위에 오른 백줏또는 고향으로 가던 길에 삼천선비를 꺾은 뒤 제주를 향한다. 금상님 역시 자신을 죽이려는 임금의 의지를 꺾은 뒤 제주로 들어온다.

두 부부신의 데칼코마니에 담긴 수수께끼를 모두 풀지는 못하겠지만 그중 몇 가지는 이면에 숨겨진 의미가 어느 정도 풀이된다. 먼저 그들이 제주로 오기 전에 마지막으로 벌인 일부터 살펴보면 백줏또는 삼천선비를 꺾었고, 금상님은 임금을 혼쭐냈다. 표면상으로는 민중의 저항정신을 임금과 삼천선비에 대한 징치로 표현했다고 말할 수 있다. 옳은 견해다.

그렇다면 이번에는 한 꺼풀 벗겨내고 이면으로 들어가 보자. 전근대사회의 지배계급은 시간의 주재자였다. 특히나 임금은 천기를 읽어 하늘의 시간을 인간의 시간으로 바꾸는 유일한 존재였다. 이 이야기 속의 삼천선비와 임금은 일 년 열두 달과 하루 24시간을 나누고 관리하는 권력의 소유자라고 할 수 있다.

구좌읍 세화리 본향당.

　백줏또와 금상님은 이들로부터 시간을 주재하는 권력을 빼앗은 셈이다. 더욱이 백줏또가 지닌 요술 주머니에 담긴 권능은 일 년 열두 달의 계절변화와 24절기의 순행을 말하는 것이다. 결국 백 줏또와 금상님은 시간의 주재자이면서 계절과 기후의 변화를 조절하는 풍운뇌우의 권능을 지닌 신이라는 사실이 평행이론 같은 노정기에서 확인되고 있다.

　한 가지 끝끝내 풀기 어려운 수수께끼는 일곱 살에 담긴 숫자 7의 의미다. 제주 신화 속의 영웅들은 곧잘 일곱 살 나이에 부모로부터 버림을 받거나 비일상적인 퀘스트를 만나게 된다. 왜 하필 7일까? 지금 다루고 있는 세화리본향당본풀이에 한정해서 시간과 기후의 조절자인 신성의 문제로 풀이한다면 일곱 살의 7 또한 시간을 의미한다고 조심스럽게 가늠할 수 있다.

고인돌의 왕국으로 세계에 알려진 우리나라에는 성혈星穴이 새겨진 고인돌이 수두룩하다. 마치 윷판처럼 보이는 성혈은 북두칠성이 네 번 반복해서 이어진 도상이라고 한다. 단지 북두칠성만을 뜻하는 것이 아니라 동양의 별자리 28숙을 뜻하기도 하고, 24절기를 나타낸다고도 한다. 이 말은 곧 고인돌의 성혈星穴이 일 년의 세시歲時를 기록한 달력이라는 사실을 이른다.

별자리의 순행으로 시간과 절기를 가늠하는 역법曆法이 고인돌과 윷판에 담겨 있다. 이런 이유로 우리 조상들은 윷놀이를 달리 '윷경' 또는 '척사점擲柶占'이라고 부르며 새해의 운세를 점치는 용도로 즐겼다. 심지어 임진왜란의 명장 이순신도 전투에 앞서 여러 차례 윷점의 일종인 주사위 점으로 전투의 승패를 점쳤던 사실이 난중일기에 기록되어 있다.

윷은 길흉을 점치는 윷점에만 머물지 않는다. 제주에서는 아직까지도 장례식 기간 동안 '넉둥배기', '넉동배기'라는 윷놀이판이 심심찮게 벌어진다. 사행성으로 변질되기도 했지만 장례식에서의 윷놀이는 본래 북두칠성의 기운을 빌려 망자의 부활을 기원하는 주술적인 의례에서 비롯된 것이다. 윷가락이 엎어지고 뒤집히기를 반복하는 것처럼 죽은 이 또한 되살아나라는 유감주술이었던 것이다.

고인돌의 성혈에 새겨진 7, 윷놀이의 말판에 그려진 7, 백줏또와 금상님의 일곱 살에 담긴 7은 일 년 24절기를 의미하는 수數에 담긴 신화적 상징이라고 할 수 있다. 이것은 당연히 '기후 조절'이라는 관점에서 세화리본향당본풀이에 접근할 때 풀이되는 일면적인 견해일 뿐이다. 제주의 수많은 본풀이에 나타나는 7의 의미는 충분히 달리 해석될 수 있다.

백줏또와 금상님처럼 시간과 기후를 조절하는 신들이 제주에는 너무나 많다. 허풍을 살짝 섞어 말한다면 제주의 신들은 모두 이와 같은 권능을 지녔다고 볼 수 있다. 이렇게 많은 기후 조절의 제신諸神들 사연 중에서 특히 눈여겨볼 만한 이야기가 있다. 제주시 용담동의 내왓당본풀이가 그것이다.

제주도의 큰 하천 중 하나인 한천漢川의 끝자락, 용연 근처에 있었다는 내왓당은 조선시대 무속 탄압이 극심하던 시절에도 함부로 없애지 못한 내력이 깊은 당堂이다.《신증동국여지승람新增東國輿地勝覽》에는 광양당廣壤堂, 차귀사遮歸祠, 천외사川外祠, 초춘사楚春祠를 제주의 중요한 당堂으로 소개하고 있다. 이 가운데 천외사川外祠가 내왓당이다.

오랫동안 유명세를 떨치던 내왓당이었지만 조선 말에 이르러 끝내 폐당廢堂되고 말았는데, 이 당에는 열둘에 이르는 많은 신이 좌정했었다고 전한다. 지금까지 채록된 자료에는 열한 위의 신의 이름이 전해온다.

내왓당본풀이의 여러 이본異本 중에서 하나를 살펴보면, 송당리본향당의 금백조와 소로소천국의 아들 중 하나인 천잣또 마누라가 세 살 나던 해에 부모의 눈 밖에 나는 짓을 일삼자 무쉐석함에 가두고는 바다에 던져버리는 장면에서 출발한다. 천잣또는 다행히도 용궁에 다다랐고, 용왕의 사위가 되어 'ᄇ름웃또'라는 벼슬을 받았다. 거기다 '금봉도리체, 청풍체, 흑풍체'라는, 바다를 가르고 풍운조화를 일으키는 요술부채를 하사받아 제주시의 산지포로 들어와 내왓당의 당신堂神으로 좌정한다.

천잣또가 지닌 세 가지 부채는 세화리본향당신인 백줏또가 지녔던 요술 주머니와 비슷한 권능이 담긴 신의 상징물이며 모두 용궁에서 받아온 물건이다. 용궁은 도대체 어떤 곳이기에 이렇게 신통한 물건들이 많은가? 세화리의 백줏또, 내왓당의 천잣또, 김녕리의 궤네깃또 등 수많은 신들이 동해용궁에서 받아온 보물들의 공통점은 기후를 조절하는 마법의 도구라는 점인데, 가장 두드러지는 것이 바람이다.

바다를 생각해보라. 바다의 조류潮流는 달의 인력과 더불어 계절풍의 영향을 받는다. 바람과 파도의 흐름이 한 몸이나 진배없고 제주가 바다로 에워싸인 섬인 탓에 예나 지금이나 파도와 바람은 섬사람들의 생업을 좌지우지한다. 파도와 바람의 진원지인 용궁이야말로 제주섬 토박이들로서는 신성한 보물이 무진장 넘쳐나는 초월적인 세계로 보이지 않았을까?

신성의 공간 동해용궁과
전설의 이상향 이어도

허먼 멜빌은 그의 소설 《모비딕》에서 거대한 유령 같은 흰 고래를 추적하는 에이헤브의 선원 이스마엘로 변신해 피쿼드호에 몸을 실었다. 당대의 고래학과 포경업에 대한 방대한 저술이 담긴 《모비딕》의 한 구절은 제주의 본풀이와 굿을 헤아릴 때마다 문뜩문뜩 떠오르며 방향타 노릇을 톡톡히 해준다.

그는 소설 속에서 고래의 생태적 특징을 설명하면서 이런 문장을 남겼다. "고래에게 있어 본능은 신이 내린 지성이다." 나는 이 구절이 떠오를 때마다 한두 단어를 교체해 새로운 레토릭을 만들곤 한다. "인간에게 있어 신화란 신이 내린 지성이다." 인간이 발명해낸 수많은 문명의 산물 중에 신화야말로 가장 위대한 작품이며, 멜빌이 말하는 본능처럼 신이 내린 지성이라는 생각을 단단히 굳히곤 한다.

그렇다. 신화는 본능이다. 신화를 담아내는 그릇인 의례 또한 본능적이다. 신이 인간을 창조할 때 본능이라는 것을 통해 자신을 상상하게 했고, 실상과 상상의 경계에 신화의 나무를 심어놓은 것이라 여겨진다.

실상의 부족함은 상상을 통해 채워진다. 현실의 부족함과 어려움을 채워주는 상상의 시공간, 신화와 의례는 현실 너머 어딘가에 있을 이계異界의 모습을 생생하게 보여준다. 유토피아나 파라다이스처럼 천국 같은 공간이 있는가 하면 무저갱의 나락이나 지옥도 있다. 제주 토박이들의 상상 속에도 천국과 지옥을 닮은 곳이 넘쳐난다.

제주는 섬이다. 바다로 에워싸인 섬이기에 제주 토박이들의 이계異界는 주로 바다 건너 어딘가에 있다. '강남천자국'이라 하여 오늘날의 중국이 아니며, '일본주년국'이라고 해서 현실의 일본이 아니다. 제주 옛이야기 속의 시공간은 '개성 송악산 금모래왓'이 되었건 '서울 남산 먹자골'이 되었건 인간의 세상에 상상이 덧씌워진 이계異界의 공간이다.

제주는 섬이기에 현실의 공간부터 상상의 공간까지 섬 밖의 모든 세상은 바다를 건너간 곳에 있다. 제주 사람들에게 바다는 신들의 땅을 이어주는 중간계이며, 한편으론 그 자체가 또 하나의 이계인 '동이용궁'이거나 '요왕수정국'이다.

굳이 지리학적 지식을 동원하지 않더라도 섬사람들은 태어날 때부터 안다. 섬이 바다를 통해 세상과 만난다는 사실을. 좋은 것이든 나쁜 것이든 모든 것이 바다를 건너왔기에 제주 토박이들은 바다를 숭배했다. 더욱이 바다는 바람을 낳아 풍요의 순풍을 보내거나, 고난의 폭풍을 보낸다. 이 모든 풍운조화의 근원이 바다에서 솟아나 제주섬을 향하는 것이다.

바람을 낳는 곳이 바다이기에 제주의 신들은 물결의 이랑을 거슬러 머나먼 요왕수정국을 찾아가 신성을 얻어온다. '할로영주산 상상고고리 섯어깨'에서 솟아난 신들도 무쉐석함에 실려 용궁을 다녀오고, 강남천자국이나 서울 남산에서 솟아난 신들도 용궁을 거쳐 제주로 들어온다.

세화리 본향당의 '백줏또', 김녕리 궤네깃당의 '궤네깃또', 용담동 내왓당의 '천잣또 마누라' 등 수많은 신들이 용궁에서 풍운조화를 일으키는 신비한 보물을 얻어 제주섬의 신으로 좌정했다. 어린 줌수의 희생으로 천연두의 신 '호구대별상서신국마누라'를 물리쳤다는 전설 '산호해녀'의 신비한 무기 '산호수' 또한 용궁에서 비롯된 보물이었다. 이렇게 제주의 바다는 용궁이라는 이름으로 수많은 신들에게 권능을 내려 섬사람들을 보살펴 주었다.

그런데 한 가지 흥미로운 사실은 용궁을 이를 때 '동이용궁'이라 하여 동해 어딘가에 용왕의 수정궁이 있는 것으로 여긴다는 점이다. 영등굿이나 줌수굿에서 펼쳐지는 요왕맞이를 할 때면 심방들은 으레 '동이청요왕, 서이백요왕, 남이적요왕, 북이흑요왕, 중앙 황신요왕'이라고 노래하거나 '亽해용신'이라고 이르며 용왕이 여럿이라고 밝힌다. 그럼에도 불구하고 신화 속에서는 줄곧 '동이용궁'이라고 밝히는 이유는 뭘까?

동서남북과 중앙을 일러 오방五方이라고 부르며 오행五行과 오상 구좌읍 김녕리 궤네깃당.

五相 등의 오행사상을 만들어낸 것은 제주를 포함한 동아시아의 오랜 전통이다. 특히 중앙을 황제 또는 황룡의 성역으로 여겨 가장 으뜸으로 꼽았으며, 한 나라의 임금도 중앙을 뜻하는 황색을 자신의 상징이라고 여겨왔다. 그런데 왜 이런 전통적인 사유체계 속의 중앙과 어긋나는 '동이용궁'이 신화의 단골손님이 된 것일까?

동이용궁의 수수께끼는 오행론의 사유체계가 제주에 전해지기 이전의 신화관에서 그 실마리를 찾을 수 있다. 최현배『우리말과 글에 對하야(12), 1922』는 동서남북이라는 한자어가 입말로 자리 잡기 전에는 '새노마한' 또는 '새하마노'라는 말을 썼었다고 밝혔다. 새하마노의 '새'는 동풍을 의미하는 '샛바람'의 '새'다. 서풍을 뜻하는 '하늬바람'의 '하', 남풍을 뜻하는 '마파람'의 '마', 북풍을 뜻하는 '높새바람'의 '노'가 우리 조상들이 방위의 명칭으로 사용했던 단어다. 여기에 동이용궁의 비밀이 숨겨져 있다.

동쪽을 '새'라고 불렀던 이유는 모든 것이 새롭게 태어난 방위이기 때문이다. 매일같이 아침이면 해가 뜨는 방향이 어디인가. 동쪽은 그렇게 해를 낳고 시간을 창조하는 생명력을 품은 방위이기 때문에 '새'라고 불렀던 것이다. 아마도 제주의 동이용궁은 나날이 새로운 창조를 연출하는 해의 본향을 상상한 것에서 비롯되었다고 여겨진다. 말하자면 해와 바람을 낳는 곳이 제주의 동이용궁이라는 것이 나의 추론이다.

제주도 북동부 신앙권의 본향으로 불리는 송당리 본향당의 금백조와 소로소천국 사이에서 태어난 '밥도 장군 떡도 장군 궤네깃또'는 두 이레 열나흘 동안 잦아들지 않는 '두샛브름'을 일으켜 마을의 신이 되었다고 한다. 그가 그토록 엄청난 권능을 갖게 된 연유도 동해용왕 막내딸의 남편이 되었기 때문이다.

동이용궁은 오랫동안 제주도 무속사회의 이상향으로 자리 잡아왔다. 심지어 제주섬의 옛 나라 탐라의 개국신화에도 '동해 벽랑국'이라는 이름으로 등장한다. 고득종이 지은 《영주지瀛洲誌》 등의 옛 문헌에는 바다로부터 들어온 삼공주와 그들의 사자가 자신들은 동해 벽랑국에서 왔다고 고하는 대목이 있다. 물론 다른 문헌에는 '일본국'이라고 소개되기도 하지만 이는 구전되는 신화를 유교적 관점에서 서술하면서 사실처럼 각색한 결과일 뿐이다.

아무튼 동해 벽랑국은 동이용궁과 같은 곳이라고 할 수 있다. 일찍이 제주도 무속연구의 선구자 현용준은 《무속신화와 문헌신화》에서 바다를 뜻하는 옛말 '바랑'의 이두식 표기가 '벽랑'이라고 밝

고양부 삼신인과 벽랑국 삼공주가 만난 연혼포, 성산읍 온평리.

힌 바 있다. 그의 견해대로 벽랑이 바다로 해독된다면 그곳은 당연히 용궁이고, 동해라고 명기했으니 동이용궁으로 보아도 별다른 문제가 없다.

미지의 이상향 동이용궁의 찬란한 광채는 근래에 이르러 또 다른 이상향에게 자리를 내어주고, 바다에 의탁한 인생인 줌수들만의 것으로 전락했다. 또 다른 이상향은 어디를 말하는 것일까. 전설 속의 이야기가 어느 날 갑자기 현실의 섬이 되어 우리 앞에 모습을 드러낸 '이어도'가 새로운 이상향이다.

이어도에 대한 전설은 여러 가지이고, 우리나라 사람이라면 적어도 한 번 이상은 들어봤음직한 제주의 파라다이스다. 오늘날 제주 남쪽 바다 먼 곳에 해양과학기지가 들어선 수중의 암초가 진짜 이어도일까? 낭만을 즐기고 상상을 사랑하는 이들은 그곳이 이어도라는 것을 애써 부인한다. 왜냐하면 이어도는 전설 속의 이상향이어야만 하기 때문이다. 그렇다면 이어도에 얽힌 사연은 오랫동안 전승된 제주의 전설이며 그 섬은 진짜 이상향일까?

이미 설문대할망 설화를 다루면서 언급한 사실이지만 다시 복기하기로 한다. 예로부터 전해오는 이야기를 설화라고 한다. 설화는 다시 '신화, 전설, 민담'으로 분류된다. 신화는 의례와 짝을 이뤄 종교의 경전 역할을 하는 이야기다. 신화 속의 주인공이 제 아무리 신출귀몰한 신이라고 해도 그를 향해 기도하는 의례가 없다면 그의 이야기는 전설로 분류된다.

전설은 자연현상과 자연물, 사물 등으로 이야기의 증거를 남긴다. 승천하지 못한 용마가 굳어 돌이 되었다는 전설의 증거로 용

고양부 삼신인과 벽랑국 삼공주가 혼례를 올린 혼인지, 성산읍 온평리.

두암이 우뚝 솟아있다. 민담은 증거조차 남기지 않는 전래동화에 가까운 이야기다. 입담 좋은 사람들이 신화와 전설을 개작하며 가공의 이야기로 재탄생시킨 것이 민담이라는 말이다.

신화가 의례에서 분리되어 전설이 되었고, 전설은 다시 민담으로 이어졌다. 설화의 뿌리가 신화라는 말이다. 이렇게 설화의 분류와 발전양상에 대한 규정에서부터 이어도 담론이 지닌 문제를 파헤칠 수 있다.

신화가 전설의 원천이라면 제주의 본풀이가 이어도 전설을 낳았다고 예상할 수 있다. 그런데 아쉽게도 이어도에 대한 본풀이는 단한 편도 없다. 그만큼 오래된 이야기가 아니라는 말이다. 어떤 이들은 '여리불도할망', '여돗할망' 등으로 불리는 당신^{堂神}들의 이름 속 '여도'를 이어도라고 해석하지만 설득력이 전혀 없다. 차라리 불교와 연관 지어 '여래불도'로 해석하는 쪽이 그나마 설득력이 있다.

김동윤^{이여도 담론의 스토리텔링 과정 연구, 2013}의 연구를 참고하면 이용호^{李容鎬}의 시문집《청용만고^{聽春漫稿}》에는 이어도^{離汝島}, 제주 사람 강봉옥이《개벽^{開闢}》지에 발표한 글과 일본인 다카하시 도루^{高橋亨}의〈民謠에 나타난 濟州女性-'이허도^{離虛島}'전설〉에서는 이허도^{離虛島}로 소개되고 있다. 이 기록 자료들은 모두 19세기 말에서 20세기 초에 만들어진 것이다. 그리고 모두 이어도를 노래와 연관 지어 소개하고 있다.

이들이 말하는 노래는 무엇일까? 제주 사람이라면 누구나 익숙한 '이어도 사나~ 이어도 사나~ 으쌰으쌰'라는 후렴구의 노래를 말하는 것일까? 아쉽게도 이 노래는 아니다. 이 노래는 1960년대 초반에 무용의 배경음악으로 쓰기 위해 전통적인 민요를 재해석한 창작음악이다.

물론 제주의 민요에는 비슷한 후렴구를 가진 노래들이 허다하다. 줌수들의 '네 젓는 소리'의 '이여도사나, 이여싸나'를 비롯해 '이여 이여 이여도 ᄀ레', '이여 이여 이여도 방에', '어야도홍아 어야홍아' 등 여러 가지다. 이렇게 비슷한 후렴구들은 별다른 뜻을 두고 않고 노래의 조음을 맞추는 여음구다. 이여도, 이어도라고 한다고 해서 반드시 전설의 섬 이어도라고 단정할 수 없다.

정든 사람과 이별한 섬, 죽어야만 갈 수 있는 저승의 이상향이라는 이야기가 노랫말에 결부되어 대중적으로 유포된 것도 20세기의 사정이다. 이청준의 소설 《이어도》와 김능인의 가요 〈이어도〉를 비롯해 영화에서 수필에 이르기까지 이어도를 둘러싼 이야기들은 20세기에 대대적으로 알려졌고, 현실 속의 수중암초 '소코트라 록'에 전설이 덧입혀지는 결과로 이어졌다.

20세기 초반 이어도 전설이 전국적으로 알려진 배경에는 무서운 의도가 도사리고 있다. 일본인 학자 다카하시 도루나 조선총독부의 입장에서는 이어도 전설이야말로 조선 지배의 당위성을 보장하는 이야기였음이 분명하다. 섬나라인 일본이 조선을 강제병합한 행위의 정당성을 찾는 일에 부심했던 그들은 제주 사람들이 이상향이라고 여기는 이어도가 섬이라는 사실에 착안해 조선 사람들의 이상향을 일본으로 비정했다. 제주의 이상향은 이어도, 조선의 이상향은 일본이라는 등식을 만든 것이다.

미지未知의 이어도를 기지既知의 이어도로 탈바꿈시킨 전설의 현실화, 그 속에는 정치적 의도가 숨겨져 있다. 공교롭게도 소코트라 록을 이어도로 비정한 80년대 이후의 이어도해양과학기지 또한 더 이상 이상향이 아니라 한중일 삼국의 첨예한 대립공간이 되어버렸다. 20세기 초 새삼스럽게 해수면 위로 떠오른 전설의 이상향에는 강제적 식민 지배의 논리를 정당화하기 위한 제국주의의 음모가 도사린다.

오늘날 국가의 중요한 영토이며 자산으로 자리 잡은 해양과학기지는 한중일 삼국의 군사적 긴장의 발화점이 되고 있다. 이어도가 진정한 파라다이스라면 제국주의와 국가주의가 가당키나 한 것인지 묻고 싶다.

쿠로시오의 물결이 실어온
사랑 노래

격랑과 폭풍이 잦아들었다. 언제 그
랬냐는 듯이 말 그대로 물명주 빛 물결 위로 실바람이 춤을 춘다.
구름 너울에 바람 치마를 곱게 차려입은 여신이 심술을 거둔 것
같다.

"때가 되었다. 삼대선 황포돛대 높이 올려라! 도사공아! 출항이
다. 명주 바다 실바람에 무른 메주 즈려 밟듯 배 띄워가자!" 소금
바람에 잔뼈가 굵은 선장의 목소리가 어찌나 걸쭉한지 흥타령에
가깝다.

"그래, 이제 드디어 출사를 하는구나. 내 기필코 이번 과거에서
급제하리라. 비나이다. 비나이다. 사해바다 용왕님네, 부디 순풍을
내주시어 뭍까지 한달음에 닿게 하소서." 제주 선비 장한철은 단
단히 각오를 다지며 배에 올랐으리라.

지금 같았으면 쾌속선을 타거나 그보다 훨씬 좋은 비행기를 타고 훌쩍 날아가기라도 하련만 옛사람들의 육지 출행은 목숨을 건 일이었다. 때문에 포구 한 귀퉁이의 해신사에서 무사고를 기원하지 않고서는 뱃전에 오르는 일이 일절 없었다. 그렇게 지극정성을 다해 뱃길을 떠나더라도 풍파를 만나 익사하거나 생전 처음 보는 낯선 땅에 표착하는 일도 잦았다. 애월읍 애월리 출신의 선비 장한철은 과것길에 올랐다가 유구, 지금의 오키나와까지 표류했다 돌아온 사연을 《표해록》이라는 기록으로 남겼다.

장한철처럼 뱃길에 올랐다가 이역만리 타국까지 가야 했던 제주 사람 김복수의 전설 같은 이야기가 이원조의 《탐라지초본耽羅誌草本》에 실려 있다. 때는 조선시대였다. 복수를 실은 배는 순풍에 돛을 달고 장쾌한 질주를 시작했지만 얼마 가지 못하고 폭풍우를 만난다. 파도에 풍비박산이 난 배의 잔해에 힘겹게 의지한 채 밤과 낮이 몇 차례나 바뀌었을지도 모르는 표류가 이어졌다.

구사일생으로 마른 땅을 밟게 된 복수의 눈에 들어온 풍경은 열대의 야자수가 웃자란 난생 처음 보는 해변이었다. 누군가의 인도에 이끌려 표류민촌에 지친 몸을 뉘고서야 이곳이 말로만 듣던 안남국安南國. 오늘날의 베트남임을 알고 아연실색했다. 복수는 이내 살아 있는 것만으로도 감사한 일이라고 여겨 마음을 다잡고 타국 생활을 시작했다.

표류민촌에는 세계 각처에서 온 사람들로 인종전시장이 벌어지고 있었다. 말은 안 통해도 너나없이 외로운 신세라 서로에게 애틋했던 모양이다. 복수 또한 표류민들을 가족처럼 여기며 더부살이를 하던 중에 유구국에서 표류해왔다는 임춘향이라는 여인을 만나 사랑을 나누게 된다. 세월이 흘러 십여 년이 지나자 두 사람 사이에 아들 셋, 딸 셋이 생겨나 돌아갈 수 없는 고향을 향한 향수를 가족애로 달랠 수 있었다.

그러던 어느 날이었다. 엄청나게 큰 상선이 항구에 들어왔다. 거대한 배를 구경하기 위해 많은 사람들이 몰려들었다. 그 배의 선원을 만난 복수 부부는 놀라운 말을 듣게 된다. 그 배는 이제 곧 출항해 유구와 제주를 거쳐 조선까지 갈 계획이란다. 이에 복수 부부는 자신들을 태워달라며 통사정했다. 그러나 돌아온 대답은 청천벽력과도 같았다. 뱃사람들의 금기 중에 낯선 여인을 태우면

애월읍 애월리 장한철 기적비.

반드시 난파당한다는 말이었다. 포기하려는 순간 춘향은 복수를 설득한다. 혼자서라도 유구에 가서 자신의 동생 임춘영을 만나 그와 제주를 찾은 뒤에 다시 자기를 찾아 안남으로 돌아오면 될 것 아니냐는 말이었다. 결코 내키지 않는 제안이었지만 복수는 춘향의 고집을 꺾지 못했다.

결국 그 상선에 몸을 실어 유구에 도착한 복수는 춘향의 동생 임춘영을 만난다. 임춘영은 복수로부터 저간의 사정을 전해 듣고 곧바로 제주를 향하는 배를 띄운다. 마침내 춘영의 배는 제주에 도착했다. 그러나 기대와 달리 춘영의 배는 며칠간 항구에 정박하는 것 말고는 일체의 하선을 금한다는 조선의 국법에 발목을 잡히고 말았다. 천만다행히 복수는 제주 사람이기에 고향 마을을 찾아갈 수 있었고, 춘영은 출항 날짜를 받아놓고 복수가 돌아오기를 마냥 기다려야만 하는 처지가 되었다.

복수의 집안 사람들은 죽은 줄만 알았던 복수가 돌아오자 난리 북새통을 떨었다. 몇날 며칠 끝도 없는 긴긴 잔치가 이어졌다. 기쁨은 슬픔을 동반해야 드라마가 완성된다던가. 모두들 잔치의 신바람에 빠진 사이 또 다른 반전의 씨앗이 돋아나고 있었다. 복수가 상봉의 기쁨에 취한 나머지 그만 출항 날짜를 놓치고 만 것이다.

복수를 기다리던 춘영은 조선의 법에 따라 속절없이 떠나기에 이른다. 복수와 춘향은 더 이상 만날 수 없는 완전한 생이별을 하고 말았다. 출륙금지령으로 더는 제주섬 밖으로 나가지 못하게 된 복수는 휘영청 달이 뜨는 밤이면 눈물을 주체하지 못하고 바닷가의 높은 절벽에 올라섰다. 먼 바다를 바라보며 통곡을 하다 지치면 '오돌또기 저기 춘향 나온다. 달도 밝고 내가 머리로 갈거나' 하는 제주민요 '오돌또기'를 부르며 수절했다고 전한다.

구구절절이 길게 늘어놓은 이 이야기는 '오돌또기'라는 제주민요 속 '춘향'이라는 인물에 얽힌 전설이다. 이 이야기에 대해 많은 연구자들은 근래에 입담 좋은 누군가가 만들어서 유포한 20세기의 창작물이라고 여겨왔다. 더욱이 노랫말과 선율이 다른 지방의 민요 '사당패소리'와 매우 비슷해서 육지의 민요가 제주에 유입된 것이라는 견해가 일반적이었다.

성산읍 고성리 영등굿 중 요왕부인국차서다리를 놓는 모습. 2019년 3월.

그런데 최근 국역된 이원조의《탐라지초본^{耽羅誌草本}》에 김복수가 실존 인물이며 그의 안남 표류 또한 사실로 기록되어 있다. 한 가지 차이가 있다면 더는 임춘향을 볼 수 없이 절벽 위에서 오돌또기를 불렀다는 행적과 달리 그저 먼 바다를 바라보며 곡^哭을 했다고 전한다.

또한 노랫말을 중심으로 육지의 민요가 유입된 것이라는 해석은 선율 분석을 통해 그릇된 판단임이 밝혀졌다. 한국 민요의 특징 중 하나는 5음계를 사용한다는 것인데, 제주민요 오돌또기의

후렴부에는 반음이 나타나고 있어서 6음계를 사용하는 남방 음악적인 성격이 나타난다. 더불어 베트남, 태국 등 인도차이나 반도와 중국의 장족 등 소수민족의 전통음악에서도 유사한 선율의 음악들이 일찌감치 존재하고 있어서 이 또한 남아시아에서 전래되었다는 사실을 증명하고 있다.

바람이 세상을 이어놓듯이 제주의 옛사람들에게 바다는 고립과 단절만 야기하는 존재가 아니다. 바다를 항해하는 돌인 '무쉐석함'을 타고 쿠로시오해류의 가파른 물살을 가르며 멀리 남아시아까지 오고 갔을 제주의 선인을 상상해보라.

제주의 돌하르방과 닮은 석상이 남아시아 곳곳에 있다. 누군가는 원나라가 탐라총관부를 설치해 지배하던 시기에 유입된 몽고의 훈누촐로6人가 돌하르방의 원형이라고 하지만 남아시아로 눈을 돌리면 바다를 접한 나라와 민족마다 판에 박은 듯한 석상들이 즐비하다. 적도를 중심으로 아시아는 물론 멀리 이스터섬의 명물 모아이에 이르기까지 환태평양 석상 벨트가 존재하며 제주 또한 그 속에 포함된다는 남방문화론을 주장한 이들도 있다.

이뿐 아니라 멀리 인도에서 제주까지 바닷길로 이어지는 수많은 나라에 '정낭'정확한 명칭은 '정'이다과 쌍둥이처럼 닮은 대문이 존재하며 기능조차 똑같다.

다른 사연도 넘쳐난다. 선사의 신화시대와 역사시대의 경계에 있는 건국신화들을 보시라. 고조선시대부터 삼국시대의 건국신화들은 하늘에서 하강한 신이 나라를 열었다는 것이 대부분이다. 그러나 탐라의 신화는 다르다.

고양부 삼신인이 땅에서 솟아났다. '하로산또'라는 이름을 지닌 수많은 신들이 '할로영주산 상상고고리 섯어깨'라는 한라산 꼭대기에서 솟아났다. 무쉐석함을 타고 바다를 항해하는 이야기를 '상주표착箱舟漂着'의 신화라고 부르고, 땅에서 솟아나는 신들의 이야기를 '지중용출地中湧出'의 신화라고 부른다. 이 두 가지 형태는 제주에서 바닷길을 따라 내려가다 보면 만나게 되는 남아시아 곳곳에서 발견된다.

이미 살펴본 '돌미럭'의 현신도 해양계통의 신화다. 우리나라 다른 지역의 미륵은 하늘에서 떨어지거나 땅속에서 솟아난다. 그와 달리 제주의 미륵은 바닷속에서 솟아오른다. 이 또한 남방의 신화가 지니는 공통점이다. 이렇게 제주도 문화의 퇴적층 맨 밑바닥에는 남방의 해양문화가 댓돌처럼 단단하게 박혀 있다. 그 선사시대의 퇴적층 위로 역사시대의 산물인 북방의 대륙문화가 쌓이며 뒤섞인 것이 오늘날 제주의 신화이며 민속이다.

바람과 물결은 제주를 세계 곳곳으로 인도했다. 제주의 굿에 유독 많이 등장하는 '요왕드리', '시왕드리', '할망드리', '일월드리' 등은 섬과 섬, 섬과 대륙을 이어주던 신들의 다리다. 신들의 다리는 제주를 에워싼 바다를 자유로이 오가는 바람과 물결의 또 다른 이름이다.

대륙문화의 남방한계선이며 해양문화의 북방한계선인 제주는 문화지리학적 가치가 무궁무진한 섬이다. 누가 섬이 고립된 공간이라고 했던가. 섬은 바람과 물결로 세상 모든 곳과 이어진 연대와 교류의 공간이다.

태운 조상과
태운 줌수질

"요왕연맞이로~ 제청신도업이웨다~."

진녹색 저고리에 연반물 치마를 곱게 차려 입은 심방이 치렁치렁한 백지 술이 달린 신칼을 휘휘 내젓는다. 바람이 숨죽였다지만 그래도 바닷바람이라 야트막한 돌을 얼키설키 쌓아 에두른 각시당의 담장은 더없는 바람막이다. 어디 바람막이일 뿐인가. '벨방바당 일만줌수 일만어부'들을 살뜰히 보살펴 주시는 신전님의 성역이기도 하다.

이렇게 영등달 열사흗날 구좌읍 하도마을 각시당은 빼곡하게 들어찬 줌수들로 부산하다. 이른 아침 멀리 떨어진 본향당에서 당기堂旗를 모셔오는 일부터 시작해 초감제를 치르다 보면 금세 점심 나절이라 잠복했던 시장기가 득달같이 달려든다. 근처의 해녀 탈의장에서 뜨뜻한 국물에 한 타래 말아먹은 국수 맛이 가시기도

230

전에 이렇게 요왕맞이를 벌여 용왕 길을 닦는 것이다.

골골이 파인 주름살로 물아래 인생사를 대신 말하는 상군줌수들부터 그네들의 딸이나 진배없는 하군줌수들까지 궁둥이를 맞대고 쪼그려 앉아 심방의 몸짓에 눈길을 고정한다. 합장한 손을 쉴 새 없이 비벼가며 웅얼거리는 모습만큼 거룩한 것도 없다. '괴낭~ 들낭 꿩꿩' 요란한 연물장단에 흥을 참지 못하는 노인들은 심방 옆에서 오금을 들썩거리기도 한다.

굿이 말미에 이르면 짚배를 바다에 띄우고, 줌수들 개개인이 쌀, 향가지, 동전 따위를 백지에 곱게 싸서 주먹만 하게 만든 '지'를 물결 위로 던진다. 이른바 '지드림'이다. 용왕님 전에 한 해 물질의

제주시 산지어촌계영등굿 중 해녀상 앞에서 지드리는 해녀의 모습, 2019년 3월.

무사고를 바라며 드리는 지에 간절한 기원이 담겨 있다. 수십 명의 줌수들이 바다를 향해 기다랗게 뻗은 둑을 따라 긴 행렬을 만드는 모습도 장관이다.

1980년대 초반에 명맥이 끊겼던 하도리 영등굿을 몇 년 전에 복원해 이렇게 이어오고 있다. 복원이 가능할까 반신반의했지만 순풍에 돛 단 듯이 매끄럽게 진행되어 지금은 외부의 도움 없이도 굿을 치르게 되었다.

여러 가지 사정도 있었고, 워낙 바다밭이 넓어 마을 안 일곱 개 동네마다 줌수회가 따로 있던 탓에 개별적으로 치성을 하며 굿이 중단되었었다. 그러나 다시 합심해 일사천리로 영등굿을 벌이는 광경을 지켜보며 목숨 건 바다 일은 믿음 없이는 절대 할 수 없다는 사실을 재확인하게 되었다. 말 그대로 줌수질은 팔자에 태운 것이며, 그 일을 업 삼아 산다는 건 바다의 신성에 대한 믿음 없이는 엄두조차 못 낼 일이 아닌가.

사실 따져보면 제주의 줌수와 심방은 비슷한 팔자다. '저승 돈 벌어다 이승에서 쓴다.'는 수식으로 목숨 건 물질을 묘사하는데, 줌수들이 바닷속의 저승을 오가듯이 심방 또한 이승과 저승을 오가며 영적인 메신저 노릇을 하지 않는가. 줌수나 심방이나 비슷한 '팔자에 태운' 인생들이기에 하도리의 영등굿이 쉬이 되살아난 듯하다.

이렇듯 제주섬 토박이들은 '팔자에 태운'이란 말을 종종 쓴다. 팔자에 타고났다거나 실렸다는 말로 필연적인 운명이란 뜻이다. 그렇지 않고서야 우주비행사의 유영 같은 삶을 누가 살려고 하겠

제주시 탑동 앞바다 바지선 앞에서 물질하는 해녀.

는가. 이 때문에 제주의 여성을 이야기할 때 누가 먼저랄 것도 없이 으뜸으로 꼽는 것이 줌수다. 생사를 오가는 바다밭 일에 목숨을 건 제주 줌수의 믿음은 천 길 물속처럼 깊고 지극하다. 팔자에 태운 운명의 줌수질이기에 요왕을 믿고 영등을 믿을 수밖에 없다.

여기 팔자에 태운 줌수가 집안에 태운 조상신으로 좌정한 이야기가 있다. '구실할망'이란 여인의 정령이 주인공이다. 구슬을 따는 할머니의 이야기라는 뜻의 '구실할망본풀이'는 제주의 다양한 본풀이 중 조상신본풀이에 속한다.

조상신본풀이는 '조상, 일월, 일월조상, 군웅일월' 등으로 불리는 구좌읍 하도리 각시당 영등굿. 2015년 3월.

조상신들의 이야기로 특정한 집안에서만 섬기는 게 보통이다. 제주의 굿에서는 조상신을 말할 때에도 '나한테 태운 조상'이라는 말을 종종 쓴다. 김헌선제주도 조상신본풀이연구, 2006. 등에 의하면 '구실할망본풀이'는 조천읍 신촌리 큰물머리 나주김씨 집안에 전해오는 사연이다.

옛날 신촌마을 큰물머리에 김동지라는 사람이 있었는데, 제주에서 나랏님께 올리는 진상품을 운반하는 소임을 맡게 되었다. 한양에서 일을 마친 뒤 서대문 밖으로 나가던 김동지의 귓전에 서글픈 울음소리가 들려왔다. 울음소리의 주인공은 허정승의 앳된 따님아기씨였는데, 부모의 심기를 거슬러 쫓겨난 터라 김동지와 마주치자 그의 바짓가랑이를 붙잡고 살려달라고 애원하는 것이었다. 그 당시 제주에서는 섬 밖으로 사람이 들고나는 것을 엄격하게 금지하고 있어서 김동지는 불쌍한 아기씨를 도포 자락에 감춘 채 배에 올라 아무도 모르게 배 밑창으로 인도한다.

배가 제주에 닿자 김동지는 아기씨를 쥐도 새도 모르는 한밤중에 자신의 집으로 데려가 다락 속에 숨겨놓고 바라지한다. 힘겨운 다락 생활이었지만 꿋꿋하게 이겨낸 아기씨는 열여덟 살 꽃처녀가 되자 자신도 밥값을 하겠다며 물질에 나서려고 한다. 마지못해 허락한 김동지는 테왁이며 비창에 망사리까지 꼼꼼하게 마련해줬다.

팔자에 태운 탓인지 아기씨의 물질 솜씨는 하루가 다르게 늘어 어느새 둘째가라면 서러운 상군좀수의 반열까지 오르게 되었다. 그뿐 아니라 신통하게도 잡아들이는 씨알 굵은 전복마다 금진주,

은진주가 들어 있어 김동지의 집안에 엄청난 도움이 되었고, 정 또한 깊어져서 아기씨의 청혼으로 두 사람은 부부의 인연을 맺었다.

나날이 잡아들이는 전복진주가 늘어나자 아기씨가 임금께 진상하자는 제안을 했고 김동지는 그 말을 따랐다. 이에 임금이 크게 기뻐하며 동지同知 벼슬과 함께 금은보화를 내려준다. 동지 벼슬과 넉넉한 살림으로 근심 없는 한평생을 살던 두 사람은 딸을 아홉이나 낳는다.

늘그막에 다다른 아기씨는 장성한 아홉 딸을 불러놓고 자신은 죽은 뒤에 김씨 집안에 '구실할망'으로 들어앉을 터이니 제사와 명절은 물론 혹여 굿이라도 할 때에는 풍악소리 울리며 정성을 기울여달라고 부탁한다. 아기씨의 뜻대로 김씨 일가에서는 대대로 '구실할망'을 섬기게 되었다.

해피엔딩으로 끝나는 이 이야기는 제주에 전해오는 수많은 조상신본풀이들과 사뭇 다른 결말을 보이고 있다. 대다수의 조상신본풀이는 비극적 주인공의 이야기로 전개된다. 이를테면 무병에 걸린 딸아이를 죽게 만들어 그 원혼이 집안을 상대로 해코지를 하는 탓에 제항을 바치게 되었다는 내력담이 많다. '구실할망본풀이'와 거의 내용이 일치하는 '광청아기본풀이'만 보아도 쉽게 확인된다.

'광청아기본풀이'는 구좌읍 동김녕마을의 송씨 집안에 전해오는 조상신본풀이다. 송동지가 한양으로 진상을 갔다가 광청아기라는 여인을 만나는 일에서부터 비극이 시작된다. 하룻밤 뒤면 궁녀가 되어야 할 운명에 놓인 광청아기를 우연히 만난 송동지가 그의 간청으로 인연을 맺는다. 짧은 인연의 종지부를 찍은 송동지는 그

구좌읍 하도리 각시당 영등굿에서 지를 싸는 모습. 2013년 3월.

일을 까마득히 잊어버렸다가 다시 오른 진상길에서 임신한 광청
아기와 맞닥뜨린다. 출륙금지령이 두려운 송동지가 아무도 몰래
뱃길에 오르려는데, 그의 뒤를 밟은 광청아기도 따라서 배에 오르
려다 그만 발을 헛디뎌 바다에 빠져 죽고 만다. 그 뒤 송동지의 막
내딸 몸에 빙의한 광청아기가 한풀이를 하자 송씨 집안에서 대대
로 모시게 되었다고 한다.

비슷한 듯 다른 두 이야기는 출륙금지령으로 족쇄가 채워졌던 제주의 역사와 더불어 줌수들의 생활사를 보여준다. 가뜩이나 삶의 환경이 척박한 섬인 데다 탐관오리들의 수탈 또한 극심해 제주를 탈출해 뭍으로 도망치던 사람들이 많아 조선시대에는 출륙금지령이 오랫동안 이어지고 있었다. 조정의 입장에서는 조세는 물론 부역을 담당할 백성들이 줄줄이 도망치는 사태를 목도하지는 않았으리라. 이를 막기 위해 내려진 것이 출륙금지령이었다. 고향을 떠나 전라도와 경상도는 막론하고 멀리 중국과 일본까지 가서 서러운 타향살이 신세가 되는 것이 차라리 나은 선택이었다.

당시 제주에는 '육고역六苦役'이란 게 있었다. 백성이라면 당연히 군역을 비롯한 각종 부역의 의무가 있었던 시대인데 제주의 그것은 혹독하기 그지없는 일이어서 어떻게든 벗어나고 싶었던 모양이다. '잠녀潛女, 포작浦作, 목자牧子, 과원직果園直, 선격船格, 답한畓漢'의 육고역, 이 중에서도 가장 모진 것이 잠녀라고 불리던 줌수질이었다.

사정이 이러한데 '구실할망본풀이'는 전혀 다른 미담으로 전개된다. 귀하디귀한 진주를 손쉽게 구하는 여인의 이야기는 좀체 동의하기 어렵다. 복권이라도 당첨된 것처럼 어쩌다 얻은 귀한 진주 몇 알을 진상한 것이 부풀려져 이런 이야기로 발전했을지도 모르는 일이다.

제주에 전복진주가 그렇게도 많았을까? 지금으로 봐서는 많았다기보다 유명했다고 보는 것이 옳다. 《고려사》에 탐라 구당사 윤응균이 문종 임금에게 제주에서 구한 진주 두 개를 바쳤는데, 너무나 황홀한 빛을 발하는 것을 보고 야명주夜明珠라고 부르며 귀하게 여겼다는 기록이 있다. 이렇게 황홀한 보석이 제주에 있다는 것을 알게 된 이상 탐하지 않을 수 있었겠는가.

물질을 할 운명을 갖고 태어난 '팔자에 태운 줌수질'을 하는 여인이 '집안에 태운 조상'으로 좌정하기까지의 과정에서 놓치지 말아야 할 대목은 제주줌수들의 고통이다. 박토가 대부분이라 소출이 적은 탓에 일찍부터 제주에서는 소농경제 중심의 자급자족문화가 뿌리내리고 있었다. 장남이라도 결혼하면 분가하는 문화는 숟가락 숫자가 많으면 그만큼 굶게 될 수밖에 없는 환경이 빚어낸 관습이다.

한 집안에서 남자만 노동하는 것도 막막한 일이었다. 때문에 제주의 옛 여인들은 남자 못지않은 노동을 숙명으로 받아들였다. 반농반어의 쉴 새 없는 노동 가운데 줌수질이 여성들의 주업이 된 것도 이와 같은 배경 때문이다.

다시 하도리 영등굿을 떠올린다. 어느새 현무암을 닮아버린 거친 손을 도두 모으고 쪼그려 앉은 줌수들. '강인한 제주해녀'라며 여기저기 광고하는 것을 보면 울화통이 터지려고 한다. 줌수들이 농담처럼 뱉는 "줌수덜은 기가 쎈 게 아니라 팔자가 쎈 거주."라는 신세타령이 딱 들어맞는다. 그저 먹고 살기 위해 '팔자에 태운 줌수질'을 하는 것이다. 그네들도 여리고 여린 여성이며 물질 없는 편안한 삶을 꿈꾸는 보통 사람들일 뿐이다.

제4부

신성한 힘은
젠더 너머에 있다

모성과 신성 사이

생불꽃에 담긴 대칭성사유와 법지법의 원리

젠더를 넘어선 신성은 모든 성을 아우른다

하늘에 베틀 걸고 바다 위에 물레 놓아

신과 사람의 동거, 집과 터의 지킴이

격랑을 헤쳐 온 풍요의 여신들

주연 같은 조연, 신화 속의 트릭스터

본을 풀고 한을 풀어

풍요와 무병의 담지자, 칠성신

모성과 신성
사이

       신들의 고향 제주에는 여신이 많다고 알려져 있다. 제주섬 자체가 거대한 여신들의 신전이라고 말하는 사람들도 많다. 비단 신만이 아니라 사람의 세상도 다른 지역과 달리 여성의 사회활동이 두드러지고 진취적인 것을 두고 여신들의 기운이 세서 그렇다고도 말한다.

    농담 섞인 이야기를 굳이 진지하게 따져 묻기 머쓱하지만 맞았다고 보기도 어렵고 틀렸다고 보기도 어렵다. 신에게 인간처럼 성별이 있겠냐는 말이다. 물론 외형으로 드러나는 것을 보아서는 그들도 남성과 여성이 뚜렷하게 구분된다. 그러나 남성성과 여성성 중 어느 것이 우세한가를 겉모습에 덧씌운 결과다. 모든 신들은 남녀 양성 모두를 갖추고 있거나 본질적으로 생물학적 성징을 뛰어넘는 존재다.

시노다 볼린은 '신성한 힘은 젠더 너머에 있다.'라는 말을 남기기도 했다. 제주의 여신들도 마찬가지다. 아리따운 여신의 모습을 황홀하게 연출하지만 그 이면에는 건장한 남성의 위용이 도사리고 있을지도 모른다.

제주의 여신들은 제각기 다른 권능을 갖기도 하지만 공통적인 권능도 많다. 공통적인 권능 중에 도드라지는 것은 창조와 풍요의 능력이다. 먼저 창조는 자연창조와 생명창조로 나눌 수 있는데, 자연창조의 대표적 여신은 당연히 설문대할망이다. 생명창조에는 아이를 점지하는 삼싱할망이 있다. 제주의 마을마다 있는 일뤳당의 여신 일뤠할망도 육아치병신이라는 점에서 삼싱할망과 비슷한 성격을 지닌다. 풍요의 권능을 지닌 여신으로는 세경할망 자청비와 영등할망 등이 있다. 물론 이 밖에도 많은 여신들이 창조와 풍요의 권능을 지니고 있다.

창조의 행위는 모든 것이 신비롭지만 생명을 창조하는 것만큼 깊은 전율을 일으키는 것은 없다. 태초의 신들은 대부분 스스로 태어난다. 제주의 신 중에서도 심방들의 말처럼 무위이화無爲而化한 존재들이 많다. '한라산 섯어깨, 송악산 백모레왓, 남산 아양동 출땅'에서 솟아나거나 백일불공 끝에 어렵사리 탄생한 신도 있다. 무엇보다 신이 신을 낳는 경우가 가장 강한 모성을 보여주는 듯하다. 가이아가 크라노스를 낳고, 레아가 제우스를 낳은 것처럼 제주의 여신들은 또 다른 신을 낳았다.

신을 낳아 신들의 어머니가 된 존재, 바로 제주신화 중에서 가장 드라마틱한 출산을 선보이는 '노가단풍아기씨'다. 이 여신은 제주도 신화의 근본이 되는 '초공본풀이' 속의 성모聖母다. 초공본풀이는 '신불휘'라고도 불린다. 이는 신의 뿌리라는 뜻이며 무당의 조상신들이 탄생한 사연을 담은 이야기다.

임정국 대감과 짐정국 부인은 자식이 없어 백일불공 끝에 귀한 딸을 얻는다. 아름다운 수사를 있는 대로 쓸어 모아 '이 산 앞은앞은 줄이 벋고벋고 저 산 앞은 발이 벋어 황금산 노가단풍 태역단풍 모에 단풍 왕대월산 금하늘 즈지멩이아기씨'라는 기나긴 이름을 붙인다.

아기씨가 열다섯 살이 되던 해에 부모는 옥황상제의 명을 받아 천하공사와 지하공사를 떠나며 집을 비우게 되었다. 부모가 집을 비운 사이 황금산 상저절의 황주접선성이라는 젊은 중이 찾아와 아기씨를 마법으로 임신시킨 뒤 유유히 사라진다.

집으로 돌아온 부모는 임신 사실을 알아차려서 아기씨를 쫓아낸다. 아기씨는 불도땅이란 곳에서 아들 세쌍둥이를 낳아 기른다. 각각 '본멩두, 신멩두, 살에살축삼멩두'라는 이름으로 성장한 삼형제는 삼천선비들에게 '젯

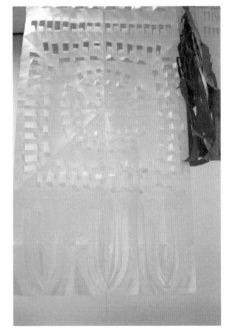

노가단풍아기씨가 부모에 의해 갇혔던 방의 창살 중 하나인 '마흔여덟모람장'.

노가단풍아기씨와 아들 삼형제를 모시는 제주도 심방의 당주.

부기 삼형제'라는 놀림을 받으면서도 악착같이 글공부를 해서 과거에 급제했다.

그러나 이들을 질투한 삼천선비들이 중의 자식들이 과거에 급제하는 것은 안 될 일이라며 항의했다. 결국 삼형제는 과거 급제를 박탈당하고 말았다. 삼천선비들은 이에 그치지 않고 삼형제의 어머니인 노가단풍아기씨를 '삼천전제석궁'이라는 하늘나라의 심

처에 감금해버린다.

어머니를 구해낼 방도를 알기 위해 삼형제는 아버지 황주접선성을 찾아간다. 황주접선성은 아들들에게 팔자를 그르쳐야 어머니를 구할 수 있다는 말과 함께 무당의 상징인 '신칼·산판·요량'을 내려준다. 아버지에게서 물러 나온 삼형제가 비슷한 처지의 '너사무너도령 삼형제'와 의형제를 맺고 '북, 설쒜, 데영' 등 제주굿의 악기를 만들어 굿을 크게 펼치니 삼천전제석궁에 갇혔던 어머니가 풀려났다.

그리하여 어머니 노가단풍아기씨는 이승에서 '신칼·산판·요량'를 비롯한 무구巫具의 신이 되고, 아들 삼형제는 저승의 삼시왕이라는 신직神職을 받게 된다. 그 뒤 육형제는 삼천선비 중의 하나였던 유정승의 딸에게 신병神病을 내려 인간세상 최초의 심방무당이 되게 했다.

신과 인간을 잇는 영혼의 중개자인 심방의 조상신을 낳은 노가단풍아기씨는 단지 신을 낳은 것만으로 신의 지위에 오른 것이 아니다. 노가단풍아기씨는 이미 그 탄생부터 남다른 사연을 지니고 있었고, 부모가 집을 비운 동안의 감금생활, 집에서 쫓겨남, 가슴과 겨드랑이로 세쌍둥이를 낳는 신비로운 출산, 삼천선비에 의한 또 다른 감금, 심지어는 죽임을 당하기도 했다.

이 모든 일이 그가 신성을 획득하는 시험과정이다. 이렇게 어렵사리 획득한 신성이 아이들에게 전수되는 경우는 허다하다. 문전본풀이의 조왕신 '여산부인'은 문전신 '녹디성인'을 낳았고, 칠성본풀이의 주인공 '칠성아기씨'도 일곱 딸을 낳아 그들과 함께 칠성신으로 좌정했다.

두 세대에 걸친 신성에는 여신이 고난을 거치며 획득한 권능이 전제되는 경우가 많다. 어머니가 신이 되지 않고서는 자식들이 아무리 뛰어나더라도 신성의 지위를 얻지 못한다. 물론 자식들이 공짜로 신성을 상속받는 것은 아니다. 그들 또한 저마다 시련의 관문을 통과한 끝에 신의 반열에 오른다. 그러나 전제된 신성인 여신이 없고서는 이들의 신성 획득은 요원한 일이다. 신을 낳는 여신의 신성 속에 모성이 내재되어 있다.

제주의 경우처럼 영원히 신성한 존재로 기억되는 여신들은 대부분 구전신화 속에 남아있다. '당곰아기'를 비롯해 '바리데기' 등 다른 지역의 위대한 여신들이 제주의 노가단풍아기씨와 비슷한 사연을 지닌다. 한편 신성을 낳는 위대한 모성을 지니고도 미미한 존재로 잊혀져버린 여신들도 있다. 기록신화 속의 여신들은 위대한 모성을 '출산' 하나에만 쏟아붓고 역사의 뒤안길로 사라져버린다.

단군신화 속의 웅녀, 고구려 건국신화 속의 유화부인 등을 보시라. 단군과 추모를 낳고 어디론가 사라져버렸다. 단군과 추모가 신성한 왕, 샤먼킹이 되는 동안 여신들은 종적을 감췄다. '어머니', '모성'이라는 단어만 남고 신성한 힘을 빼앗겨버렸다. 이미 세상이 남성권력화된 마당에 유화부인이 고구려의 호국신으로 추앙

받았다고 하지만 그 존재감을 어디 남성인 아들에 비길 수 있겠는가.

　기록신화 중에서도 건국신화는 철저하게 남성 중심의 관점에서 각색된다. 선사의 신화시대와 이별하고 남성 중심의 역사시대로 접어든 이상, 과거보다는 미래를 지향하며 새 시대의 비전을 역설했을 것이다. 선거 때만 되면 장밋빛 청사진을 그리며 미래를 위한 개혁의 언사를 쏟아내는 요즘 정치인들과도 크게 다를 바 없다. 그렇게 남성 본위와 국가 중심의 신화는 여신이 좌정할 자리를 허락하지 않았다.

　말 그대로 찬밥 신세로 전락한 여신도 허다하다. 강원도 삼척시의 서구암이라는 바위에는 마귀할멈으로 추락한 '서구할미'의 사연이 있다. 거대한 자연석에 담긴 이야기인 것으로 보아 마고나 설문대의 또 다른 모습으로도 풀이되는 이 이야기 속의 서구할미는 기다란 매부리코에 칼날 같은 손톱을 지니고 있어서 디즈니의 영화 '백설공주' 속의 마녀와 겹쳐진다. 그는 고양이나 여우로 둔갑해 사람들을 해코지한다. 그것도 모자라 어린아이들에게 홍역을 퍼뜨리는 등 수많은 악행을 일삼다 근동에 소문난 효자 최진후에게 감화되어 죽음을 택한 뒤 바위로 변신했다고 한다.

　마고가 마귀할멈으로 추락한 것처럼 서양의 여신들은 신성을 빼앗긴 채 흉측한 마녀로 전락했다. 아담과 함께 창조되었지만 창조주의 버림을 받아 쫓겨난 인류 최초의 여성 '릴리스'를 시작으로 수많은 여신들이 역사의 물결에 휩쓸려 마녀의 자리로 참혹하게 추락했다.

서양의 기독교가 마녀를 낳고, 우리의 유교가 마귀할멈을 낳으며, 남성성이 지배하는 시대가 이어져 오늘날에 다다른 정경을 보라. 신화의 창조성이 지배하던 선사시대의 여신을 찾을 수 있는가. 신을 낳고 인간과 자연을 낳은 여신이 사라진 시대는 파괴와 징벌의 남성성 일변도인 세상이다.

　여신의 정령이 깃든 거대한 모석母石은 깨어지고 다듬어져 건축물의 재료로 쓰이거나 그도 아니면 버려진다. 숲이며 산이며 모든 자연이 그와 같은 신세다. 그러면서 한편으로 '자연보호'를 외친다.

　어떻게 보면 자연보호란 말에도 파괴의 마성이 도사리고 있다. 자연이 인간을 보호한다면 모를까, 인간이 자연을 보호한다니. 이 또한 자연을 도구로 바라보는 생각 아닌가. 파괴하든 보호하든 인간이 내키는 대로 좌지우지할 수 있다는 말이다.

　인간의 오만은 이제 끝까지 다다랐다. 우리는 자연을 버리고 도구화한 죗값을 톡톡히 치를 것이다. 스스로 태어나 신을 낳고 우주를 낳은 여신이 대자연임을 누구나 알면서도 외면하고 파괴한 것에 따른 징벌을.

생불꽃에 담긴
대칭성사유와 법지법의 원리

      동서고금 어느 곳을 막론하고 세상 사람들은 탄생과 죽음에 대한 경외심과 공포심을 동시에 지녀왔다. 새 생명의 탄생에 대한 기쁨 못지않게 죽음에 대한 큰 두려움을 이겨내려고 천국과 지옥을 만들어냈다. 이승과 이별한 영혼이 머물 저승이 없다면 삶 또한 죽어가는 과정이라는 좌절감에서 쉽게 벗어나지 못했을 것이다.

   제주의 옛사람들도 마찬가지다. 저승을 상상하고 탄생과 죽음을 관장하는 신성을 빚어왔다. 죽음의 신이 저승의 시왕이라면 탄생의 신은 '삼싱할망'이다. 그 때문에 제주의 굿에서 최고로 손꼽히는 것이 시왕을 달래는 '시왕맞이'와 삼싱할망을 청하는 '불도맞이'다.

   제주의 삼싱할망 '멩진국따님애기'는 다른 지역의 삼신할머니인

불도맞이굿에서 삼성할망의 모습을 춤으로 보여주는 심방. 2013년 11월.

'당곰아기'와 비슷한 권능을 지닌 신이다. 사람을 탄생시키고 열
다섯 살까지 건강히 자라게 보살펴준다는 멩진국따님애기는 서
천꽃밭의 주재자이다.

서천꽃밭은 어떤 곳일까? 저승 어딘가에 있다고 여기는 그곳은
이승에 사는 모든 사람의 목숨과 이어진 생불꽃이 자라는 생명의
정원이다. 이 세상에 새롭게 태어날 아기를 점지해 주고는 이내
그의 목숨과 이어진 생불꽃을 심는 것이 삼성할망의 첫 번째 권
능이며 소임이다. 그렇게 생명이 태어나 열다섯 살이 될 때까지

생불꽃을 정성스레 키우며 그 꽃과 이어진 주인공을 무탈하게 보살핀다.

제주 사람들은 열다섯 살까지를 아이로 여겨, 자라는 동안 정성을 다해 삼싱할망에게 무병과 건강을 기원한다. 그렇게 절절한 정성에도 불구하고 열다섯 살이 차기 전에 혹여 죽기라도 하면 그 아이의 환생을 빌며 불도맞이굿을 벌인다. 열다섯 살 전에 죽은 아이는 삼싱할망의 서천꽃밭에 들어가 자신이 목숨과 이어진 생불꽃을 스스로 되살릴 수 있다고 여기기 때문이다. 환생의 여지가 있는 미완의 죽음이다.

가난한 집안에 태어나거나 병약한 몸으로 태어난 탓에 제 명을 다하지 못하고 죽었기 때문에 삼싱할망 또한 환생의 기회를 준다

불도맞이굿에서 생불꽃을 든 심방. 2013년 11월.

고 믿는다. 그리하여 불도맞이굿을 통해 삼싱할망께 제향을 바치면 죽은 아이가 유복한 집안에 고귀한 몸으로 환생한다고 한다. 그러니 열다섯 살이 되기 전에 죽은 제주의 아이들은 저승의 시왕 앞에 인도되는 것이 아니라 스스로 서천꽃밭을 찾아가 시들어 죽어가는 자신의 생불꽃에 물을 주며 환생을 도모하게 된다.

말 그대로 '꽃다운 나이'의 죽음을 꽃의 재생을 통해 극복하려는 주술적 사유로 그려낸 것이다. 인간의 수명이 요즘처럼 길지 않았던 시절에 이런 사유조차 없었으면 사무치는 죽음을 어떻게 극복했겠는가.

그렇다면 제주의 삼싱할망은 어디에서 왔으며 어떻게 삼싱할망이 되었을까? 그 본초를 따져보면 놀랍게도 하나가 아니라 둘이나 되는 삼싱할망과 만나게 된다. 애초에 이 세상에는 두 명의 삼싱할망이 있었다는 말이다. 현용준제주도무속자료사전, 2007.의 연구를 토대로 두 명의 삼싱할망이 있었다고 전하는 '멩진국할마님본풀이'를 간추리면 다음과 같다.

멩진국에서 스스로 탄생한 멩진국따님애기가 일곱 살 때 옥황상제의 명을 받아 지상의 삼싱할망으로 내려오게 된다. 그러나 지상에 내려오자마자 자기가 삼싱할망이라며 막아서는 동이용궁따님애기와 부딪친다. 동해용왕의 딸인데 인간세상으로 귀양을 당한 동이용궁따님애기는 임나라 임박사에게 간택되어 삼싱할망의 소임을 맡았다고 으름장을 놓는다.

이에 옥황상제가 둘을 불러 임신과 해산의 방법에 대한 테스트와 꽃 가꾸기 경쟁을 시킨다. 임신과 해산의 방법, 꽃 가꾸기 모두 멩진국따님애기의 승리로 끝나자 동이용궁따님애기는 염라대왕을 찾아가 원통하다며 하소연한다.

이에 염라대왕은 임신한 여인에게는 낙태, 갓난아기들에게는 질병을 퍼뜨리며 멩진국따님애기를 방해하고 불도맞이굿에서 함께 대접을 받아먹으라고 명한다. 기세등등한 동이용궁따님애기는 멩진국따님애기가 서천꽃밭을 비운 사이에 숨어 들어가 수레멸망악심꽃 씨앗을 퍼뜨려 지상의 아이들에게 병마를 퍼뜨린다. 고민이 깊어진 옥황상제와 멩진국따님애기는 이승의 '사라도령'을 '황세곤간 도세곤간 꼿감관 꼿성인'으로 뽑아 서천꽃밭을 지키게 한다.

이와 같은 사연으로 인해 지상에 두 명의 삼싱할망이 생겨난 것이다. 제주 사람들은 멩진국따님애기보다 한 발 먼저 지상에 발을 디뎠던 동이용궁따님애기를 '구삼싱할망'라고 부르며 '삼싱할망'과 구별한다. 삼싱할망이 아기를 점지하고 열다섯 살이 찰 때까지 지극정성으로 보살펴주는 것과 달리 구삼싱할망은 아기들로 하여금 경기驚氣를 일으키거나 각종 질병에 걸리게 만드는 해코지를 한다. 이 때문에 제주의 옛사람들은 삼싱할망만 위하는 것이 아니라 구삼싱할망도 어르고 달래는 의례를 치러야만 했다.

삼싱할망과 구삼싱할망의 대립관계를 두고 하나는 선신善神, 다른 하나는 악신惡神으로 구별할 필요는 전혀 없다. 영등신화 속에 등장하는 영등신과 웨눈벡이가 각각 순풍과 폭풍이라는 바람의 양면성을 서사적으로 묘사한 이치를 환기해서 보아야 한다. 사람의 아이들은 태어나서 자라는 사이 생물학적 질병에 시달리는 것은 물론 사회성을 익혀가는 사이 정신적 성장통을 겪는다. 구삼싱

불도맞이굿에서 생불꽃점을 치는 모습. 2013년 11월.

할망이라는 존재는 사람의 아이가 어른이 되어가는 과정의 성장
통을 신성에 대입한 것이다. 결국 삼성과 구삼성은 하나이며 동시
에 둘인 존재라고 할 수 있다.

　신화를 헤아릴 때 이분법적으로 선악을 판정하는 것은 어리석
은 방법이지만 굳이 적용한다면 악신의 혐의를 받을 법한 존재는
구삼성이 아니다. 구삼성할망은 소박해서 조금이라도 대접하면
그에 응대라도 하는데, 천연두의 신 '호구대별상서신국마누라'는
걸핏하면 아이들을 죽게 만드는 무시무시한 신이다. 용케 천연두
를 이겨내 살아난 아이들에게는 박박 얽은 곰보 자국을 남기는 흉
험을 주니 마누라야말로 가장 무서운 신 중 하나다.

　삼성할망과 구삼성할망의 경쟁이 아이들 전쟁놀이였다면 삼성

할망과 마누라 사이의 싸움은 무시무시한 실전에 가깝다. 어떻게 보든 서로 적대적인 관계일 수밖에 없었던 마누라와 삼싱할망의 우연한 만남에서 이야기는 시작된다.

바람결 구름결을 헤치며 아기를 점지하기 위해 지상으로 내려오던 삼싱할망이 엄청난 병사들을 이끌고 행차하던 마누라와 맞닥뜨린다. 마누라는 천연두나 홍역을 비롯한 갖가지 돌림병을 퍼뜨리는 병마의 신들을 수족처럼 부리던 터라 그의 행차는 엄청났다.

이와 반대로 삼싱할망의 행차는 단출했는데, 이를 깔본 마누라가 자신의 행차에 부정을 끼쳤다고 야단을 치며 딴죽을 건 것이다. 분하지만 다음을 기약하며 조용히 물러선 삼싱할망은 얼마 후 마누라의 부인을 임신시키고 만삭에 이르게 한다.

부인의 임신 사실을 알고 기뻐하던 마누라의 웃음은 얼마 지나지 않아 근심으로 바뀐다. 부인이 열 달이 지나고 스무 달이 지나도 출산을 못 한 채 생사의 갈림길에 이른 것이다. 태산 같은 걱정을 안게 된 마누라는 삼싱할망이 출산을 막고 있다는 사실을 뒤늦게 알아낸다. 결국 마누라는 삼싱할망을 찾아가 사정하지만 석고대죄부터 하라는 대답을 듣게 된다.

이에 마누라는 삼싱할망의 집 어귀부터 마루대청 댓돌 앞까지 자리를 깔고 무릎으로 기어가며 읍소한다. 마음이 누그러진 삼싱할망은 한 가지 다짐을 받은 뒤 마누라의 청을 들어준다. 이때 마누라가 한 다짐은 아이들에게 큰 마마인 천연두는 되도록 안 걸리게 하고 작은 마마인 수두만 걸리게 하겠다는 약속이었다.

삼싱할망의 통쾌한 복수담은 제주의 굿에서 그대로 재현된다.

신화, 즉 본풀이는 굿에서 노래로 불리는 서사시다. 때문에 제주의 굿에서는 굿의 목적과 대상에 따라 청하는 신들의 본풀이를 노래로 읊는다. 본풀이를 노래로 부를 때는 주로 심방^{무당}이 장구나 북을 놓고 앉아 직접 반주하면서 진행하는데, 말과 노래가 뒤섞이는 모습이 마치 앉아서 부르는 판소리처럼 보인다. 물론 특별히 서서 춤추며 부르거나 연극적인 모습으로 풀어내는 본풀이도 있다.

그런데 삼성할망의 내력담인 멩진국할마님본풀이는 매우 극적으로 재연된다. 마누라가 삼성할망에게 석고대죄하던 모습을 심방이 그대로 따라 한다는 말이다. 옛날 제주의 전통가옥에는 큰길부터 집 안까지 이어지는 가짓길인 올레가 있었다.

멩진국할마님본풀이는 여기서부터 시작한다. 안채의 마루나 마당에 신을 모시는 굿청을 마련해놓으면 으레 거기서 굿을 해야 하는 것이 일반적인 모습이다. 굳이 삼성할망의 사연만 올레 어귀에서부터 시작하는 것은 당연히 석고대죄를 했던 마누라의 모습을 재연하려는 의도에서 비롯되었다.

굽이진 올레부터 굿청까지 이어지는 공간에는 '청새'라고 부르는 파릇파릇하고 싱싱한 띠를 정성껏 깔아놓는다. 그 위를 합장한 채 무릎으로 기며 나아가는 심방의 모습은 부인의 해산을 간청하며 삼성할망의 권능을 칭송했던 마누라의 모습 그대로다. 마누라가 그렇게 삼성할망을 위하는 방식을 최초로 만들어냈다고 여겨

서귀포시 강정동 냇기리소일뤳당.

멩진국할마님본풀이를 할 때에는 이런 연극적인 재연을 펼치는
것이다. 이처럼 제주의 본풀이는 종교의 경전인 동시에 굿을 결정
하는 대본이기도 하다.

　본풀이는 굿만 결정하지 않는다. '천지왕본풀이'에서는 대별왕
또와 소별왕또가 서로 이승을 차지하기 위해 경쟁할 때 소별왕이
속임수로 승리한다. 이를 받아들인 대별왕은 저승으로 떠나면서,

━━━

제주도 일뤳당의 발원지 중 한 곳으로 꼽히는 표선면 토산1리 웃토산 본향당
신과세굿. 2019년 2월.

아우 소별왕이 부정한 방법으로 이승을 차지했으니 그곳은 맑고 공정한 저승과 달리 살인, 도둑, 역적 등 온갖 부정이 생길 것이라는 저주를 남긴다. 이것이 우리가 사는 세상이 혼탁하게 된 근본적인 이유다.

메밀을 여름이 다 되어서야 파종하는 이유, 노루 꼬리에 하얀 줄이 있는 이유 따위의 여러 현상과 속성들 또한 본풀이에서 결정되었다고 한다. 이런 것을 일러 심방들은 '법지법으로~' 또는 '그때 낸 법으로~' 무언가가 갖춰졌다고 노래한다. 본풀이라는 말 자체가 근본을 풀어낸다는 뜻을 지녔으니 신의 사연뿐만 아니라 인문, 사회, 자연의 모든 현상에 대한 기원을 밝히는 이야기인 셈이다.

삼싱할망과 비슷한 역할을 하는 신이 또 있다. '일뤠할망'이 그 주인공이다. 일뤠할망은 제주의 마을이라면 대부분 갖추고 있는 '일뤳당'의 여신이다. 일뤳당은 매달 7일, 17일, 27일의 세 이렛날에 가서 치성을 드리는 데서 생겨난 이름이다.

삼싱할망이 세상 모든 아이들의 출산과 육아를 관장하는 신이라면 일뤠할망은 자신이 좌정한 마을의 육아와 치병을 담당하는 신이다. 삼싱할망이 모든 아이를 점지해주는 것과 달리 일뤠할망은 마을에 태어난 아이들이 건강히 자라게 하는 소임을 맡았다. 굳이 서열을 나눈다면 삼싱할망이 상위의 신이라고 할 수 있다.

모든 마을이 그런 것은 아니지만 여러 마을을 둘러볼 때면 몇몇 마을의 일뤳당에서 해묵은 사금파리들이 종종 눈에 들어온다. 아이들이 "넋이 난다."거나 아플 때 찾아가 비념을 하는 것이 보통인데, 그릇을 깨뜨리는 것은 다른 이유가 있다. 이것은 개구지고 덜

렁대는 아이들이 종종 부엌이나 밥상머리에서 그릇을 깨뜨리는 부주의한 습관을 고치려고 일뤳당에서 같은 행위를 재연하는 것이다. 이런 유감주술적인 행위를 제주 사람들은 '방법_{防法}'이라고 한다. 이렇게 방법을 하고 나면 효험이 생긴다고 믿는다. 크게 놀라 넋이 단단히 나갔을 때는 일뤳당에서 그릇까지 깨뜨리며 '넋들임'을 하는 경우도 있다.

지금이야 무속신앙 전체가 축소되며 굿이 사라지고 있지만 번성했던 시절의 일뤳당에는 과자, 사탕, 과일 등의 제물과 동전이 넘쳐났다고 기억하는 어르신들이 많다. 본향당이야 주로 당제일에 맞춰 드나드는 곳이지만 일뤳당은 아이들이 아플 때마다 수시로 드나들던 곳이라 제물이 많았을 수밖에. 제주 토박이 어르신들이 유년기를 풀어놓을 때마다 일뤳당 이야기를 자주 하는 것도 이 때문이다.

이따금 넋이 나가서 어머니 손에 이끌려 가기도 했지만 주로 과자, 사탕, 동전 등을 노리고 조무래기들이 한데 뭉쳐 찾아가는 경우가 많았다고 한다. 어머니들이 정성으로 바친 백지와 타래실도 연날리기 재료로 최고였으니 일뤳당은 옛 아이들의 보물창고였던 셈이다. 당이라면 동티가 발동하리라는 두려움이 있어야 할 텐데 일뤳당신은 아이들을 지켜주는 신이라 걱정이 없었다고 한다.

이렇게 제주의 옛 아이들은 엄마 뱃속, 베갯머리, 놀이터, 일뤳당, 그 밖의 모든 곳에서 열다섯 살까지 삼싱할망의 보살핌을 받으며 자랐다. 신체와 두뇌의 성장만을 중요시하는 오늘날과는 다른 영성이 지배했던 세상의 모습이 그립다.

젠더를 넘어선 신성은
모든 성性을 아우른다

　　　　　　　　　　　　푸른빛이 짙고 짙어 볼수록 눈이 시린 아름다운 협재 바다와 금릉 해변, 생떽쥐베리의 《어린왕자》 속 코끼리를 집어삼킨 보아구렁이를 닮은 비양도의 항해를 상상한다. 바다를 항해하다 누군가에게 그 모습을 들키자 그 자리에 오도카니 멈춰 섰다는 섬. 설악산의 울산바위, 경기도의 광주바윗섬, 진안의 마이산 등과 더불어 섬이나 바위가 움직이는 것을 지체이동地體移動의 이야기라고 한다.

　경북 경주에는 세상이 시작되던 태초에 끊임없이 움직이다 빨래하는 여인에게 들키자 그 자리에 멈춰버린 산 이야기가 있는데, 이때 빨래하던 여인은 누구일까? 태초의 여인이라면 마고일 확률이 높다. 그런데 마고는 왜 하필이면 빨래를 했을까? 제주의 설문대할망도 마고처럼 두럭산을 빨랫바구니 삼고 한라산에 걸터앉 비양도를 향하는 영등굿의 짚배. 한림읍 한수리 영등굿. 2017년 3월.

아 빨래를 했다고 한다.

여기서 빨래는 새로운 것을 만드는 창조의 행위를 의미한다. 섬과 산을 움직여 정해진 자리에 들어앉혔던 마고와 설문대의 자연 창조력이 바다를 항해하던 섬 비양도에 담겨 있는 것이다.

빛 고운 바다와 그 위에 내려앉은 섬이 펼치는 황홀경에서 잠시 빠져나와 한라산을 향해 고개를 돌리면 또 다른 별천지가 펼쳐진다. 금릉석물원으로 알려진 곳인데, 평생을 돌쳉이^{석수장이}로 살아온 제주도 석공예의 최고 명장 장공익 선생이 사재를 끌어모아 마련한 공원이다. 작달막한 키와 구릿빛 얼굴, 밀패랭이를 쓰고 정과 망치를 움켜쥔 모습을 보면 돌하르방이 그를 닮았는지 그가 돌하르방을 닮았는지 헷갈리고 만다.

석물원은 장공익 선생께서 제주의 신화와 전설을 비롯해 사라진 옛 풍습까지 다양한 민속을 돌조각으로 재현해놓은 곳이다. 자연지형을 그대로 살려 배치한 전시물들로 만물상이 이루어져 있다. 숭숭 뚫린 구멍으로 거친 현무암에 생명을 불어넣은 조각과 함께 그것의 의미를 새겨놓은 석판의 설명문, 드문드문 눈에 밟히는 맞춤법이 틀린 글자가 오히려 백미라고 감탄을 연발하다 보면 어느새 돌과 내가 하나가 된 듯한 신기루에 빠진다.

그렇게 돌로 빚어낸 별천지의 신기루를 따라 안으로 깊숙이 걷다 보면 세상 어디에도 없는 거대한 여신의 현현^{顯現}을 목격하게 된다. 물경 10여 미터에 육박하는 설문대할망의 상반신상이다. 그 위용은 마치 항해하는 섬 비양도의 환상을 맨 처음 보았던 이가 가졌던 경외감을 느끼게 한다.

여신의 제단 앞에는 널따랗게 자리 잡은 제주의 초가들이 옹기종기 머리를 맞대고 모여 있다. 누가 보아도 제주 사람들을 보살피는 여신의 권능을 재현한 신전이다. 제단 가까이 다가가면 다시한번 입을 쩍 벌리게 된다. 할망의 젖을 부여잡은 아이들로 빼곡하다. 창조주의 자식들임이 분명하다.

더욱 놀라운 것은 양 젖 사이에 오이처럼 기다랗게 늘어진 또 하나의 젖이다. 양 젖 사이의 기다란 젖, 그 모습을 상상해보라. 무엇이 떠오르는가? 망측하게도 그것은 남성의 상징이다. 여신의 가슴에 그것이 달려 있다니. 장공익 선생은 도대체 왜 이런 해괴한 모습을 만들어 여신에게 불경을 저질렀을까?

드러나는 것만으로는 외설 시비에 휩싸일 법도 한 이 형상은 결코 불경스러운 것이 아니다. 오히려 여신의 창조성을 가장 선명하게 보여주는 걸작이다. 마뜩지 않은 표현이지만 '양성구유兩性具有'가 바로 이것이다. 신이 사람과 닮았다 하여 그들도 남녀로 반듯하게 나뉜다고 여기면 착각이다. 우주, 자연, 생명을 창조하는 태초의 신들은 대부분이 남녀 양성을 모두 지닌 비성非性의 존재가 아니었던가.

양성구유의 신성은 여러 신화에서 나타난다. 아테네를 자기 머리로 낳았다는 제우스의 이야기도 대표적인 예다. "아비를 죽인자는 아들 손에 죽는다."는 신탁을 두려워한 크라노스가 자식들이 태어나는 대로 집어삼켰던 것처럼 제우스 또한 두려움을 떨치지 못했다.

아내가 아이를 낳으면 안 된다는 생각에 그는 임신한 아내 메티스에게 변신술 내기를 제안한다. 여러 가지 동물로 변신하는 아내에게 제우스는 파리로도 변신이 가능하냐고 묻자 메티스는 곧바로 변신한다. 때를 놓치지 않은 제우스가 메티스를 집어삼켜버린다. 그렇게 제우스의 뱃속에 갇힌 메티스는 산달을 맞이했고, 그 결과 제우스의 머리에서 아테네가 태어나기에 이르렀다.

메티스를 삼킨 제우스, 이 이야기말로 양성을 갖춘 태초의 신들의 모습을 비유적으로 그려낸 것이다. 올림프스의 신들에게는 또 다른 양성구유의 이야기들이 많다. 그중 하나가 우리 인간에 대한 이야기다.

애당초 신들이 창조한 인간은 지금과 다른 모습이었다. 팔과 다리가 넷, 머리가 둘인 암수한몸의 모습이 최초의 인간이라고 한다. 그러나 신들은 자신들의 권능에 맞먹는 능력을 지닌 인간들이 두려웠던 모양이다. 결국 위협을 느낀 제우스가 번개를 내리쳐 인간의 몸을 둘로 나누자 지금의 모습이 되었다고 한다.

중국신화 속의 남매신 복희와 여와도 종종 상반신은 분리되고 하반신은 하나로 똬리를 튼 뱀의 모습으로 그려져 젠더를 초월한 권능을 자랑한다. 힌두신화에서는 쉬바와 빠르와띠가 한 몸이 된 아르다나리슈와라가 등장한다.

장공익 선생의 설문대할망 신상은 창조신이 지닌 최대의 권능을 극적으로 살려낸 신성의 현현顯現이다. 나를 비롯한 수많은 예술가들이 제주신화를 테마로 왕성한 창작활동을 벌이고 있지만 아직까지 이처럼 명쾌하게 신성을 드러낸 작품은 접하지 못했다. 팔십 평생을 돌과 살아온 선생께서는 신성을 온몸으로 느끼는 경지에 다다른 듯하다.

젠더를 뛰어넘은 설문대할망에 대해 정반대의 의견을 내놓을 사람들이 있을 수도 있다. 설문대할망의 짝인 설문대하르방 이야기가 있는데, 어찌해서 할망이 양성구유의 존재라고 하는가? 그 또한 틀린 말이 아니다. 그러나 설문대하르방에 대해서는 또 다른 관점에서 볼 필요가 있다.

모든 이야기를 통칭하는 설화는 신화, 전설, 민담의 단계를 거치며 알록달록한 이야기보따리를 장만했다. 역사의 흐름에 따라 신화가 전설로, 전설이 민담으로 발전하는 동안 고대의 신화 속 창조신들은 죽음이라는 변신을 통해 사라지거나 전설의 자리로 옮겨가며 인간과 비슷한 모습으로 변화했다. 반신과 영웅들이 그렇게 태어났고, 이들은 다시 민담으로 자리를 옮기며 황당무계하고 해학적인 모습으로 변신했다.

설문대할망 또한 전설의 시대를 거쳐 민담의 무대에 등장하며 본연의 창조성을 잃고, 거인이라는 외형적 면모만 부각되기에 이르렀다. 해학적인 거인으로 변신한 설문대할망의 짝인 설문대하르방도 이 과정에서 탄생한 것이다.

따라서 설문대할망과 설문대하르방은 신화 시대의 산물이 아닌 전설과 민담 시대의 작품이다. 양성구유의 창조신은 이렇게 권능이 분리되며 외형만 부풀려진 거인으로 거듭났다.

민담 속 설문대할망의 모습처럼 본래의 창조성이 퇴색된 신성은 여럿이다. 제주의 신화 속에서 또 다른 사례를 찾는다면 세경할망으로 널리 알려진 자청비의 사연을 들 수 있다. 세경본풀이를 들여다보면 자청비가 남장을 하는 대목이 여러 차례 나타난다. 먼저 글공부를 떠나는 문도령과 우연히 만나자 그에게 반해 자신의 남동생을 함께 데려가라고 부탁한 뒤 남자로 변장해 자신을 '자청도령'이라고 속여 3년 동안 함께 공부한다.

다른 여인과 혼약을 맺은 문도령과 헤어진 뒤 집으로 돌아와 다시 여인의 몸이 되었던 자청비는 말썽꾸러기 하인 정수남이를 죽인 탓에 부모에게서 쫓겨나자 다시 남자 행세를 하며 서천꽃밭을 찾아간다. 그곳에서 부성감의 골칫거리를 해결해 준 보답으로 생불꽃을 얻어 정수남이까지 살려낸다. 자청비를 남자인 줄로만 여긴 부성감은 딸을 내어주며 혼인시킨다. 졸지에 부성감의 사위가 된 자청비는 자신을 남자로만 여기는 처와 장인에게 적당한 핑계를 대고 빠져나온 뒤 다시 여인의 몸이 되어 집으로 돌아온다.

그러나 자청비의 부모는 하인을 죽였다 살렸다 하는 해괴한 짓을 한다며 한사코 받아주지 않는다. 이에 자청비는 주모땅 주모할망의 수양딸이 되어 베 짜는 일을 돕는다. 그러던 중 어느 날, 수양어머니가 문도령과 서수왕따님애기가 혼인할 때 입을 비단옷을 주문받은 것을 알고 주모할망 편에 자신이 있는 곳을 문도령에게 알린다.

그 뒤 많은 곡절을 겪은 끝에 자청비는 문도령의 부모에게 자신이야말로 문도령의 배필임을 인정받아 혼인을 하고, 하늘나라의 변란을 평정해 문도령, 정수남이와 함께 농사의 신인 세경신이 되어 지상에 내려온다.

이렇게 자청비는 여성의 몸으로 태어나 '남성→여성→남성→여놀이패 한라산의 마당극 세경놀이.

성'의 삶을 반복한 끝에 농사의 신인 세경신의 지위에 오른다. 표면으로 드러나는 이야기에서는 '변장'이지만 그 이면에 숨겨진 의미를 헤아려보면 만물의 결실을 이루게 해주는 농경신이 지녀야 할 필수적인 권능인 창조력을 발견할 수 있다.

당연히 창조력의 원천 중 한 가지가 양성구유다. 양성을 모두 갖췄기에 오곡의 열매를 맺게 하고 대지의 풍요를 일으킬 수 있는 것이다. 아마도 고대의 신화에서는 여신과 남신으로의 변신을 자유롭게 했거나, 그리스의 디오니소스처럼 여러 차례의 죽음을 겪을 때마다 다른 모습으로 부활했던 불멸의 신성이었을 수도 있다.

자청비의 이야기가 지금과 같은 장대한 서사를 갖추게 된 것은 중국의 양축설화梁祝說話에서 기원한 고전소설 양산백전梁山伯傳의 영향이 크다고 알려져 있다. 기존의 학술적 견해들은 중국의 '양산백과 축영대'가 '문도령과 자청비'로 바뀌며 변이가 일어났다는 주장이 일반적이다. 이견의 여지가 없는 견해들이다. 그러나 다른 각도에서 본다면 자청비는 변신을 자유자재로 이어가며 죽음과 부활을 거듭했던 고대의 원초적 농경신의 이야기에 양산백전梁山伯傳이 덧씌워진 것은 아닐까 하는 생각을 조심스레 꺼낼 수도 있다.

설문대와 자청비만이 아닐 것이다. 태초의 신들은 한결같이 양성구유의 존재들이었다고 할 수 있다. 필요에 따라 남성성과 여성성 중 하나가 부각되면서 자연스럽게 외형적인 성 구별이 일어났고, 최종적으로는 남신과 여신으로 분리되었으리라. 이런 관점에서 볼 때 제주는 여신의 고향이라는 최근의 통념과 그에 따른 문화적 행보들이 다소 걱정스러워진다.

이를테면 제주 여성의 진취성과 강인함을 이야기할 때 으레 제주의 여신과 줌수들을 근거나 사례로 제시하는 경우가 허다하다. 물론 틀린 것은 아니다. 그러나 자칫 제주 여성이라면 당연히 강인하고 진취적이어야 하는 강요의 문화를 야기할 수 있다. 제주 여성이라면 무조건 슈퍼우먼이어야 되는가? 우리에게는 누구나 남자라면 이순신 장군, 여자라면 신사임당처럼 살아야 한다고 철석같이 다짐했던 캄캄한 시절이 있었다.

　제주의 여신은 여성과 남성을 아우르는 것을 넘어선 비성적 존재이며, 양분된 젠더를 넘어서서 성소수자들과의 공존까지 거듭거듭 강조하는 듯하다. 아름답고 풍요로운 여신보다 모든 것을 끌어안는 젠더 이분법 너머에 있는 공존의 신성에 주목하길 당부한다.

하늘에 베틀 걸고
바다 위에 물레 놓아

상실한 낙원, 에덴동산의 남녀 아담과 이브는 창조주와의 약속을 어기고 선악과를 따먹고 만다. 황홀한 맛에 빠져든 두 남녀가 처음으로 한 일은 나뭇잎으로 자신들의 치부를 가린 것이었다고 전해온다.

사람의 삶에서 가장 필수적인 요소 세 가지를 말할 때 우리는 보통 의식주라고 한다. 여기서도 '의衣'가 가장 먼저 튀어나온다. 이렇게 옷은 사람에게 있어서 자신은 동물과 다른 존재라는 것을 알게 만드는 첫 번째 장치인 듯하다. 그래서인지 태초의 여신들은 약속이나 한 것처럼 직조織造의 권능을 지닌다.

직조, 외짝의 베틀신을 신고 씨줄과 날줄을 엮는 것은 여신의 특권이라고 해도 지나친 말이 아니다. 그 때문이었는지 감히 여신에게 도전장을 내밀었던 사람의 여인 중 하나는 영원히 실을 잣는 처참한 저주를 받지 않았던가. 누구나 한 번쯤은 건물의 구석진 귀퉁이에 먼지가 잔뜩 낀 거미줄을 걷어낸 경험이 있을 것이다. 가끔은 자기가 쳐놓은 줄에 매달린 채 말라 죽은 거미의 미라와 마주칠 때가 있다. 나는 이럴 때면 여신 아테네의 저주로 인해 저렇게 고통스런 꼴이 된 아라크네가 딱하다는 생각을 잠깐 동안 떠올리곤 한다.

제주의 여신들 중에서 최초로 실을 자으며 속삭이듯 감미롭게 물레타령을 불렀을 이는 누구일까? 다름 아닌 제주 토박이들의 어머니 여신 설문대다. 아름다운 모습만으로도 성스러운 기운을 뿜어내는 성산일출봉의 비탈을 거슬러 오르다 보면 우뚝 솟은 바위기둥이 앞길을 가로막는다. 사람에 따라서는 원숭이바위라고도 부른다는 이 바위가 설문대의 등경돌이다. 여신께옵서 불 밝힌 등잔을 바위기둥의 머리 위에 얹어 놓고 길쌈을 했다 하여 등경돌로 불린다.

무슨 연유로 거대한 여신은 한밤중에 일출봉 등성이에서 청승맞은 길쌈질을 했을까? 흙을 날라 높다란 한라산과 삼백예순 오름을 만들 때 입었던 해진 치마를 덧대며

성산일출봉 등경돌.

누볐던 것일까? 그도 아니면 한라산을 깔고 앉아 한 발은 관탈섬에 걸치고 또 다른 발은 서귀포 앞바다 범섬에 걸쳐놓고 곱디곱게 세답한 빨랫감을 기웠던 것은 아닐까?

여신 설문대의 사연에는 유독 치마, 속곳, 빨래, 길쌈 등 직조와 관련된 소재들이 많이 등장한다. 도대체 무슨 이유로 여신은 태초의 시간에 직조에 열을 올렸을까? 다시 등경돌 앞으로 다가가 보자.

제주섬을 창조한 여신은 캄캄한 천공에 해와 달, 그리고 별을 새겨 놓고 싶었을 게다. 그리고 역시 자신이 창조한 생명들에게 자연계의 질서를 심어주고 싶은 마음도 굴뚝같았을 테다. 그렇다. 설화 속의 이 여신은 우주의 씨줄과 날줄을 엮어 자연계의 생태적 질서를 가다듬고 나아가서는 옷감으로 상징되는 문명을 창조한 것이다.

굳이 한밤중에 등불을 밝힌 것은 명과 암의 극적인 대비다. 해, 달, 별의 창조를 의미하며, 그 또한 길쌈이라는 일을 통해 이루어 낸 것이다. 한라산을 만들 때 치마폭으로 흙을 나른 것 또한 같은 이치다.

옷감의 씨줄과 날줄은 자연계의 질서를 뜻한다. 그리하여 완성된 옷감은 문명을 의미한다. 빨래와 속곳 이야기는 더더욱 직접적으로 문명창조를 빗댄 사연이다. 육지까지 다리를 놓아주지 않았다는 이야기에도 제주다움을 지키라는 메시지와 함께 속곳으로 상징되는 문명창조의 속뜻이 담겨 있다.

직조의 여신들에게는 베틀이며 물레 따위의 도구가 있다. 씨줄과 날줄을 엮는 베틀질은 질서의 창조, 술술 풀려나오는 실을 잣

구좌읍 송당리 본향당 신과세굿에서 물색을 매다는 모습. 2014년 2월.

는 물레질이 시간의 창조를 의미하는 것이라고 한다면 지나친 비약일까?

세계의 창조신화 속에 등장하는 많은 여신들은 실을 잣거나 옷감을 만든다. 이지영織物神의 傳承에 관한 試論的 硏究, 2002.에 따르면 마야의 익스첼, 수메르의 우투, 그리스의 아테네, 중국의 직녀 등 많은 여신들의 사연에서 직조는 매우 중요한 역할을 한다. 우리나라의 경우에도 함경도의 '창세가'라는 신화에서 미륵님이 세상을 창조할 때 하늘 아래 베틀을 놓고, 구름 속에 잉아를 걸어 옷을 지었다고 전한다.

제주의 신화 세경본풀이의 주인공 자청비는 헤어졌던 문도령과

서귀포시 강정동 냇기리소일뤳당의 물색.

다시 조우하기 직전에 '주모땅 주모할망'의 수양딸이 되어 베를 짠다. 이렇게 보면 신의 창조력을 논할 때 직조는 절대로 빼놓을 수 없는 키워드인 듯하다.

태초의 시간, 많은 신들이 우주, 자연, 생명을 창조하던 시절에는 여신의 직조야말로 가장 중요한 마법이 아니었나 싶다. 함경도의 창세신화 중 하나인 '셍굿'에는 세상을 창조한 여러 신들이 대거 등장하는데, 그들 중에도 결정적인 역할을 하는 직조의 여신이 있다. 다름아닌 옥황상제의 궁전을 놓고 강방덱이와 한판 승부를 벌인 모시두레 모시각시다.

자연과 문명을 창조하며 인간에게 절대적으로 필요한 의식주를 마련하는 과정을 남신과 여신의 대결로 그려낸 이 이야기는 직조의 여신 모시두레 모시각시의 승리로 끝난다. 돌의 창조력과 생명력을 지닌 남신 강방덱이조차도 베틀 앞의 여신을 당하지 못한다. 모시두레 모시각시는 도대체 얼마나 큰 권능을 지녔기에 자지바위의 왕성한 생명력을 지닌 강방덱이를 이겼을까? 해답은 직조가 모든 생명의 원천인 해와 달을 창조하는 행위라는 데에 숨겨져 있다.

일연의 《삼국유사》 기이편에는 신라의 바닷가마을에 살던 젊은 부부 '연오랑 세오녀'의 사연이 나온다. 미역을 따던 사내 연오랑은 바다를 항해하는 돌을 탄 채 일본까지 다다른다. 그곳 사람들은 바위를 타고 온 신비한 사내를 왕으로 모셨다. 남편을 찾던 세오녀 또한 바위를 타고 연오랑이 있는 곳까지 간다.

두 사람이 신라 땅에서 사라진 뒤에 해와 달이 빛을 잃는 엄청난 재앙이 생겼다. 신라 조정에서 원인을 알아내고 부부에게 돌아와 달라고 애원하자 두 사람은 하늘의 뜻으로 자신들이 일본까지 왔으니 돌아갈 수 없다는 말을 남긴다. 대신 세오녀가 짠 비단을 보내주니 신라 땅의 해와 달이 언제 그랬냐는 듯이 다시 광채를 뿜어냈다고 한다.

《일본서기》에 전하는 태양신 아마테라스도 비슷한 사연을 지닌 존재다. 말썽꾸러기 동생 스사노오의 훼방질에 화가 치민 아마테라스가 베틀을 박차고 동굴 속으로 들어가자 해와 달이 사라지고 세상이 캄캄해졌다고 한다.

제주의 창조주가 일출봉에서 어둠을 몰아내는 길쌈을 했던 이유가 자연스레 밝혀진다. 이렇게 하나의 신화 속에 담긴 수수께끼는 비슷한 이야기와 견주어가며 풀어낼 때 해답을 찾을 수 있다.

신화시대의 종식을 알리는 건국신화 속에도 직조의 권능이 흔적처럼 남아있다. 《삼국유사》 중 '가락국기'를 보면 하늘에서 내려온 가야의 수로왕이 역시 하늘이 정해준 배필인 아유타국의 공주 허황옥을 맞아들일 때에도 직조의 흔적이 나타난다. 가야국의 앞바다에 붉은 돛을 달고 나타난 허황옥의 배를 발견한 수로왕이 신하를 보내 환영한다. 배를 대고 드디어 가야 땅을 밟은 허황옥은 잠깐 쉬는가 싶더니 자신의 비단치마를 벗어 그곳의 산신께 바치며 제를 지낸다. 가야에서 최초로 한 일이 산천에 비단치마를 바치는 것이라니.

이것은 태초의 신이 해와 달을 창조한 것처럼 인간의 왕이 새로운 왕국의 질서를 만들겠다는 창업의 행위다. 신의 권능을 물려받

성주풀이굿 중 삼싱할망상 밑에 펼쳐진 치마 2011년 9월.

한림읍 한수리 대섬밧당의 물색.

은 만인지상의 존재인 인간의 왕이기에 직녀의 그것을 몸소 보여준 것이라고 하겠다.

소치는 남자와 베 짜는 여자의 사랑을 다룬 '견우와 직녀', 날개옷으로 인연을 맺은 '선녀와 나무꾼' 또한 애틋한 사랑 이야기의 뒷면에 여신 직녀의 권능이 숨겨져 있다. 신화시대가 끝나고 역사시대가 문을 열어젖히며 아름다운 사랑 이야기로 탈바꿈한 것이다. 본래 직녀는 자신을 끔찍하게 사랑했던 말의 가죽을 뒤집어쓰고 누에고치가 되어버린 여인의 이름이었다고 중국의 신화는 알려준다.

창조의 여신이 시간의 물레와 질서의 베틀을 다루는 마법 때문인지 우리나라의 굿을 비롯한 세계 여러 곳의 주술을 살펴보면 알록달록한 천 조각부터 펄럭이는 깃발에 이르기까지 다양한 직물들이 신에게 바쳐지는 제물로 쓰인다. 제주의 굿에서도 이런 모습은 쉽게 찾을 수 있다.

굿을 할 때면 마당 가운데 높다랗게 세우는 '큰대'에도 '댓드리'라고 부르는 오색의 천들을 기다랗게 매달아 굿청 안까지 드리운다. 영혼이 오가는 다리 '차사영겟드리', 요왕이 오가는 다리 '요왕드리' 등 많은 신들이 굿청으로 드나드는 다리 또한 기다란 무명천으로 꾸며진다.

제주도 굿춤의 백미라고 할 수 있는 불도맞이굿 속의 '할망드리추낌'에서 기다란 천을 휘휘 젓는 심방의 모습에선 태초의 여신들이 쉴 새 없이 돌렸을 물레가 떠오른다.

그뿐인가. 음력 정월부터 삼월까지 쉴 새 없이 펼쳐지는 여러 마을의 당굿을 보시라. 굿의 말미에 한 해의 신수를 점친 단골[신앙민]들은 저마다 나뭇가지에 백지와 더불어 알록달록한 물색천을 매달며 연거푸 머리를 조아린다. 지나친 비약이라며 손사래를 칠 수도 있다. 하지만 마디마디 옹이진 손으로 정성껏 합장하는 어머니들을 보면 가야 땅을 처음 밟자 둘렀던 치마를 벗어 산천에 바치며 새로운 나라의 창업을 소망했던 허황옥의 모습이 고스란히 겹쳐진다.

근래 들어 제주의 신화와 더불어 무속이 세간의 이목을 집중시키며 다양한 이들이 굿판으로 몰려들고 있다. 굿을 직접 보지 못하는 이들은 신당기행 등을 통해 여러 마을의 당[堂]을 찾아다닌다. 그럴 때마다 그들의 눈에 울긋불긋한 조각 천들이 나뭇가지마다 대롱대롱 매달린 채 성소임을 알려주는 모습이 들어올 것이다.

다시 기회가 있어 그런 곳을 찾아가게 된다면 부디 직녀라는 이름의 여신들을 떠올려 보시라. 우주와 함께 우리 인간이 태어나던 날, 하늘 아래 베틀을 놓고 구름 속에 잉아를 걸어 외짝의 베틀신에 발을 넣고 베틀 노래를 부르는 여신의 모습을.

신과 사람의 동거,
집과 터의 지킴이

제주가 너무 많이 변했다. 변한 것을 넘어서서 다른 세상이 되었다. 50만을 간신히 넘겼던 인구가 최근 몇 년 사이에 60만을 우습게 초과하고 연일 신기록 행진이다. 어디 인구수만 늘고 있는가. 땅값과 집값은 하늘 높은 줄 모르고 치솟아 하루 벌어 하루 먹고사는 사람들은 얼마나 많은 돈을 들여야 내 집 마련의 숙원을 이룰 수 있는지 계산조차 할 수 없는 지경이다.

물신이 모든 것을 지배하는 너무나 삭막한 세상이다. 자연파괴는 1964년 제주도종합개발계획이 만들어진 이후에 멈추지 않는 질주를 감행하며 근래에 이르러서는 엄청난 가속을 붙여 제주섬 전체를 공사장으로 만들어버렸다.

땅과 집을 금방이라도 돈으로 바꿀 수 있는 물건으로 여기기 전의 세상, 신과 인간이 함께 어울렸던 신인동락神人同樂의 옛 제주는 그런 곳이 아니었다. 어디 제주만 그랬겠는가. 온 세상이 같은 모습이었다. 다시 옛사람들이 지녔던 영성을 되찾을 순 없을까?

옛사람들에게 집이란 공동체의 작은 단위인 가족의 터전이며 그 자체가 살아있는 유기체였다. 든든한 아들 녀석을 보며 "이놈은 우리 집안의 대들보다." 살뜰하고 바지런한 부인을 보며 "우리 안방마님"이라고 너스레를 떨며 가족을 집의 부속물에 견주어서 생각했던 것만 보아도 옛사람들은 집을 살아있는 생명으로 여겼던 것이 분명하다. 살아있는 생명으로서의 집, 빙 둘러놓은 울담 안의 모든 곳에는 사람뿐만 아니라 많은 신성이 깃들어 있었다.

임승범_{성주신앙의 지역별 양상과 그 의의, 2009.}에 따르면 다른 지역에서는

문전신에게 안택을 기원하는 문전비념. 2017년 4월.

대청마루의 '성주', 안방의 '조상'과 '삼신', 부엌의 '조왕', 뒤꼍의 '터주'와 '업', 우물의 '용신', 대문의 '문신', 뒷간의 '측신' 등이 집안의 지킴이로 터줏대감 노릇을 해왔다. 제주에서는 비슷한 듯 다른 모습과 사연을 담은 지킴이들이 사람들과 공생해왔다. 제주 사람들이 믿었던 집안의 지킴이들은 과연 어떤 사연을 지니고 있을까? 그 사연은 '문전본풀이'에 담겨 있다. 현용준제주도무속자료사전, 2007 의 연구를 간추려보자.

남산골이란 곳에 '남선비'와 '여산부인' 부부가 아들 일곱 형제와 살고 있었다. 찢어지게 가난한 살림 탓에 고민하던 부부는 무곡장사를 계획한다. 그리하여 남선비는 쌀을 구하러 머나먼 오동나라로 뱃길을 떠난다. 그러나 남선비는 오동나라에서 '노일저데귀일의 딸'이라는 악녀의 꼬임에 빠져 돈을 모두 빼앗긴 것은 물론 눈까지 어두워진 채 머슴처럼 살게 된다.

종무소식인 남편 때문에 걱정이 깊어진 여산부인은 홀로 오동나라로 떠나 거지꼴이 된 남편을 찾는다. 두 사람의 상봉을 본 노일저데귀일의 딸은 여산부인에게 아양을 떨며 함께 빨래를 가자고 속여 못에 빠뜨려 죽여 버린다. 그리고는 아무 일 없었다는 듯이 돌아와 본처인 척하며 남선비에게 고향으로 함께 돌아가자고 한다. 장님인 남선비는 속아 넘어갔고 마침내 남산골로 돌아온다.

노일저데귀일의 딸을 어머니로 여겨 환대하는 형님들과 달리 막내아들 '녹디성이'는 어머니라고 속이는 정체 모를 여인의 거동을 남몰래 살핀다. 눈치 빠른 노일저데귀일의 딸은 녹디성이의 의심을 이내 알아차리고 일곱 형제를 죽일 계략을 꾸민다. 아들들의 간이 유일한 약이라며 꾀병을 부리는 흉측한 음모였다.

또다시 노일저데귀일의 딸에게 속은 남선비는 아들들을 죽이려고 했지만 녹디성이가 기지를 발휘해 형들의 간 대신에 멧돼지의 간을 구해온다. 사람의 간이라고 여긴 노일저데귀일의 딸은 차마먹지 못하고 방석 밑에 숨겨 놓고 먹은 척한다. 그러나 곧바로 발각되자 놀라 자빠지며 측간으로 도망쳐서 목매달아 죽는다. 아들들을 죽이려고 했다는 죄책감에 빠진 남선비도 집 어귀의 정주목에 목매달아 죽는다.

녹디성이를 비롯한 일곱 형제는 생불꽃을 구한 뒤 어머니를 되살려내고 행복한 삶을 살다 정명이 다해 저승에 가게 된다. 이들의 사연을 알게 된 염라대왕은 이들로 하여금 집안의 요소요소를 관장하는 지킴이가 되게 했다.

문전본풀이는 문전신으로 좌정한 녹디성이를 주인공으로 삼는 이야기다. 여기서 문전신이란 다른 지역의 문신門神처럼 대문을 지키는 수문장이 아니라 건물 본채의 입구를 가리킨다. 현대식 주택을 예로 든다면 현관문을 지키는 신이라는 뜻이다.

제주에서는 마루대청의 성주신보다 문전신을 가택신 중 으뜸으로 친다. 그 이유는 첫째, 노일저데귀일의 딸의 악행을 파헤치고 가족들을 구한 녹디성이의 권능으로 자신의 가족을 보호하겠다는 믿음 때문이다. 둘째, 제주 사람들의 이계관異界觀을 들 수 있다. 저승을 비롯한 상상 속의 이계가 '하늘-땅-땅속'이라는 수직적 구조가 아니라 평지로 이어진 어딘가에 있다는 수평적 구조가 제주 사람들의 이계관異界觀이다.

유교식 기제사의 문전제. 2016년 9월.

예를 들면 다른 지역에서는 제삿날 조상의 영혼이 하늘에서 내려와 지붕을 통해 집 속으로 들어오므로 성주신을 으뜸으로 여긴다. 반면 제주에서는 영혼도 현실 속의 사람처럼 어딘가에서 걸어 들어오기에 문전신의 허락을 받아야 출입할 수 있다고 여긴다.

문전신이 된 녹디성이의 가족들은 어떤 신이 되어 한 울타리 안의 지킴이가 되었을까? 제주는 도둑, 대문, 거지가 없어 삼무三無의 섬으로 알려졌지만 사실 대문의 기능을 대신하는 '정'이라는 시설이 있다. 녹디성이의 아버지인 남선비가 이곳을 지키는 '올레주목지신'이 되었다. 뒤늦게 자신의 죄를 참회하며 목을 맨 곳이 마침 그 자리여서 다른 지역의 문신門神과 비슷한 역할을 맡게 된 것이다.

아버지와 달리 어머니인 여산부인은 집 속으로 들어와 부엌을 지키는 조왕신 '조왕할망'이 되어 우리네 어머니들이 하루같이 조왕비념을 올리는 어머니여신이 되었다. 녹디성이의 형제들 중 큰형부터 위로 셋은 '상성주, 중성주, 하성주'의 성주신이 되었고, 아래로 세 명의 형들은 동서남북의 방위 하나씩을 지키는 '오방토신'이 되었다.

그런데 세 명이 동서남북을 지킨다고? 그럼 한 곳이 비지 않는가. 이 때문에 제주에서는 '막은방'이라는 속신이 생겨났다. 막은방이란 녹디성이의 형들 중 셋이 어느 해에 '동서남'을 지키면 그 이듬해는 '서남북'을 지키는 식으로 해마다 방위 하나를 비워두기에 액과 살이 그곳으로 침범하므로 가서는 안 될 막힌 쪽이라는 뜻에서 그렇게 부르게 된 것이다. 막은방은 다른 지역의 '삼살방三煞方'과도 비슷한 성격을 띤다.

사람의 생간을 노렸던 악녀의 최후는 어떻게 되었을까? 범행이 백일하에 드러나자 측간에서 목을 매고 죽은 노일저데귀일의 딸은 죽은 자리를 지키는 천형을 받아 사람들이 꺼리는 측간신이 되었다. 그러나 그것으로 끝이 아니었다.

워낙 악행을 많이 저지른 탓에 이 여인의 시신은 조각조각 찢겨서 여러 가지 모습으로 화생했다. 본풀이에 따라 다소 차이를 보이지만 머리칼은 바닷속의 해초, 머리통은 돗도고리돼지 먹이통, 눈은 말방울, 코는 의원들의 침통, 입은 쏠배감펭, 양 젖은 놋그릇 뚜껑, 배꼽은 고둥, 항문은 말미잘, 생식기는 전복, 뼛가루는 모기와 각다귀, 양 허벅지는 디딜팡측간의 디딤돌 등 갖가지 모습으로 변했다고 한다. 이 또한 거인신 장길손이나 반고처럼 죽은 시신이 변신하는 모티프인 '사체화생死體化生'의 일종으로 하이누웰레형 신화로 분류한다.

이렇게 제주의 전통적인 가택신들은 '문전본풀이'를 통해 자신들의 본초를 알려주고 있는데, 이 신들을 향한 의례는 오늘날에도 다양한 형태로 전해지고 있다. 지역에 따라 다소 차이가 있지만 '문전철갈이, 문전고사, 올레코시, 벨롱겡이' 등으로 불리며 보통 정월달 안에 치른다.

특히 앞서 말한 것처럼 문전신을 매우 중요한 신으로 여겨 "문전 모른 공ᄉ私 없다."는 속담이 있을 정도인데, 이는 유교식 기제사와 명절차례에도 적용된다. 다른 지역과 달리 제사에 앞서 문전신을 위하는 '문전제' 또는 '문제'라고 부르는 제차가 그것이다.

문전제는 단헌단작의 간단한 방식으로 끝나는데, 제를 마치면 제상을 통째로 들고 부엌으로 올린다. 그러면 주부가 제상의 제물을 일일이 뜯어낸 뒤 밥사발 뚜껑에 담아 부뚜막이나 싱크대 위에 올려놓고 조왕할망 몫으로 대접한다.

집안에 따라서는 문전상에 어류를 진설하지 않는 집안도 있다. 이 또한 문전본풀이에서 비롯된 방식으로, 녹디성이가 어머니 여산부인이 못에 빠져 죽어 물고기들이 시신을 뜯어먹고 자랐으므로 그것을 먹지 않겠다고 다짐한 것이 이유다. 이처럼 무속신화인 문전본풀이가 유교식 제사까지 큰 영향을 끼치고 있는 것을 보면 제주는 굿과 본풀이의 섬임이 분명하다.

유교식 제사와 명절에 무속이 개입된 것은 문전제만이 아니다.

유교식 기제사의 조왕할망상. 2016년 9월.

'안칠성'이라고 불리는 고팡_{곳간 또는 고방} 지킴이에게도 대접한다. 안 칠성은 재물과 곡식을 지켜주는 신으로 '밧칠성'과 더불어 문전본 풀이 속의 가택신들처럼 집집마다 모신다. 안칠성과 밧칠성은 '칠 성본풀이'라는 또 다른 신화 속의 주인공이다.

'장나라 장설룡'의 딸로 태어난 '칠성아기씨'는 중의 자식을 임신 한 탓에 무쉐석함에 담겨 바다에 버려졌다. 제주까지 떠밀려오는 동안 딸 일곱을 낳았는데, 어머니와 딸들 모두 뱀으로 변신해 제 주의 칠성신으로 좌정한 사연이 칠성본풀이다.

뱀으로 변신한 칠성신들 중에서 어머니와 딸이 각각 여염집 안 으로 들어가 고팡과 뒷우영_{뒤껄의 밭}의 안칠성과 밧칠성으로 자리를 잡아 가택신이 되었다. 안칠성을 '고팡할망', 밧칠성을 '뒷할망'이 라고도 부른다. 이는 다른 지역에서 '업대감_{業大監}' 또는 '업성조_{業成}

뱀'를 모시는 '업단지', '터주가리'와도 매우 비슷하다.

제주에는 "통시^{뒷간}와 조왕^{부엌}은 멀수록 좋다."는 속담이 전해온다. 당연히 조왕신인 여산부인과 측간신인 노일저데귀일의 딸이 서로 원수지간인 데에서 유래한 것이다. 기능적인 측면에서 보면 청결한 위생관념을 강조한 속담임을 알 수 있다.

뱀의 화신인 칠성신을 모신 것도 이와 비슷하게 해석할 수 있다. 쌀이 귀한 제주에서는 고팡이야말로 먹거리의 보물창고였다. 무척이나 귀한 쌀이며 보리 등속을 제대로 보관하지 않으면 밤낮없이 침입하는 불청객 서생원에게 고스란히 빼앗기기 일쑤였다. 그렇다고 온종일 죽치고 앉아 쥐를 쫓을 수도 없는 노릇 아닌가. 이 때문에 쥐를 잡아먹는 동물인 뱀을 안고팡에 모셔 곡식을 지키려고 했던 것이다.

이처럼 비슷한 것을 빌려 목적을 이루려고 하는 주술적 사고를 유감주술이라고 한다. 얼핏 보면 삼척동자처럼 유치한 발상이라며 웃어버릴 수도 있지만 그와 같은 사유가 제주의 오늘을 있게 한 원동력 중 하나다.

고개를 들어 자신의 집을 쭉 둘러보라. 이 순간에도 당신과 당신의 가족을 지켜주는 지킴이들이 우리의 일거수일투족을 꼼꼼히 보살펴주고 있다. 땅과 집은 돈의 가치가 아닌 영성의 가치가 담긴 생명체임을 잊지 마시라.

격랑을 헤쳐 온
풍요의 여신들

　　　　　　　　　　　　"짚신도 짝이 있다는데 넌 왜 아직도
혼자냐?" "난 태어날 때부터 혼자 살란 팔자인가 봐. 세상 모든 신
발이 다 제짝이 있는 건 아니라고. 덜커덩 덜커덩 베틀신은 외짝
이란 말도 몰라?" 만혼과 독신이 유행을 넘어서서 대세가 되어버
린 세상이다. 이런 현상의 배후에는 여러 가지 사회적인 원인이
똬리를 틀고 있을 것이다.

　배필을 찾는 것은 생태계의 본능인데, 제주의 본풀이 속에서는
유독 여신들이 자신의 배우자를 선택하는 경우가 많다. 남편감을
선택하는 것에 머무는 것이 아니라 관계가 틀어지면 먼저 "산 갈
르곡 물 갈랑 살림 분산허자. 브롬알로 내려사라." 하는 매몰찬 이
별 통보를 곧잘 한다.

　여신들 모두가 그런 것은 아니지만 대부분 한 가지 공통점을 갖

고 있다. 망망한 바다의 격랑을 헤치며 제주까지 항해해 온 도래신이라는 점이다. 우선 제주에 나라를 펼친 탐라 개국신화의 주인공인 '벽랑국 삼공주'가 그러하다.

'삼성신화'로 알려진 탐라 개국신화는 정인오의 《성주고씨가전星主高氏家傳》,《고려사지리지高麗史地理志》, 제주 출신 고득종이 지은 《영주지瀛洲誌》 등을 시작으로 여러 문헌자료에 소개되어온 기록신화다. 이 세 가지 자료 중 가장 앞선 시기의 것으로 보이는 《성주고씨가전》에 소개된 내용을 살펴보면 다음과 같다.

애초에 사람이 없던 탐라의 한라산에 신령한 기운이 맺히며 북쪽 기슭의 모흥혈毛興穴. 삼성혈의 다른 이름 중 하나에서 세 사람의 신인神人이 솟아났다. 세 사람이 고기잡이와 사냥으로 살아가던 어느 날, 일본국에서 공주 세 자매가 오곡의 씨앗과 마소를 실은 배를 타고 탐라로 들어온다. 그리하여 세 신인과 세 공주는 제각기 짝을 지어 모흥혈 일대에 정착해 후손을 번창시켰다.

세 공주의 나라를 일본이라고 한 것은 신화 속의 이야기를 역사적 사실로 기록하면서 현실의 공간으로 변모시킨 것이니 굳이 깊게 고민할 필요가 없다. 다른 기록에서는 '동해 벽랑국'이라 부르고 있으니 이는 제주의 신화 속에 단골손님으로 등장하는 '동이용궁'에서 비롯된 것임이 분명하다. 그보다 중요한 점은 바다를 건너 들어온 도래의 여신이라는 사실이다.

세 공주들은 바다를 건너올 때 그저 빈손으로 오지 않았다. 마치 오늘날의 결혼 풍속에서 신부가 가지가지 혼수를 장만하는 것처럼 갖가지 선물을 한 보따리 들고 왔다. 이들이 가져온 선물 중

오곡의 종자와 마소가 어떤 의미를 지니는가에 대해서는 이들의
남편들에게서 확인할 수 있다. 고기잡이와 사냥을 생업으로 삼는
수렵사회, 마소를 치고 오곡을 가꾸는 목축과 농경의 사회가 하나
의 앙상블을 이룬 것이다.

인류 역사의 발전단계에 대입해보면 수렵사회에서 농경사회로
진입하며 마침내 탐라라는 국가를 탄생시킨 것으로 볼 수 있다.
다시 말하자면 고대국가의 기틀을 잡는 데 있어 중요한 산업기반
을 세 공주가 마련했다는 이야기다.

이것은 인류사의 공통적 노정이다. 농경기술의 획득을 통해 인
류는 구석기에서 신석기로 시대의 무대를 옮겨왔다. 구석기시대

성산읍 온평리 본향당(진동산당).

의 인류는 남성 중심의 수렵, 여성 중심의 채집으로 연명했는데,
어느 순간 여성들이 농경기술을 개발해냈다. 신석기시대의 시작
이다. 생산물이 비약적으로 늘어났고 여성을 중심으로 사회집단
이 확대되어갔다.

　이후 남성들이 동물을 길들여 노동에 동원하며 이른바 가축을
탄생시켰다. 이때부터 엄청난 잉여생산물이 생겨나며 사유재산
과 계급의 개념이 싹터 남성권력의 시대로 진입하기 시작했다. 탐
라의 개국신화는 이러한 역사적 배경 속에서 탄생한 이야기인 것
이다

바다로부터 풍요의 기운을 가지고 남편감을 찾아와 마침내 나라까지 함께 세운 세 공주. 풍요의 전파자인 이들의 남다른 풍모는 어디에서 비롯된 것일까? 당연히 이들의 권능은 기록으로 정착된 문헌신화가 만들어지기 이전 시대인 입에서 입으로 전해지던 신화시대의 여신들에게서 비롯된 것이다.

삼성신화 속에서 세 쌍이 처음 만나 부부의 인연을 맺은 것과 비슷한 사연이 요즘 제주 제2공항 문제로 아수라장이 된 성산읍 온평리에도 전해온다.

온평마을 본향당의 본풀이를 보면 세 공주와 비슷한 세 자매가 등장한다. '강남천제국' 또는 '서울 정기땅'에서 솟아난 세 자매가 계수나무로 만든 배를 타고 조천읍으로 들어와 각각 '조천관 정중밧디 정중부인, 김녕 관세전부인, 온평 멩오안전 멩오부인'으로 좌정해 세 마을의 신이 되었다고 한다.

자매 신 셋이 어떤 관문을 거쳐 본향당신의 지위에 올랐는가에 대해서는 깊은 사연이 전해지지 않지만 삼성신화의 배경이 되는 온평마을이라는 점과 세 자매라는 점은 삼성신화 속의 세 공주가 어쩌면 이들 세 자매는 아닐까 하는 추정으로 생각을 이끈다.

한라산 기슭에서 솟아난 세 신인과 바다를 건너온 세 공주의 결혼 이야기와 비슷한 사연은 다른 곳에서도 발견된다. 대표적인 사례가 송당계 신화의 어머니로 알려진 '금백주'다. '금백조', '백줏또' 등으로도 불리는 이 여신은 '강남천자국 백모래밭' 또는 '서울 송악산'에서 솟아나서 천기를 살펴보다 제주도 한라산에서 솟아난 '소로소천국'이 천상배필임을 직감하고 그를 찾아 제주까지 들어온다.

　금백주가 동해 벽랑국의 세 공주처럼 마소와 오곡을 바리바리
싣고 온 것은 아니다. 하지만 그는 사냥으로 연명하며 소나 돼지
를 통째로 구워 먹는 소로소천국으로 하여금 아홉 마지기 밭농사
를 권유한다. 삼성신화 속의 해피엔딩과 달리 도대체 농사일에는
관심이 없고 밭갈이 소까지 잡아먹어버린 소로소천국이 어쩌나
싫었던지 금백주는 남편과 살림을 갈라선다. 제각기 '웃손당^{웃손당}
^{마을}'과 '알손당^{아랫송당마을}'으로 거처를 마련한 것이 송당마을의 본
향당인 '백줏당'과 '소로소천국당'이 된 것이다.

　드러나는 이야기의 시작은 비슷하지만 결말은 사뭇 다르다. 그

구좌읍 송당리 본향당(백줏당).

러나 '삼성신화'와 '송당리본향당본풀이'가 채집과 수렵의 문화와 목축과 농경의 문화 간의 교류과정에서 생겨난 것이라는 공통점은 확연히 드러난다. 수렵문화라고 해서 풍요롭지 않다고 볼 수는 없지만 목축과 농경만큼 안정적인 식량 확보는 어려운 것이 사실이다.

이런 점에서 볼 때 삼성신화의 세 공주와 송당마을의 금백주는 농경의 풍요를 바다로부터 가져온 여신이라고 할 수 있다. 이것은 마치 이월의 바람할머니 영등신이 바다로부터 풍요를 몰고 오는 것과도 비슷하다.

바다로부터 여신들이 가져온 것이 농경문화를 통한 풍요만은

구좌읍 송당리 소로소천국당.

아니라고 반박할 수도 있다. 이를테면 칠성본풀이에서는 '장나라 장설룡'과 '송나라 송설룡' 부부의 딸 칠성아기씨가 무쉐석함을 타고 제주바다로 들어올 때 다른 무엇도 가져온 것이 없다. 단지 뱀으로 변신한 것이 전부이지 않은가. 얼핏 맞는 말이지만 왜 하필이면 칠성아기씨가 징그러운 뱀으로 변신하였는가를 생각하면 이 이야기 또한 앞의 두 이야기와 크게 다르지 않다.

칠성아기씨가 어떤 신격으로 좌정했는가를 생각해보라. 한 집 안의 재물과 식량을 쌓아두는 고팡^{고방}의 '부군칠성신'이 되지 않았는가. 부군칠성 또한 곡식과 재물을 지켜주는 '곡령^{穀靈}'이니 바다로부터 풍요를 가져왔다는 점은 앞선 두 이야기와 다르지 않다. 농경의 목적은 당연히 곡식의 생산 아닌가. 곡령의 화신은 칠성아기씨만이 아니다.

그처럼 바다를 건너는 사이 뱀으로 변신해 풍요를 가져온 신은 구좌읍 월정리본향당의 '황토고을 황정승 따님애기', 표선면 토산리 여드렛당의 '여드렛또' 등 여럿이 있다. 특히 여드렛또는 전라도 나주에서 건너온 신으로, 구휼미를 보관하는 '제민창^{濟民倉}'의 곡령에서 비롯되었다. 이렇게 뱀으로 화한 여신 또한 농경의 결실을 보장하는 풍요의 신성인 것이다.

그런데 거센 물살을 넘어온 여신들이 풍요의 전파자로 자리 잡은 것과 달리 한라산에서 솟아난 남신들은 '밥도 장군 떡도 장군'이란 별명처럼 거대한 덩치에 걸맞게 식성도 엄청나고 힘도 엄청나지만 풍요와는 다소 거리가 있다. 아무래도 여성처럼 아이를 낳는 생명창조의 능력이 없는 탓에 풍요의 신성보다는 괴력을 지닌 사냥의 산신山神이 걸맞아 보였던 모양이다.

애초에 젠더를 초월했던 하나의 신성이 남녀로 분리되며 자연스럽게 역할이 나뉜 것이라고 할 수 있다. 그런데 이렇게 우락부락한 남신들도 바다여행을 다녀온 뒤에는 여신 못지않은 권능을 획득하기도 한다. 가장 유명한 것이 김녕리의 '궤네깃또'이다.

송당마을본향당 부부신의 일곱째 아들인 그는 아버지 무릎에 앉아 어리광을 부리다 수염을 잡아 뜯은 죄로 무쉐석함에 담긴 채 바다에 내던져지는 과한 처벌을 받는다. 그러나 그것이 오히려 전화위복의 기회가 되었는지 동해용궁에 가서 요술부채를 얻고 뭍으로 나와 대장군이 되기에 이른다.

궤네깃또만 이런 경험을 한 것이 아니다. 한라산에서 솟아난 서귀포시 중문동 불목당의 당신堂神 '중문이하로산또', 송당본향당신 부부의 또 다른 아들인 표선면 토산리 웃당의 'ᄇᆞ름웃또', 역시 송당 부부신의 아들인 표선면 하천리 본향당의 '개로육서또' 등도 궤네깃또와 똑같은 경험을 통해 신성을 얻었다.

흥미로운 사실은 이들이 단지 바닷속 용궁을 다녀왔다고 해서 권능을 얻은 것이 아니라 용왕의 사위가 됨으로써 높은 신성을 얻었다는 점이다. 아닌 말로 장가를 제대로 갔기에 벼락출세를 한 것이다. 그렇다. 이들의 등 뒤에는 용왕의 막내딸이 든든한 뒷배로 자리 잡고 있다. 결국 남신의 권능 획득 또한 바다의 여신의 조력에 힘입은 결과인 셈이다.

스스로 선택한 남자를 찾아와 풍요의 시대를 열거나 영웅의 기운을 지닌 남자를 위대한 존재로 만들어내는 제주의 여신들을 보

성산읍 온평리 영등굿에서 본향당기와 나란히 걸린 제주 제2공항 반대 깃발.
2019년 3월.

면 '바다=풍요=여신'이라는 공식을 주장해도 터무니없는 말로 들리지 않는다. 섬이라는 지리적 조건과 여성성으로 대표되는 생명 창조력이 격랑을 헤치며 풍요를 가져온 도래의 여신들을 낳은 것이다.

　바다를 건너온 여신들은 우리를 향해 '바다=풍요=여신'이라는 메시지만 전하는 것이 아니다. 그보다 중요한 것은 남성성과 여성성의 평등한 화합이야말로 풍요의 원천이라는 교훈이다.

　우여곡절 끝에 천상배필을 만나는 것은 애초에 하나였던 신성이 남녀로 분리된 것에서 다시 본연의 모습으로 돌아가는 회귀의 드라마다. 그렇게 다시 완벽한 존재로 거듭날 때라야 풍요의 신성을 회복할 수 있었던 것이다. 이처럼 제주신화 속 수많은 신들의 결혼은 단순한 '사랑의 작대기'가 아니다. 양성구유의 신성을 우리 인간들의 삶을 빌려 극적으로 설명하는 소재인 것이다.

거듭 말하거니와 제주신화 속에서 남과 여가 서로의 요철을 하나로 맞춰 결합하는 사연은 평등과 화합을 뜻한다. 정복과 억압의 불평등이 아니다. 이처럼 신화는 상생을 떠나서 존재할 수 없다. 이것이 21세기에도 여전히 신화가 유용한 이유 중 하나다. 단순한 오락거리의 판타지가 아니다.

삼성신화의 탄생지에는 몇 해째 제주 제2공항 반대 깃발이 나부끼고 있다. 이처럼 고향을 지키려는 주민들의 절규에는 귀를 닫은 채, 탐라 개국신화를 두고 이미 천여 년 전에 물류와 사람이 오가던 곳이 온평리라는 얼토당토않은 언사를 늘어놓는 이들이 있다.

그들이 생각하는 신화는 도대체 무엇일까? 나는 사람과 사람, 사람과 자연이 억압과 차별 없는 궁극의 화합을 이루는 것이 신화라고 알고 있다. 내가 틀린 것일까? 만인간이 동등한 풍요를 누리는 세상을 꿈꾸며 바다를 건너온 동해 벽랑국의 세 공주가 그릇된 생각을 가졌던 것인가?

주연 같은 조연,
신화 속의 트릭스터

일탈을 꿈꾸지 않는 사람은 없다. 델마와 루이스가 되어 "Let's keep going. Go!" 낭떠러지 끝을 향해 액셀을 힘껏 밟고 싶은 충동이 굴뚝같다. 그도 아니면 "할 일이 쌓였을 때 훌쩍 여행을, 아파트 옥상에서 번지점프를, 신도림역 안에서 스트립쇼를" 노래가사처럼 미친 짓이라도 하고 싶지만 선뜻 용기가 나지 않는다. 그저 목청껏 내지르는 노래로라도 일탈을 감행하고 싶은 것이 애 어른 할 것 없는 요즘 사람들의 내심이다.

미친 짓이 두려우면 어디론가 훌쩍 여행이라도 감행하는 무모한 선택을 하고 싶지만 희망사항일 뿐이다. 지루하고 우울한 나날의 반복, 일탈을 위한 어떤 것도 주저하는 결정 장애, 우리는 언제쯤이면 낯선 세상으로의 일탈에 성공할 수 있을까?

그들은 신이었기에 가능했을까? 신화 속의 영웅들은 일상에서 분리되는 선택에 주저함이 없고 낯선 세상에 입문한 뒤의 난관도 끝끝내 이겨내 위대한 귀환에 성공한다. 신화학자 조셉 캠벨의 말처럼 '분리, 입문, 귀환'을 통해 신의 지위에 오르는 영웅들의 사연을 접할 때마다 나는 저렇게 될 수 없을까 하는 동화 같은 판타지를 그려보곤 한다. 그러나 평범한 사람에겐 신화 속의 영웅처럼 비범함이 없고, 난관에 부딪칠 때마다 도움을 주는 운명의 조력자 하나 없어 스스로가 더없이 측은해진다.

신화 속의 비범한 존재들은 스스로 타고난 권능도 있거니와 그들과 같거나 어쩌면 그들을 뛰어넘는 능력을 지닌 조력자들의 결정적인 도움을 받는다. 어쩌면 이 조력자들이 더욱 매력적인 존재라고도 말할 수 있다. 그들은 주인공에게 커다란 도움을 주기도 하지만 사정에 따라서는 적대자의 모습으로도 나타난다. 신화 속의 조연이면서 주연을 압도하는 매력을 지닌 존재들이다.

그들의 매력은 마치 천만 관객을 동원하는 흥행영화의 단골조연들이 뿜어내는 아우라와도 비슷하다. 제주의 신화 속에도 당연히 빼어난 신스틸러들이 존재한다. 그들 중 몇몇을 만나보기로 하자.

첫 번째 조연은 '마고할미'다. 제주신화에 마고할미가 등장한다고? 마고할미는 금시초문일 게다. 거듭 말하거니와 마고할미는 제주신화에도 분명히 등장한다. 이 여신은 '청태국 마귀할망', '청태산 마구할망' 등의 이름으로 여러 본풀이 속에 불쑥불쑥 나타난다. 다른 지역에서 '천태산 마고할미'라고 부르는 명칭과도 매우 비슷하다.

먼저 사람의 생명과 이어진 생불꽃이 자라는 서천꽃밭의 사연이 담긴 이공본풀이를 보자. 우여곡절 끝에 아버지 사라도령과 상봉한 '신산만산 할락궁이'의 귀환과정에서 '청태국 마귀할망'이 조력자로 나선다. 적대자 수명장자에게 복수하고 어머니를 되살리려는 할락궁이에게 사라도령은 청태국 마귀할망을 만나라고 한다. 이에 마귀할망을 만난 할락궁이는 그의 도움으로 수명장자의 막내딸을 불러내고 마침내 복수에 성공한다.

그는 세화리본향당의 '금상님 본풀이'에도 등장한다. 임금의 질투로 인해 무쇠철망에 갇힌 채 뜨거운 불길에 던져진 금상님이 정신을 놓자 '청태산 마귀할망'이 현신해 "어리석고 미혹한 장수야. 불에 타 죽고 싶지 않으면 깨어나라."라는 노래를 불러 금상님을 깨운다.

저승의 삼차사 중 인간차사인 '강림차사'의 사연을 담은 차사본풀이에는 이 여신이 여러 차례 등장한다. 먼저 재물에 눈이 어두워 '버물왕 삼형제'를 죽인 '과양셍이각시'의 집에 불을 얻으러 왔다가 화로 속에서 '버물왕 삼형제'의 화신인 '삼색백이 구슬'을 발견하는 것이 '청태산 마구할망'이다.

과양셍이각시는 이 구슬을 삼킨 뒤 임신을 하고 세쌍둥이를 낳아 한날한시에 과거급제를 시켰건만 느닷없이 죽어버린다. 이에 과양셍이각시는 '짐치원님'을 찾아가 염라대왕을 잡아들여 재판을 해달라며 생떼를 쓴다. 사또는 할 수 없이 강림에게 염라대왕을 데려오라며 저승으로 보낸다.

산 사람의 몸으로 도무지 알 수 없는 저승길을 찾아 나선 강림이 아흔아홉 갈림길에서 헤맬 때 불에 탄 행주치마를 입은 '청태

성주풀이굿 중 조왕비념. 2011년 9월.

산 마구할망'이 "나는 너희 집의 조왕할망이다."라고 하며 길을 가
르쳐주는 결정적인 조력자 노릇을 한다.

　문전본풀이에서는 '노일저데귀일의 딸'에게 속아 넘어가 자기
아들 일곱 형제를 죽이려고 칼을 갈던 '남선비' 앞에 '청태산 마구
할망'이 나타나 자초지종을 캐묻는다. 끔찍한 사실을 알아낸 마구
할망은 아들들에게 이 사연을 알려 살아날 방도를 찾게 해준다.

　이렇게 '청태산 마구할망'이라는 이름으로 여러 신화에 등장하
는 마고할미는 남성 중심의 역사시대로 접어든 이후 존재감이 약
해진 고대 여신의 모습이다. 그나마 다행인 것은 '불'과 관련이 많

다는 점이다. 인간에게 있어서 '불'이야말로 프로메테우스의 천형을 낳은 결정적인 문명의 요소인 것처럼 고대의 여신 '청태산 마구할망'은 불을 빌리러 오거나 불길에 휩싸인 영웅을 구출한다. 그도 아니면 불에 탄 치마를 입고 저승길을 인도한다.

'치마'라는 옷감은 우주와 자연의 질서를 창조하는 행위의 상징이다. 치마가 자연계의 질서창조라면 불은 문명창조라고도 볼 수 있다. 신화 속의 조력자로 등장한 마고할미가 끝끝내 불을 움켜쥐고 있는 것은 창조의 권능이 아직까지도 남아있다는 증거인 셈이다.

마고할미보다 더욱 잦은 출연으로 이목을 끄는 존재도 있다. 쉴 새 없이 거의 모든 신화에 등장하는 이들의 이름은 '느진덕이정하님', '수장남 수벨캄'이다. 이들은 주로 신이 될 운명을 타고난 고귀한 존재의 하인으로 모습을 드러낸다. 조연이라기보다 엑스트라에 가까울 정도로 그들의 존재감은 미약하다. 그저 머슴 본연의 심부름꾼 역할을 할 뿐 이렇다 할 영향력이 거의 없다.

제주도 굿의 기메 중 조왕기.

그런데 세경본풀이에서는 단역 신세의 설움을 한 방에 만회라도 하려는 듯이 주인공의 조력자이면서 적대자인 변화무쌍한 트릭스터로 등장해 엄청난 역할을 한다. '정이어신 정수남이'가 수장남 수벨캄과 매우 비슷하다. '문국성 문도령'을 찾아 나선 '자청비'를 돕는 척하더니 호시탐탐 건수작질로 성희롱을 일삼으며 끝내 범하려고 달려들었다가 상전에게 되레 죽임을 당한다.

그것이 끝이 아니다. 죽은 것이 억울했는지 부엉이로 환생해 서천꽃밭을 망쳐놓았다가 자청비의 도움으로 되살아나기까지 한다. 결말부에 이르러서는 상세경이 된 문도령, 중세경이 된 자청비와 더불어 하세경이 되어 농경의 신인 '세경신' 중 하나의 지위까지 오른다. 마소를 다루던 하인답게 목축의 신이 되기에 이른 것이다.

'청태산 마귀할망', '정이어신 정수남이'의 존재감을 단숨에 압도하는 최고의 트릭스터는 단언컨대 '동이용궁따님애기'다. '멩진국할마님본풀이'에 의하면 동해용왕의 셋째 딸 또는 막내딸로 태어난 이 여신은 제주섬의 마른 땅을 처음 디딜 때에는 '임나라 임박사'로부터 아이들을 점지하고 무탈하게 자라게 하는 '삼싱할망'의 신직神職을 받았었다. 그러나 옥황상제의 명을 받은 '멩진국따님애기'와의 경쟁에서 패해 '구삼싱할망'이 되어 아이들의 크고 작은 질병을 관장하는 신이 된다.

이렇게 최초의 삼싱할망이었던 이 여신은 제주도 여러 마을의 당신화에서도 용궁을 떠나 제주로 들어오는 모습으로 나타난다. 한 가지 다른 점이 있다면 혼자서 제주를 찾아오는 것이 아니라 한라산 어딘가에서 솟아났다는 남신의 부인이 되어 들어오는 것이다.

서귀포시 중문동 불목당의 당신堂神 '중문이하로산또', 송당마을 부부신의 일곱째 아들인 구좌읍 김녕리 궤네깃당의 '궤네깃또', 송당본향당신 부부의 또 다른 아들인 표선면 하천리 본향당의 '개로육서또' 등이 동이용궁따님애기의 남편신이다.

용왕의 딸인 것으로 보아 해신海神인 이 여신이 한라산에서 솟아난 산신山神과 결합하는 것은 산과 바다를 아우르는 제주섬의 지리적 여건에서 비롯된 것임이 틀림없다. '산신山神=남신, 해신海神=여신'이라는 공식을 낳은 이 여신은 단지 남편신의 부인에만 머물지 않고 스스로 마을의 주신主神이 되기도 한다.

동이용궁따님애기가 '브름웃또'의 부인이 되어 좌정하기까지의 사연을 보면 이 여신의 권능이 제주도 온 마을에 뻗어있음을 알게 된다. '일뤳또본풀이'에 의하면 부모에게 버림받아 무쉐석함을 타고 용궁까지 들어온 브름웃또와 혼인한 동이용궁따님애기는 용왕에게 비루먹은 망아지와 풍운조화를 일으키는 요술부채를 받고 뭍으로 올라와 브름웃또의 부모신을 찾아간다.

시어머니 '금백조'는 며느리로 인정하며 땅과 물까지 내어준다. 이에 브름웃또의 본부인은 작은 부인으로 들어온 동이용궁따님애기가 받은 땅이 얼마나 큰지 임신한 몸을 이끌고 살펴보러 돌아다니던 길에 목이 말라 돼지 발자국에 고인 물을 허겁지겁 마신다. 뒤늦게 이 사실을 알아낸 브름웃또는 본부인더러 부정을 탔다며 마라도로 귀양을 보낸다.

임신한 몸으로 길을 떠난 본부인이 마라도로 귀양을 가자 동이용궁따님애기는 브름웃또를 크게 타박한 뒤 본부인을 찾아 마라도로 간다. 마라도에서 일곱 아기를 출산한 본부인은 동이용궁따님애기에게 아이들을 데리고 가라며 자신은 바다를 에둘러서 돌아가겠다고 말한다.

이에 동이용궁따님애기가 아이들을 데리고 오던 길에 막내 아이를 잃어버리자 본부인까지 나서서 아이를 찾아낸다. 하지만 아이는 누구의 보호도 받지 못한 채 여러 가지 질병에 걸려 있었다. 동이용궁따님애기는 이 아이를 지극정성으로 보살펴 건강을 되찾게 한 뒤 토산마을의 당신^{堂神}으로 좌정한다.

토산마을 웃당^{윗당}의 본향당신 중 하나로 좌정한 동이용궁따님

표선면 토산1리 본향당(웃토산일뤳당)의 신위.

애기는 위와 같은 이력 때문에 아이들의 병마와 사고를 막아주는 일뤳당신^{이렛당신}과 같은 역할의 신이 되었다. 여기서 흥미로운 점은 멩진국할마님본풀이에서는 나쁜 병마를 일으키며 해코지를 하는 신인 구삼싱할망이 되었다고 전하고 있어 정반대의 모습을 보인다는 점이다.

한쪽에서는 병마를 주고 다른 한쪽에서는 오히려 그것을 막아주는 야누스의 모습을 가진 이 여신이야말로 제주신화 속에서 가장 다면적인 성격을 드러내는 신성이라고 할 수 있다. 이뿐 아니라 제주의 마을이라면 으레 한 곳씩은 갖추고 있는 '일뤠할망'을 모신 '일뤳당'의 원조라고 불릴 만한 지위를 갖게 되었다.

바다에서 태어나 뭍으로 올라와 '일뤳또' 또는 '구삼싱할망'의 양면을 지닌 여신으로 좌정한 동이용궁따님애기의 일탈과 모험 같은 여행을 살피다 보면 우리가 사는 현실세계에서도 이처럼 무모한 도전 끝에 무언가를 성취한 사람들이 겹쳐진다.

사회적 출세를 이르는 것이 아니다. 정의롭지 못한 일에 도전하고, 사회적 억압에 맞서 자유를 외치는 일탈을 감행하는 이들을 말하는 것이다. 새로운 것에 도전하고 엉뚱하고 독특한 창의성을 표출하는 사람들을 이르는 것이다.

일탈과 여행을 도피처럼 생각하면 안 된다. 어쩔 수 없이 그렇게 되더라도 낯선 곳으로의 일탈을 통해 새로운 나로 다시 태어나라. 동이용궁따님애기처럼.

본을 풀고
한을 풀어

　　　　　"여인이 한을 품으면 오뉴월에도 서리가 내린다."라는 속담이 있다. 해석에 따라 다르겠지만 때때로 여성이란 그만큼 독한 존재라는 의미로 풀이한다. 그러나 이 속담의 배후에는 여성을 억압하는 오래된 관습이 도사리고 있는 것 같다. 남성이 여성을 지배하는 사회에서 억울한 사정에 처했어도 그것을 풀지 못한다면 부처님 가운데 토막이라고 한들 한이 맺히지 않겠는가.

　제주 여성에 대한 평가도 마찬가지다. 제주 여성의 억척스럽고 부지런함을 빗댄 속담인 "오름의 돌광 지새어멍은 둥글당도 사를 매 난다." 또한 생업의 조건과 남성 본위의 사회가 만들어낸 관념이다.

　차별 없이 개화된 사회에서 산다는 요즘 사람들. 우리 대부분이 세상의 절반을 강조하지만 실제로 그것을 생활 속에서 실천하는 이들은 그리 많지 않다. 이미 우리의 문화유전자에는 남성우월주의를 비롯한 여러 가지 차별이 대못처럼 단단하게 박혀 있는 듯하다.

그래서인지 제주의 옛이야기 속에는 통한의 삶을 살다간 여인들의 울음이 깊이 잠복해 있다. 고난과 역경을 뚫고 거룩한 신성의 반열에 오른 여신들과 달리 이들의 사연은 죽음보다 더 가혹한 삶의 연속이었다. 제주의 역사와 현실에 대입해보면 우리의 어머니와 누이들이 그런 삶의 질곡에서 하루하루를 살아온 것 같다. 그 때문인지 제주 여성들은 종종 "살암시민 살아진다."라는 체념 섞인 넋두리로 포한을 토해낸다.

제주의 신화 속에서 가장 불행한 여신을 손꼽는다면 '지장아기씨'가 첫 번째일 것이다. 경쾌한 굿거리장단에 맞춰 애수 섞인 목소리로 읊조리는 지장본풀이는 노랫말만 빼면 너무나 감미로운 멜로디로 사람을 잡아끈다. 그러나 역설적이게도 아름다운 멜로디를 타고 들려오는 노랫말은 고난과 죽음의 연속이다. 진성기^제 _{주도무가본풀이사전, 1991.}의 연구에 소개된 지장본풀이를 간추리면 다음과 같다.

자식이 없던 남산과 여산 부부의 불공 끝에 지장아기씨가 태어난다. 가혹한 운명을 타고났는지 네 살 때 조부모가 죽고, 다섯 살 때 아버지, 여섯 살 때 어머니가 차례로 죽는다. 사고무친이 된 지장은 외삼촌의 수양딸로 간다. 외삼촌의 극심한 구박을 당하면서도 지장은 옥황의 부엉새의 보살핌 아래 곱게 성장해 열다섯 살에 '서수왕 문수의 아들'에게 시집을 간다. 그러나 그 이듬해부터 시조부모, 시아버지, 시어머니, 남편이 한 해에 한 사람씩 차례로 죽는다. 결국 시누이들의 원망을 받아 시집에서 쫓겨난다.

오갈 곳이 없던 지장은 주천강 연화못에서 만난 대사로부터 자신의 사주팔자에 대한 이야기, 죽은 이들을 위한 '새남굿'을 하라는 말을 듣게 된다. 그리하여 누에를 쳐서 천을 만들고, 스님처럼 탁발을 해 쌀을 모은 뒤 새남굿을 펼친다. 저승길에 앞세운 일가의 새남굿을 한 뒤에도 나날이 좋은 일을 많이 한 지장이 정명이 다해 죽는 순간, 머리에서는 두통새, 눈에서는 흘그새, 입에서는 헤말림, 가슴에서는 이열새, 오금에서는 조작새 등이 생겨나며 새의 몸으로 변신한다. 그리하여 이 새들은 사람들의 몸에 접신해 재앙과 질병을 불러일으키는 신이 되었다. 때문에 제주에서는 굿을 할 때면 지장의 원혼을 달래는 한편 내쫓는 것을 함께 하는 것이다.

워낙 제주의 신화란 것이 구전되는 탓에 심방^{무당}에 따라서는 지장아기씨가 아닌 다른 여인이 삿된 액을 뜻하는 '새邪'의 몸으로 환생했다고도 하는데, 그 주인공은 '세경본풀이'에 등장하는 '서수왕따님애기'다.

사체화생死體化生의 변신을 통해 새邪로 환생한 주인공이 지장아기씨이건 서수왕따님애기이건 간에 둘 다 한 맺힌 삶을 살다간 건 마찬가지다. 그렇게 억울하게 죽었는데 제주의 굿에서는 삿된 새邪로 환생해 병마와 재앙을 일으키는 존재가 되었다고 여겨 내쫓김을 당한다.

제주의 굿에는 '새풀이'라고 불리는 과정이 있는데 단골^{신앙민}의 몸에 깃든 새邪를 구축驅逐하는 것이다. 지장본풀이가 지장아기씨의 사연이라면 새풀이는 서수왕따님애기의 사연이라고 할 수 있다. 이 과정을 언뜻 보면 격렬한 푸닥거리로 몰아내는 것처럼만 보인다. 그러나 그것은 지장아기씨나 서수왕따님애기나 한이 맺혀 죽은 원령이므로 자손들의 대접을 받아 맺힌 한을 풀고 가는 길에 횡액을 모두 걷어가라는 의미를 이면에 감추고 있다. 비운의 존재로 하여금 더 이상 나쁜 일이 생기지 않게 모든 액을 거두어 달라는 것이 새㤄를 달래며 내보내는 의식인 셈이다.

두 여인의 한 맺힌 내력을 제주 여성에 대입해보면 남편과 자식을 저승길에 앞세우고 밤낮없이 일을 해도 변변한 대접조차 못 받고 평생을 살아야 했던 수많은 어머니들의 모습이 판박이처럼 닮았음을 느끼게 된다. 그 때문인지 제주의 굿에서 지장본풀이가 불리는 대목을 가만히 지켜보면 굿을 청한 본주 또는 단골의 입장을 지장아기씨에 대입해 가슴에 묻어둔 한을 풀어주려는 의도가 엿보인다. 지장본풀이의 후반부에서 지장아기씨가 누에를 치고 쌀을 찧어, 죽어간 일가친척의 영혼을 천도했다는 사연이 실제 굿판을 설연한 여성 단골에게 대입되는 것이다.

제주에서는 한 집안에서 굿을 마련할 때 주로 여성 단골이 모든 책임을 맡는다. 그러니 굿을 청해 판을 열 때까지 가슴에 쌓아온 한이 지장아기씨의 인생과 다르지 않다는 생각을 반영한 것이다.

지장아기씨처럼, 서수왕따님애기처럼 새로 환생한 여신과 달리 한 집안의 딸로 태어났지만 원통한 죽음을 당해 그 집안의 조상신이 된 여인들도 있다. 대표적인 예가 예촌^{지금의 남원읍 신례리, 하례리 일대}의 '양씨아미'와 조천읍 와산리의 '양씨아미'다. 와산리 양씨아

미는 묘가 남아있는 것으로 보아 실존 인물로 보이는데 두 여인의
인생역정은 한 사람의 삶처럼 일치한다. 무병에 걸렸지만 일가의
반대로 죽음에 이르는 두 사람의 사연 중에서 와산리 양씨아미의
사연을 김헌선 제주도 조상신본풀이연구, 2006. 등의 연구를 토대로 간추린
다.

  조천읍 와산리에 살던 큰 부잣집의 사남매 중 막내 외동딸로 태
어난 양씨아미는 예닐곱 살 적부터 무당 심방 소리를 곧잘 하는 등
타고난 심방의 자질을 지닌 채 자라났다. 열다섯 살이 되던 해에
어머니가 돌아가시자 치른 '전새남굿'이 끝나기 무섭게 그 굿을
맡았던 김씨 심방을 따라나선다. 그러나 김씨는 양씨아미를 달래
며 돌려보낸다.

  이에 양씨아미는 한라산 깊숙이 들어가 억새꽃을 뽑아 미친 듯
이 춤추며 혼자서 무당수업을 이어간다. 종적이 묘연한 여동생을
찾기 위해 길을 나선 오라비들은 '물장오리' 근처에서 양씨아미를
발견해 집으로 데리고 와서 방 안에 가둬버린다. 양반의 집안에서
무당이 생겨나는 것은 가문의 수치라며 큰 오라비는 물 한 모금
도 먹이지 않으며 완강히 버텼고, 둘째와 셋째 오라비가 남몰래
먹을 것을 넣어주며 연명하게 한다.

  방 안에 갇힌 채 힘겨운 나날을 보내며 질긴 목숨을 이어가던
양씨아미가 스물한 살이 되던 해 어느 날이었다. 완고한 큰 오라

동이풀이굿의 양씨아미 신상. 2013년 3월.

비는 끝내 무당질을 못 하게 만들 작정으로, 신병神病에 부정을 일으키는 개고기 삶은 물을 대령해 양씨아미를 목욕시켜버렸다. 그로 인해 양씨아미는 양팔로 무릎을 감싼 채 쪼그려 앉아 죽고 만다. 둘째와 셋째 오라비가 시신을 수습해 정성껏 안장해준다.

저승길을 떠나 서천꽃밭에 다다른 양씨아미는 '꽃감관 사라도령'으로부터 부정을 탄 몸이니 나가라는 통보를 받는다. 이승도 저승도 못 가고 중음신으로 떠돌던 양씨아미는 자손들 집안의 굿을 받아먹으러 길을 나선 '고전적'의 영혼과 동행해 이승으로 온다.

어렵사리 이승의 굿판까지 오게 된 양씨아미였건만 이승 사람들은 그의 혼백을 위한 어떤 준비도 하지 않은 터였다. 이에 양씨아미는 셋째 오라비의 딸의 몸에 빙의해 둘째와 셋째 오라비 집안에서 자신을 잘 모시면 가문을 번창하게 해주겠다는 말을 남긴다.

이와 같은 내력으로 둘째와 셋째 오라비 집안에서는 양씨아미를 조상신으로 모시고 치르는 '동이풀이'라는 굿을 대대로 이어오기에 이르렀다. '동이풀이'는 쪼그려 앉은 채로 죽은 양씨아미의 시신이 마치 조그만 물동이처럼 보여서 붙여진 이름이다. 이 굿을 할 때면 댓가지를 꽂은 커다란 술병을 쌀이 가득 담긴 청동화로에 심어놓고는 그 위에 치마저고리를 입혀 물동이처럼 쪼그린 채 죽은 양씨아미의 모습처럼 만들어 모신다.

양씨아미처럼 억울하게 죽은 여인이 신의 지위에 오르는 사례는 여럿이다. 그중에서 조천읍 신흥리 '볼레낭당'의 '박씨일월'이나 성산읍 신천리 '현씨일월당'의 '현씨일월'은 한 집안을 넘어서서 마을의 당신堂神으로 신앙이 확대된 경우다. 특히 현씨일월은 양씨아미와 매우 비슷한 사연을 지니고 있다.

　양반의 집안에서 태어난 현씨일월은 어려서부터 병치레를 반복하며 힘겹게 자라났다. 열다섯 살에 이르자 크게 신병^{神病}을 앓게 되었다. 생사를 오가며 정신을 놓는 이 병은 열아홉 살까지 이어졌다. 현씨일월이 살아나는 길은 애오라지 심방이 되는 길 말고는 달리 방법이 없었지만 양반 가문인 탓에 그럴 수 없었다. 하지만 누이동생을 딱하게 여긴 두 오라비가 남몰래 무복^{巫服}과 무구^{巫具}를 구하러 육지를 향해 배를 띄웠다. 그러나 두 사람은 고향으로 돌아오는 길에 풍랑을 만나 실종되고 만다.

　매일 바다가 내려다보이는 연뒤^{연대}에 올라 학수고대하던 현씨

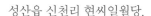

성산읍 신천리 현씨일월당.

일월은 두 오라비의 실종 소식을 듣게 되자 바다에 뛰어들어 스스로 목숨을 끊는 극단적 선택을 하고 만다. 그 뒤로 현씨 집안에서 현씨일월을 불쌍히 여겨 조상신으로 섬기기 시작했는데 나날이 가문이 번창하며 부자가 되어갔다. 이들의 사연을 알게 된 이 마을 사람들도 현씨일월을 영험하다고 여겨 하나둘씩 모시기 시작한 것이 마침내 신천마을의 본향당신이 되었다고 한다.

현씨일월당은 음력 9월 8일, 18일, 28일에 치성을 드리는데 이는 초공본풀이를 근거로 삼았기 때문이다. 당신이 된 현씨일월이 심방이 되려 하다 목숨을 잃었기 때문에 당제일堂祭日을 초공본풀이의 주인공이며 무당들의 조상신인 '젯부기 삼형제'의 생일에 맞춘 것이다.

지장아기씨에서 현씨일월에 이르기까지 비운의 삶을 살다간 여신들의 사연은 서두에서 밝힌 것처럼 남성 중심의 가부장주의가 몰고 온 파국의 이야기임이 분명하다. 양씨아미나 현씨일월의 사연 속에는 가부장주의와 함께 계급적 차별의식도 깊게 담겨 있다.

양반의 나라라고 일컫던 조선은 '칠반공천七般公賤'과 '팔반사천八般私賤'이라고 해서 여러 분야에 걸쳐 최하층의 천민을 두었는데, 무당 또한 팔반사천 가운데 하나였다. 가부장주의의 가장 큰 피억압자인 여성이면서 계급사회의 최하층민인 무당이 되어야 했던 이 여인들의 삶보다 더 처참한 경우가 있었겠는가. 이들의 죽음은 자살이나 병사病死가 아니라 사회적 살인이었다고 보는 것이 온당하다. 사회적 살인에 대한 반성이 이 여인들을 신의 반열에 올려놓은 것이다.

322

조천읍 와흘리 본향당(한거리하로산당) 신과세굿 중 지장본풀이. 2009년 2월.

　자살공화국의 오명을 듣고 있는 오늘날의 한국 사회는 어떤가? 단순히 처지를 비관하거나 실연을 당해서 자살을 택했다는 드러나는 현상의 해석에만 머문 자살방지대책을 내놓는다. 많은 이들의 죽음의 배후에 도사리고 있는 이 사회의 억압구조를 개선할 생각은 좀체 하지 않는다.

　원인 처방 없는 대책은 사회적 살인인 자살을 방치할 뿐이다. 이따금씩 찾아가는 현씨일월당의 신목神木에 입혀놓은 색동치마저고리를 볼 때면 오늘날의 사회적 살인은 어떻게 위무慰撫받아야 하는가를 생각하게 된다.

풍요와 무병의 담지자,
칠성신

"해마다 아리따운 처녀를 제물로 바치지 않으면 재앙을 일으키는 뱀이 이 굴에 살고 있사오니 부디 사또께옵서 그 흉측한 요괴를 퇴치하여 주옵소서." 많은 사람들이 공포드라마 '전설의 고향'에 등장했던 구좌읍 김녕리의 사굴蛇窟 이야기를 기억할 것이다.

육지까지 가장 널리 알려진 것이 김녕 사굴 이야기라면 제주섬 안에서는 "정의旌義. 제주의 동남부 지역 며느리 얻으면 뱀이 따라온다."라는 속설이 있을 정도로 널리 알려진 것이 표선면 토산리의 여드렛당 본풀이일 것이다. 이 때문에 토산마을은 뱀의 본향이라는 유명세를 치러왔는데 그 명성은 미신타파운동 따위와 맞물리며 아주 나쁜 편견으로 굳어지고 말았다.

과연 토산마을과 김녕마을에서만 뱀을 신으로 모셨을까? 당연히 그렇지 않다. 조선시대 연산군 시절에 제주로 유배당했던 충암 김정이 《제주풍토록濟州風土錄》에서 "뱀을 꺼려 신처럼 떠받들고, 어쩌다 보게 되면 술을 붓고 주문을 외우며 감히 쫓아내거나 죽이지 않는다."라고 언급한 것을 시작으로 김상헌의 《남사록南楼錄》, 이건의 《제주풍토기濟州風土記》 등 많은 문헌에 제주의 뱀 신앙은 일반적인 것이라고 기록되어 있다.

사실 김녕 사굴과 얽힌 제주판관 서련의 뱀 퇴치 전설조차도 김녕마을뿐만 아니라 제주시 내도동의 본향당인 두리빌렛당의 본풀이에도 나타나는 것을 보면, 제주의 뱀 신앙은 특정 지역에서만 전해온 것이 아니라 섬 전역에 분포한 것이라고 할 수 있다. 근대 사회에 이르러 서양종교가 들어오고 미신타파운동 등이 번지며 얄궂게도 토산마을만 이상한 신앙을 갖고 있는 것으로 왜곡된 것이다.

뱀을 신성시하는 전통은 제주에만 있는 것이 아니다. "우리 학교는 소풍이나 운동회 때마다 비가 내리는데 옛날에 학교를 지키던 구렁이를 누군가가 죽여 버린 뒤로 이렇게 되었다." 따위의, 한국 사람이라면 누구나 한 번쯤은 들어봤을 법한 학교괴담도 있지 않은가. 여기서 구렁이는 우리나라 곳곳에서 신성시되는 '터줏대감'을 이르는 말이다.

현용준濟州島 뱀神話와 信仰 研究, 1995. 등은 '업대감', '업왕' 등으로도 불리는 업구렁이는 '업주가리', '터주가리', '업가리' 등의 주저리를 만들어 장독대나 뒤꼍에 은밀하게 모시는 것이 전국적인 신앙 형태라고 밝혔다. 제주에서도 밧칠성을 모시는 신전을 '칠성눌' 또는

밧칠성을 모시는 주저리, 칠성눌.

'주젱이'라고 부르는데, 이는 다른 지역의 주저리와 매우 비슷하다.

고대 그리스에서는 우리가 살고 있는 지구의 둘레를 '우로보로스'라고 불리는 거대한 뱀이 자신이 꼬리를 문 채 동그랗게 똬리를 튼 모습이라고 여겼는가 하면 의술의 신인 아스클레피오스를 상징하는 뱀 지팡이를 상상하기까지 했다. 누구나 얼굴을 쳐다보는 순간 돌로 변한다는 뱀의 머리칼을 가진 메두사도 본래 순환과 지혜의 여신이었다.

그리스에서만 뱀을 신성시했던 것이 아니다. 인류 역사상 가장 오래된 문명이라 일컫는 수메르의 신화에도 엔키라는 뱀의 모습

326

을 한 신이 등장한다. 기독교에서도 마찬가지다. 구약성서 중 모세가 홍해의 기적을 일으키며 이집트를 탈출한 것으로 유명한 출애굽기에는 하느님의 상징인 아론의 지팡이 또한 '구리 뱀'의 형상으로 묘사된다. 천주교의 한 갈래인 동방정교회의 사제들은 아직까지도 뱀의 모습을 한 지팡이를 의식에 사용한다. 이것은 마치 그리스의 아스클레피오스와 헤르메스의 지팡이와도 비슷한 발상이다.

동아시아의 고대 신들 중 하나인 복희와 여와 남매 또한 하반신이 뱀의 형상을 하고 있다. 이 밖에도 남미대륙의 마야, 잉카의 신화를 비롯해 인도의 힌두신화에서도 뱀은 창조신의 하나로 나타난다.

탐라국입춘굿의 칠성비념. 2019년 2월.

어떤 이유로 세상 모든 곳에서 뱀을 신성시하게 되었을까? 원시의 주술과 신화 속에는 수많은 동물이 등장하는데 저마다 각별한 의미를 지니고 있다. 단군을 낳아 우리나라를 세우게 했다는 웅녀의 본모습인 곰의 경우는 겨울잠을 자는 것을 두고 죽었다가 다시 살아나는 재생의 권능이 있다고 여겨 시베리아를 비롯한 세계 곳곳에서 신으로 섬겨왔다. 까마귀며 독수리 등의 조류는 사람이 갈 수 없는 곳까지 자유로이 날아다닌다고 여겨 저승과 이승을 잇는 권능의 존재로 신봉되었다.

뱀 또한 비슷한 주술적 사유에서 숭배되었다. 다리가 없지만 땅위, 땅속, 물속을 자유롭게 오갈 수 있으며, 맹독으로 생명을 죽이지만 정작 자신은 그것을 몸속에 품고도 멀쩡하다. 그뿐인가. 허물을 벗는 것은 새로운 몸으로 다시 태어난 부활의 힘이나 다름없다. 뭍짐승도 물고기도 아닌 중간의 존재다. 주술적 사유 속의 이도 저도 아닌 중간자betwixt and between는 이것도 저것도 될 수 있는 전지전능의 존재로 숭배된다. 뱀이야말로 최고의 중간자인 것이다.

신성시되는 동물은 나라와 민족에 따라 매우 다양하며 저마다 상징적인 의미를 품고 있는데 우리나라의 뱀은 주로 농경과 관련된 권능을 지닌다. 가장 대표적인 것은 용이다. 농경에 막대한 영향을 미치는 비의 신인 용은 뱀의 신성이 극대화된 것으로, 이 둘을 묶어 '용사신앙龍蛇信仰'이라고 한다.

특히 인도에서 한국까지 이어지는 벼농사문화권에서는 용을 신성시하여 계절제를 지낼 때 그 형상을 만들어 여러 가지 카니발을 펼치는데, 그중 하나가 아시아 전역의 줄다리기다. 외줄 또는 암수의 두 줄로 벌이는 줄다리기는 기다란 용의 모습에서 비롯된 것이다.

비를 조절해 농사의 풍요를 불러오는 존재이기 때문에 재물과 복록의 신으로까지 변화한 뱀은 제주에서는 '부군칠성' 또는 '칠성신'이라고 하여 섬 전역에서 섬겼던 것은 물론, 민간뿐만 아니라 관청에서까지 모셨던 흔적이 남아있다. 오늘날 제주시 원도심의 중심가인 칠성통조차도 칠성신의 이름에서 비롯되었는데 제주목 관아를 중심으로 탐라국 시절부터 제주의 중심지 역할을 해온 이 마을을 배경으로 삼는 신화가 바로 '칠성본풀이'다.

칠성본풀이에 따르면 장나라 장설룡과 송나라 송설룡의 부부가 불공을 드려 어렵사리 얻은 딸이 '칠성아기씨'다. 칠성아기씨의 부모는 근본도 모르는 중의 아이를 임신했다며 딸을 무쉐석함에 가둔 채 바다에 띄워버린다. 무쉐석함이 바다를 떠도는 동안 칠성아기씨는 일곱이나 되는 딸을 낳아 조천읍 함덕리 바닷가로 떠밀려온다.

때마침 물질 채비를 하던 함덕마을의 줌수들이 무쉐석함을 발견해 열어보니 칠성아기씨부터 일곱 딸까지 모두가 뱀으로 변신해 똬리를 틀고 있었다. 줌수들이 더럽다고 하며 다시 바다에 띄워버리자 무쉐석함은 제주 해안을 휘감아 돌며 온 마을들을 거치지만 마을마다 이미 당신堂神이 좌정하고 있어서 어디에도 발을 붙일 수 없었다. 결국 다시 함덕마을로 되돌아온 칠성아기씨는 줌수들에게 흉험을 끼친다.

그제야 줌수들을 비롯한 마을 사람들이 영험하다고 여겨 신으로 모시기 시작했다. 그러나 함덕마을의 본향당신인 '급서황하늘'이 마을에서 떠나라고 으름장을 놓자 어미와 딸들은 길을 떠나 제주시 건입동 산지천에 다다라 물가에서 여독을 달랜다. 이때 냇가에 빨래를 왔던 송대장 집안의 가솔이 "나에게 태운 조상이면 이리로 드소서." 하고는 빨래 바구니에 담아 집으로 옮겨가서 모신다. 이리하여 송대장 집안은 삽시간에 큰 부자가 되었다.

송씨 집안에 좌정해 극진한 섬김을 받으며 지내던 칠성아기씨와 딸들은 햇볕이 좋은 어느 날 잠시 바깥바람을 쐬러 나왔다가 제주목 관리의 행차와 마주친다. 이에 관원들이 더러운 뱀이라며 침을 뱉어가며 쫓아내려고 하자 이들에게 흉험을 끼쳐 갖가지 병에 걸리게 만든다. 끙끙 앓던 관원들은 끝내 병을 이기지 못하고 무당을 찾는다. 무당은 칠성신을 홀대한 죄라며 '칠성새남굿'을 치러야 한다고 일러준다. 결국 관리들은 커다란 굿을 펼친 뒤에야 병마에서 벗어날 수 있었다.

이런 일이 있고 난 뒤에 칠성아기씨의 딸들은 제주목관아의 중요한 청사마다 터지기가 되어 좌정한다. 첫째는 추수못의 추수지기, 둘째는 이방 형방의 형방지기, 셋째는 감옥을 차지한 옥지기, 넷째는 동과원과 서과원의 과원지기, 다섯째는 동창고 서창고의 창궤지기, 여섯째는 광청못의 광청지기가 되었다.

칠성아기씨와 막내딸은 각각 여염집의 고팡을 지키는 안칠성과 뒤란을 지키는 밧칠성으로 좌정했다. 이런 연유로 제주의 관청과 여염집까지 두루 좌정한 칠성신을 하늘의 칠성신과 구분하사신(蛇神)인 두리빌레용해부인을 모시는 제주시 내도동 본향당(두리빌렛당).

기 위해 '부군칠성'이라 불렀으며, 북두칠성은 '칠원성군'이라 부르기에 이르렀다.

뱀을 신성하게 여겨 신으로 모시는 사례는 비단 칠성본풀이의 '부군칠성'만이 아니다. 표선면 토산리 여드렛당의 '여드렛또'와 제주시 내도동 두리빌렛당의 '두리빌레용해부인'을 비롯해 여러 마을의 당신堂神 중에도 애초부터 뱀의 형상이거나 여인에서 뱀으로 변신한 신들이 여럿이다. 한경면 고산리 본향당인 '당목잇당'의 '법서용궁또', 구좌읍 월정리 본향당의 '황토고을 황정승 따님애기', 조천읍 조천리 '새콧당'의 '새콧할망' 등이 그것이다.

단골信仰民이 신앙을 버리면 신 또한 더 이상 그 권능을 이어가지 못하고 사라지게 되는데, 이런 경우 태반은 당이 소멸되는 폐당을 맞이한다. 위에 소개한 뱀의 화신을 섬기는 마을당들도 대부분 사라질 위기에 처했다. 이 가운데 조천마을의 새콧당은 가장 을씨년스러운 지경에 처해 찾는 이들로 하여금 안타까운 마음이 생기게 만든다.

조천마을 포구 근처의 해녀탈의장 옆 길가에 자리한 이 당은 폭이 채 2미터가 되지 않는 야트막한 담장 한 줄만 남아있다. 그조차도 자동차가 오가는 골목 가운데 자리해 있어서 어지간한 사람이 아니면 이곳이 당인지 알 수 없는 지경이다. 바로 뒤에 주택들이 있어서 이곳이 당인 줄 모르는 사람들은 쓰레기봉투를 투기하는 일도 허다하다. 바다 일을 하는 줌수나 어부들만이 이곳이 당인 줄 아는 정도로 추레한 모습이다. 그나마 이 마을의 장씨 집안 사람들과 줌수들은 잊지 않고 꼬박꼬박 드나들며 치성도 드리고

조천읍 조천리 영등굿에서 이 마을 장씨 집안의 사신(蛇神)을 모시는 고망
할망당에 축원하는 모습. 2019년 3월.

청소도 하고 있으니 천만다행이다.

사실 내도마을 두리빌렛당도 비슷한 처지다. 당의 외관은 훼손되지 않았지만 마을 사람이 아니면 당의 존재를 모르고 뛰노는 놀이터 신세가 되어버렸다.

특이하게도 내도마을의 두리빌레용해부인은 봄부터 여름까지는 두리빌렛당에서 지내고, 추운 겨울에는 자리를 옮겨서 바닷바람이 덜 미치는 웃당에서 지낸다. 알당인 두리빌렛당은 누구도 찾지 않는 곳이 되었다. 둥글고 널찍한 너럭바위 말고는 당이라고 알아차릴 만한 흔적이 없어, 내도마을의 명소인 '알작지' 몽돌해변을 찾는 피서객들이 여름이면 이곳을 평상 삼아 술판을 벌이는 모습을 종종 볼 수 있다. 당이 남아있어도 있는 것이 아닌 셈이다.

사는 형편이 예전보다 나아져서 더 이상 풍요를 점지하는 뱀의 화신이 필요치 않은 것일까? 혹시 질병에 걸리더라도 병원과 약국을 찾으면 해결되는 세상이 되어서 그런 것일까? 그도 아니면 미신이라고 여겨 더 이상 신성시하지 않게 되어서일까?

세상 모든 것은 사라질 수밖에 없는 운명을 타고났다. 영원한 것은 존재하지 않는다. 더욱이 달라진 세상은 더 이상 제주의 신들을 이 섬땅에 머물게 하지 않는다. 1만8천 신들의 고향이라고 떠들어대지만 그것을 신앙의 대상으로, 거룩한 종교로 받아들이는 이들은 고사하고, 문화적 가치로 소중히 여기는 사람조차 드물다.

내도동의 명물 알작지해변을 대대적으로 알린다며 해안도로를 내는 과정에서 오히려 몽돌해안을 훼손하고 두리빌렛당마저 천덕꾸러기로 전락시켰다. 강정마을에서는 해군기지 펜스 공사를 하면서 '새별당'을 훼손했고, 제주시 오등동 죽성마을의 '설새밋당'은 최근 누군가에 의해 완전히 파괴되었다.

모두가 목도할 뿐이다. 단골이 버렸기에 신앙이 사라지고 있는 것이다. 이 와중에도 점집과 철학관은 우후죽순처럼 늘어가고 있다. 역설적이고 부조리한 세상이다. 어디 징그러운 뱀 따위를 섬기겠는가. 어쩌면 우리의 마음속에는 더욱 징그러운 물신숭배의 욕망이 똬리를 틀고 앉았을지 모른다.

모든 것의
처음

고르디우스의 매듭처럼 얼키설키 얽힌 글짓기가 이제 마침표를 응시하며 마지막 걸음을 내딛고 있다. 시작과 끝이 둘이 아니라 또 다른 여정으로 건너가는 것이라는 경구에 고개를 끄덕이게 된다. 바람 잘 날 없다는 제주섬, 이 섬에 자본과 폭력과 개발의 미친바람이 잦아들지 않는 한 왕강쟁강 울려대는 굿판의 쇠북 소리도 멎지 않을 것이다.

제주의 굿은 시작부터 큰대를 세우고 쇠북으로 삼석을 울려 모든 시공간을 태초로 되돌린다. 우주 탄생의 첫 단추부터 제대로 여며 부정한 것을 물리치려는 의도다. 하여 제주의 굿과 신화는 '모든 것의 처음'으로 만생명을 이끈다.

사상과 이념의 차이를 넘어 정상적인 사람이라면 이 섬의 자연과 그것의 내력인 신화를 사랑하겠지만 이미 제주는 그 시원의 굿판을 상당 부분 잃었다. 이대로라면 남아있는 것들도 머지않아 송두리째 사라질지 모른다. 4·3의 광풍은 섬사람들의 살과 뼈로 한라산을 쌓아올렸고, 피와 눈물로 바다를 메웠다. 섬땅의 참극은 '동양의 하와이'라는 장밋빛 환상의 실루엣에 덮여 박명조차 비치지 않는 은폐된 암흑으로 매장되었다.

동양의 하와이, 혹은 제2의 하와이, 이 매혹적인 레토릭으로 인하여 1960년대부터 오늘에 이르기까지 제주는 아름답던 모습과는 딴판인 섬이 되었다. 4·3의 상흔 위에 요새를 쌓아올린 콘크리트는 신성의 공간에도 예외 없이 밀려들어 남김없이 덮어버렸다. 그 시발점이 언제였다고 딱 잘라 말하기 어려우나 나는 죽음으로 미래를 예고한 그의 유언부터였다고 말하고 싶다.

> "나는 우리의 살과 뼈를 갉아먹으며 노리개로 만드는 세계적 관광지 제2의 하와이보다는 우리의 삶의 터전으로서, 생활의 보금자리로서의 제주도를 원하기에 특별법 저지, 2차 종합개발계획 폐기를 외치며, 또한 이를 추진하는 민자당 타도를 외치며 이 길을 간다."

열사의 죽음은 1991년 어느 가을날이었다. 대학생이었던 나는 친구들과 낡은 봉고차를 타고 안개 자욱한 새벽길을 내질러 서귀포의료원으로 향했다. 경찰의 시신 탈취에 대비한 움직임이었다. 경찰은 막아냈지만 그의 죽음은 막지 못했다. 제주시에서 민주시민장을 벌였고, 나는 풍물패에 섞여 비통한 마음으로 풍장을 쳤다.

양용찬 열사와 그의 유서.

그날로부터 수많은 시간이 흘러 청춘을 불사른 열사의 나이보다 곱절을 넘겨버린 오늘, 나는 그이가 그토록 지키려고 했던 우리 삶의 터전이 제2의 하와이로 변신하는 시대의 복판에 서 있다. 양용찬 열사가 떠오르면 하늘을 보는 것이 두렵고 먹먹해진다.

도대체 하와이가 어떤 곳이기에 온 섬을 성형하며 복제하려 드는가. 그 진면목을 두 눈으로 확인하려고 몇 해 전 하와이에 다녀왔다. 본래 목적은 가족사의 흔적 찾기였다.

내 할머니의 아버지, 나에게는 진외증조부가 되시는 어른께서는 대한제국 시절이던 1903년 하와이로 이민을 감행해 7년 남짓 한인회를 조직하며 머무르다 식민지 시대에 귀국하셔서 환갑 목전에 무남독녀 외동딸인 내 할머니를 얻으셨다. 베일에 싸였던 할아버지의 행적은 근래에 그이의 여권이 발견되고서야 바깥세상 7년 살이의 거처가 하와이였음이 밝혀졌다.

공교롭게도 마흔아홉의 나이에 하와이를 향했던 할아버지와 그분의 흔적을 찾아 비행기에 몸을 실은 내 나이가 같았다. 기울어 가는 나라의 처지를 한탄하며 바다를 건넜을 할아버지나 제2의 하와이라는 선전구호에 진저리치는 나나 무거운 마음은 나이처럼 겹쳐졌다.

할아버지의 자취를 찾겠노라 먹었던 마음은 몰락한 하와이 왕국의 참혹한 실상과 만나며 봄눈 녹듯 사라졌고, 제2의 하와이가 되고 말 제주에 대한 걱정만 태산처럼 쌓였다. 2000여 년의 역사를 기틀 삼아 유럽과 아메리카대륙을 제외한 다른 어떤 나라보다 앞선 1840년에 입헌국가를 선언했던 하와이 왕국은 폐허만 남은 옛 궁전과 함께 이울었다.

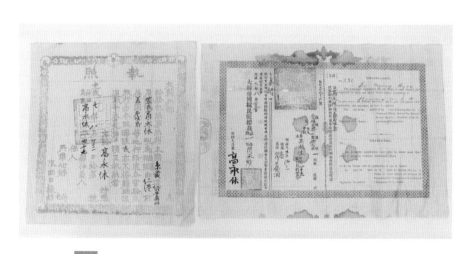

제주 사람 고영휴의 여권과 집조.

성조기와 맥도날드 깃발 사이에 낀 하와이 왕국기.

　찬란한 관광지마다 번화한 도심마다 궁벽한 시골길마다 어느 한 곳 빠짐없이 거리의 노숙자들로 넘쳐났다. 아시아 사람부터 백인까지 인종도 다양했다. 무엇보다 처참한 이들은 제 땅을 빼앗긴 원주민들이었다.

　제주가 꿈꾸는 하와이는 낙원도 휴양지도 아닌 지상 최악의 원악도遠惡島였다. 제주가 겪게 될 미래가 펼쳐지는 그 섬에서 보았던 하와이 왕국의 깃발은 아직까지도 눈에 선하다. 성조기와 맥도날드기 틈에 갇힌 옛 왕국의 깃발은 말 그대로 햄버거 사이에 끼어있는 고깃덩어리였다. 묻고 싶다. 제2의 하와이 제주는 과연 누구의 입으로 들어갈 고깃덩어리가 될 것인가?

　나는 고깃덩어리만은 되고 싶지 않다. 해서 모든 것을 처음으로 되돌릴 굿을 꿈꾼다. 무왕불복無往不復이라 하였다. 지나간 것은 반드시 되돌아온다. 이대로 간다면 제주는 물론 온 세상이 멸망을 맛볼 것이다. 신성한 힘 이외에 영원한 것이란 없으므로 멸망은 예정된 미래이며 사람의 힘으로 막지 못한다.

　허나 막을 수는 없어도 늦출 수는 있다. 제주 사람이라면 누구나 지녔던 굿판의 영성을 잊지 않았다면 말이다. 사람 또한 자연의 일부이며 섬 안팎의 모든 생명과 공생했던 주술의 심성을 놓치지 않는다면 우리는 멸망의 시간을 태초의 시간으로 되돌릴 수

──

폐허만 남은 하와이 왕국의 별궁.

있다.

 뭍의 벼는 따스한 봄날에 태어나 겨울이 오기 전에 누렇게 익어 고개를 숙인다. 벼를 대신하는 이 섬의 보리를 보라. 겨울을 코앞에 둔 가을에 태어나 엄동을 버틴다. 그것도 모자라 발로 짓밟히며 자라나 익어갈수록 고개를 빳빳이 치켜든다. 보리는 그렇게 봄을 부르며 익어간다.

 제주 사람이며 제주의 자연도 생명의 봄날을 부르는 보리를 닮았으니, 우리는 모든 것의 처음을 여는 굿판을 설연할 수 있다.

굿처럼 아름답게….

참고자료

강정식, 제주도 당신본풀이의 전승과 변이 연구, 한국정신문화연구원 한국
　　학대학원 박사학위 논문, 2002.

강정식, 제주도의 해양신앙, 도서문화 27, 도서문화연구소, 2006.

고광민, 제주무속의 전통과 변화; 행정권과 신앙권, 제주도연구 6, 제주학
　　회, 1989.

고광민, 제주 생활사, 한그루, 2016.

국사편찬위원회 조선왕조실록 홈페이지 http://sillok.history.go.kr/main/
　　main.do

김기영, 신화에서 비극으로, 문학동네, 2014.

김나영, 조선후기 호적자료를 통해 본 鮑作의 사회적 지위, 역사민속학 29,
　　한국역사민속학회, 2009.

김동윤, 이여도 담론의 스토리텔링 과정 연구, 열린정신 인문학연구 14, 원
　　광대학교인문학연구소, 2013.

김명숙, 여신은 젠더를 넘어설 수 있는가?-페미니스트 영성운동을 중심으
　　로, (차세대)인문사회연구 6, 동서대학교 일본연구센터, 2010.

김병모, 김병모의 고고학 여행 1·2, 고래실, 2006.

김오진, 조선시대 제주도의 기상재해와 관민(官民)의 대응 양상, 대한지리
　　학회지 43권 6호, 대한지리학회, 2008.

김헌선, '칠성본풀이'의 본풀이적 의의와 신화적 의미 연구, 고전문학연구
　　28, 한국고전문학회, 2005.

김헌선, 제주도 조상신본풀이연구, 보고사, 2006.

김헌선, 한국의 창세신화, 길벗, 1994.

남향, 영등할머니 신앙 연구, 한남대학교 석사학위 논문, 2009.

노사신 외, 신증동국여지승람.

담수계, 역주증보 탐라지(耽羅誌), 제주문화원, 2006.

동아일보 1937. 08. 29. 기사, 네이버 뉴스라이브러리.

마리야 김부타스(고혜경 역), 여신의 언어, 한겨레출판사, 2016.

마빈 해리스(서진영 역), 음식문화의 수수께끼, 한길사, 2018.

미르치아 엘리아데(이은봉 역), 종교형태론, 한길사, 1996.

박병규, 마술적 사실주의: 문화적 자의식과 문학적 지형도, 한국라틴아메리카학회, 라틴아메리카연구 14, 2001.

박창범, 한국의 전통 과학 천문학, 이화여자대학교출판부, 2007.

석주명, 제주도수필, 보진재, 1968.

세르기우스 골로빈(이기숙·김이섭 공역), 세계 신화 이야기, 까치, 2001.

엠마뉴엘 아나티(이승재 역), 예술의 기원, 바다출판사, 2008.

오성찬, 제주의 마을 시리즈⑥ 물 맑은 옛진터 涯月里, 반석, 1987.

울산암각화박물관 http://bangudae.ulsan.go.kr '신들의 신성한 거처 알프스 몽베고 암각화'.

윤민용, 탐라순력도연구, 한국예술종합학교, 예술전문사 학위논문, 2010.

이거룡, 인도신화의 양성구유(兩性具有) 이상의 관점에서 본 남성의 여성화 또는 여성의 남성화 문제, 남아시아연구 19, 한국외국어대학교 인도연구소, 2013.

이바른, 고려 예종~인종대 宋人 胡宗旦의 정치적 성격, 전남대학교 석사학위논문, 2011.

이상복, [이상복 박사의 바위그림 이야기] 설산에 그려진 바위그림 종교적 신성 간직, 경상일보, 2009. 07. 28.

이원조, 탐라지초본(耽羅誌草本) 1·2 , 제주교육박물관, 2008.

이윤형·고광민, 제주의 돌문화, 제주돌문화공원, 2006.

이지영, 女·男 山神과 호랑이 신격의 상관성 연구: 호랑이의 兩性的 側面에 주목하여, 한국고전여성문학연구 19, 한국고전여성문학회, 2007.

이지영, 織物神의 傳承에 괸힌 試論的 硏究-옷·배짜기신화소를 중심으로,

구비문학연구 14, 한국구비문학회, 2002.

일연(김원중 역), 삼국유사, 민음사, 2008.

임승범, 성주신앙의 지역별 양상과 그 의의, 지방사와 지방문화 12, 역사문화학회, 2009.

자모라 외(우석균·박병규 공역), 마술적 사실주의, 한국문화사, 2001.

정재서, 산해경, 민음사, 1996.

정재서, 중국신화의 세계, 돌베개, 2011.

정재서·전수용·송기정, 신화적 상상력과 문화, 이화여자대학교출판부, 2011.

제주4·3연구소, 제주특별자치도 제주시, 4·3유적지답사 길잡이, 2006.

제주교육위원회, 탐라문헌집, 1976.

제주대학교 탐라문화연구소, 제주설화집성, 1985.

제주의 소리, '피안의 섬' 이어도, 19C 문헌서 최초 발견, 2014. 11. 28.

제주특별자치도, 제주도지, 2006.

조성애, 축제와 신화의 서사구조: 축제의 거인성과 거인신화, 프랑스문화예술연구 15, 2005.

조성윤, 19세기 濟州島의 國家儀禮, 탐라문화 16, 제주대학교 탐라문화연구소, 1996.

조현설, 동아시아의 돌 신화와 여신 서사의 변형, 구비문학연구 36, 한국구비문학회, 2013.

조현설, 마고할미신화연구, 민속원, 2013.

진 시노다 볼린(조명덕·조주현 역), 우리 속에 있는 여신들, 또 하나의 문화, 2003.

진성기, 남국의 민속, 교학사, 1975.

진성기, 남국의 전설, 일지사, 1968.

진성기, 제주도 무가 본풀이 사전, 민속원, 1991.

최종성, 가정신앙에 대한 재고, 종교학연구 27, 서울대학교 종교문제연구소, 2009.

최종성, 기우제등록과 기후의례, 서울대학교출판부, 2007.

최창모, 금기의 수수께끼 성서 속의 금기와 인간의 지혜, 한길사, 2016.

최현배, 우리말과 글에 對하야(12), 동아일보, 1922. 09. 10. 네이버 뉴스라 이브러리.

케네스 데이비스(이충호 역), 세계의 모든 신화, 푸른숲, 2008.

탁명환, 濟州 蛇神信仰에 對한 小考, 한국문화인류학 10, 한국문화인류학 회 1978.

탐라순력도 홈페이지 http://www.jeju.go.kr/mokkwana/tamla/history. htm

토머스 불핀치(박경미 역), 그리스 로마 신화, 혜원출판사, 2000.

프랑수아즈 프롱티시 뒤크루아(신미경 역), 신화, 창해, 2001.

프랑수와 플라스(윤경임 역), 마지막 거인, 디자인하우스, 2002.

현길언, 고종달型 說話에 나타난 濟州民의 意識構造, 한국문화인류학 9, 한 국문화인류학회, 1977.

현승환, 飛揚島 說話의 樣相과 國土浮動觀, 탐라문화 11, 제주대학교 탐라 문화연구소, 1991.

현용준, 무속신화와 문헌신화, 집문당, 1992.

현용준, 제주 신화의 수수께끼, 집문당, 2005.

현용준, 제주도 무속과 그 주변, 집문당, 2002.

현용준, 제주도 무속연구, 집문당, 1986.

현용준, 제주도 무속자료사전(개정판), 각, 2007.

현용준, 제주도 사람들의 삶, 민속원, 2009.

찾아보기

ㄱ

가락국기 280
가르강튀아와 팡타그뤼엘 110
가르시아 마르케스 24
가문장아기 67, 198
가이아 243
가택신 288, 291, 292
각시당 230, 234, 237
갈룡머리 63
갈븟름 191
갈옷잠방이 133
갈정뱅이 133
감목관 159
감찰위 40, 42
강남천자국 150, 213, 214
강남천자국 백모래밭 298
강남천제국 298
강림차사 150, 307
강방덱이 116, 117, 279
강봉옥 220
강소전 31, 46
강요배 183
강정 7, 81, 89, 153, 155, 334
강쳉이 192
강태공서목시놀이 63
개남보살 188
개로육서또 302, 311
개벽 220
개양할미 98
거녀 125
거리굿 71, 134
거리도청제 134
거릿제 134
거석 125
거석문화 107, 109
거석숭배 124, 125, 126
거슨새미 159

거오기 88
거욱대 80, 88
거인설화 125
거인신 95, 96, 98, 106, 108,
  110, 291
건들마 192
건포배은 16
걸리버 여행기 110
검질 메는 소리 52
겁선새 192
게와시잔치 67
견우 283
경도잡지 60
고광민 203
고동지 은진미륵 122, 123, 125
고동지은진미륵당 120
고득종 217, 295
고려사 157, 238
고려사지리지 123, 295
고르디우스 201, 336
고리동반 47
고망난 돌 143
고망할망당 333
고분멩두 63
고산국 200, 201, 202, 204
고산국당 200
고성목 117
고녕휴 339
고을굿 63
고인돌 85, 108, 109, 124, 129,
  209, 210
고전적 320
고종달 156, 159, 160
고지냇도 107
고팡 292, 293, 301, 330
고팡할망 292
곡령 301

골로빈 176
공깃돌바위 105, 108
공덕할망 105, 106
공시풀이 33, 36, 37
공싯상 32, 34, 36, 37
공알바위 119
과양셍이각시 307
과원지기 330
과원직 238
관세전부인 298
광야 99
광양당 210
광양당신 160
광주바윗섬 263
광청아기 236, 237
광청아기본풀이 236
광청지기 330
구럼비 81, 89, 90, 153, 155
구빈마을 106, 125
구삼싱 256
구삼싱할망 255, 256, 310, 313
구삼싱냄 63
구석물당 138
구실할망 233, 236
구실할망본풀이 233, 235, 236,
  238
구좌읍 김녕리 120, 122, 123,
  147, 214, 215, 297, 311
구좌읍 덕천리 114
구좌읍 동김녕리 236
구좌읍 세화리 206, 208, 214
구좌읍 송당리 32, 61, 93, 114,
  192, 216, 277, 299, 300, 311
구좌읍 월정리 52, 301, 332
구좌읍 하도리 190, 230, 232,
  234, 237, 239
구좌읍 행원리 23, 43, 185

국행기우제 171
군웅덕담 51
군웅신 51
군웅일월 233
군인굿 44, 46
굿두리 92
굿청 39
궁근새 191
궁기 175
궤 82, 83, 84, 85, 87
궤네깃당 214, 215, 311
궤네깃당본풀이 123
궤네깃또 123, 129, 211, 214, 216, 302, 311
극 88
극대 88
금릉석물원 265
금백조 210, 216, 298, 311
금백주 104, 105, 298, 299, 300
금봉도리체 211
금산당 114
금상님 206, 207, 208, 210, 307
금상님 본풀이 307
급서황하늘 330
기 46
기메 39, 42, 46, 47, 309
기메기전 42
기설제 170, 171, 172
기우제 170
기자석 119
기자신앙 119
기제사 291
기청제 170, 171
길쌈 274, 276, 280
김남길 15, 16
김능인 221
김송효 220

김동지 235, 236
김두봉 101
김만일 159
김복수 223, 227
김상헌 325
김석익 178, 184
김오진 191
김유정 42
김은희 63
김이섭 176
김헌선 117, 235, 318
김현균 24
꼬부랑나무 아래 행기물 159
꽃 46, 47
꽃감관 320
꽃불휘 66
꽃탐 63
꾸란 86
끄트머리손 180

ㄴ

낙하생집 178
난중일기 209
남근석 119
남당 23
남면 14, 16, 17, 21
남사록 325
남산 315
남선비 287, 288, 289, 308
남원읍 한남리 192
남이적요왕 214
남판돌판고나무상테자하로산또 198
남해 적요왕문 148
남해용궁 142, 143, 144, 145, 146
남해용왕 148

남향 181
내경도 95
내도마을 334
내부 식민지 17, 18, 20
내왓당 210, 211, 214
내왓당 무신도 40, 42, 43
내왓당본풀이 210
냇기리소일뤳당 258, 278
너븐드르본향 114
너븐숭이 25, 26
너사무너도령 247
너사무너도령삼형제 54
너울지 147
넉동배기 209
넉둥배기 209
넋들임 262
노가단풍아기씨 54, 198, 243, 244, 245, 247, 248
노고할미 98
노단새미 159
노대보름 192
노일저데귀일의 딸 287, 288, 290, 293, 308
노토스 192
녹디성이 287, 288, 289, 290, 291
녹디성인 248
놀보름 192
놀이패 한라산 270
놀판굿 59, 68, 71
놉보름 191
놉하늬보름 191
농경신 271
높새바람 216
누름굿 8
눈물수건 132, 139
노미 112

눈미불돗당 82, 112, 114, 116, 126
눌미 112
느진덕이정하님 309
늦부름 191
늬눈이번개 삼대왕 191
누룻 192

ㄷ

다니에 196
다카하시 도루 220, 221
단골 34, 168, 284, 317
단군 106, 125, 164, 328
단군신화 176, 248
단군왕검 168
단헌단작 291
단혈 157
담수계 101, 184
답다니 80
답한 238
당곰아기 248, 252
당굿 32, 63, 71
당기 134, 230
당목잇당 332
당신 31, 126, 202
당신본풀이 31, 32
당오름 112, 115, 116
당올레 204
당주 37, 245
당캐 114
당캐포구 105
대경이할망 105, 106
대농놀이 71
대명대충 18, 20, 46
대방황수당 134
대별왕 168, 260
대별왕또 113, 168, 260
대섬밧당 175, 282
대섬밧영감또 175
대한제국 17, 18
댓드리 283
덕절 미륵불 122

던지데기 198
데영 54, 247
데우칼리온 84, 85
델포이 86
도깽이주제 192
도래신 295
도수문장 93, 94, 95, 168
도원수지방감찰관 194
도지마을굿 63
돌미럭 119, 120, 121, 122, 123, 124, 125, 126, 128, 229
돌배 124, 129
돌쳉이 265
돌하르방 228, 265
돌함 123
동경국 대왕문 148
동마부름 191
동물신 165
동벽자하로산또 198
동심절 47
동이용궁 213, 214, 216, 217, 218, 295
동이용궁따님애기 254, 255, 310, 311, 312, 313
동이청요왕 214
동이풀이 320
동이풀이굿 318
동지복 122
동정목 애기씨 신중선앙 191
동주석 136
동카름본향당 204
동하늬부름 191
동해 벽랑국 217, 299, 304
동해 청요왕문 148
동해용궁 153, 211, 212, 302
동해용왕 154, 217, 254, 310
동환록 178
두 이레 열나흘 굿 29
두럭산 107, 263
두리빌레용해부인 331, 332, 334
두리빌렛당 325, 331, 332, 334
두샛부름 216

두수문장 93
두통새 316
뒷우영 292
뒷할망 292
든마부름 191
든샛부름 191
등경돌 107, 274, 275, 276
디오니소스 271
똠든 의장 132, 139

ㄹ

랩 53
레다 195
레비스트로스 62
레시타티보 53
레아 86, 243
루이스섬 124
릴리스 249

ㅁ

마고 106, 107, 125, 249, 263, 265
마고선녀 98
마고성 106
마고족 106
마고할미 98, 106, 108, 306, 308, 309
마구할망 308
마귀할망 307
마귀할멈 98, 249
마누라 152, 153, 154, 155, 156, 257, 258
마당질소리 52
마불림제 32, 71
마술적 사실주의 24, 27
마씨미륵 122, 123
마용기 122
마을도액막이 193, 194
마이산 263
마지막 거인 111
마파람 216
마프름 191

마흔여덟모람장 244
막은방 290
만리둥이 150
말미 34, 36, 51, 52, 53
망사리 235
매바위 159, 160, 161
매지컬 리얼리즘 24, 25, 26
메두사 326
메카 86
메티스 266, 267
멩오안전 멩오부인 298
멩지바람 192
멩진국 254
멩진국따님애기 251, 252, 254,
   255, 310
멩진국할마님본풀이 254, 258,
   260, 310, 313
모비딕 212
모석 116, 250
모세 327
모시두레 모시각시 117, 279
모아이 228
모흥혈 87, 295
목자 238
목호의 난 14
몰래물 마을 84
몽베고 165, 166
묠니르 165
무구 247
무당왕 168, 170
무속신화와 문헌신화 217
무쒜석함 123, 129, 206, 211,
   214, 228, 229, 292, 301, 302,
   311, 329
무쒜설캅 123
무신도 42, 43
무왕불복 341
무위이화 98, 99, 243
무조신 66
문구성 114, 310
문도령 269, 271, 278, 310
문무병 54

문수 315
문신 287, 288, 289
문전고사 291
문전본풀이 248, 287, 288, 291,
   292, 308
문전비념 286
문전상 291
문전신 248, 286, 288, 289, 291
문전제 289, 291
문전철갈이 291
문제 291
물베포도업 94
물색 277, 278, 282, 284
물영등 181
물장오리 107, 109, 110, 125, 318
물통 136
미럭 122
미럭당 126
미륵 122, 123, 229
미륵님 278
미륵불 119
미륵불교 121, 123, 126
몰놀이 63

ㅂ
바구왕 167
바람 올리기 179
바람영등 181
바랑 217
바리데기 198, 248
바알 176
바위그늘 82, 83
바위신령 154, 155
바즈라 165
박달족 106
박씨일월 133, 320
박정희 70
반고 96, 291
반고씨 94, 95, 168
반인반수 165
반지의 제왕 75, 82
밧칠성 292, 325, 326, 330

방법 262
방사벽 88
방사석 136
방사탑 84, 87, 88, 130, 133,
   135, 136, 139
밭담 80
배방선 193, 194
배석신앙 81, 119
백년 동안의 고독 24, 199
백두대간 179
백비 137, 138, 139
백소지 138
백소지권장 137, 138
백이슬 93, 94, 95
백줏당 93, 299
백줏또 206, 207, 208, 210, 211,
   214, 298
버물왕 삼형제 307
번디기왓 159
범섬 89, 90
법서용궁또 332
법지법 251, 261
베 96, 165, 166
베락수제 113, 167
베락당 113, 114
베트남 223
베포도업침 94
벨롱겡이 291
벽랑 217, 218
벽랑국 295
보레아스 192
보살굿 75
복신미럭 122
복희 267, 327
본궁위 40, 42
본멩두 244
본주 317
본풀이 29, 31, 33, 34, 37, 62,
   63, 66, 68, 75, 101, 104, 112,
   114, 123, 139, 146, 150, 185,
   191, 210, 212, 219, 258, 260,
   261, 290, 291, 294, 298

본풀이 창 51, 53
본향둘 193, 194
볼레낭당 133, 134, 135, 320
볼레낭할망 133, 135, 138
봉성문여 178
봉수 81
부군칠성 301, 329, 332
부군칠성신 301
부리 96
부부바위 127
부성감 269
부엉새 315
북 247
북두칠성 209, 332
북이흑요왕 214
북촌마을 26
북해 흑요왕문 148
불도땅 244
불도맞이 251
불도맞이굿 252, 253, 254, 255, 256, 283
불도삼싱또 112, 114, 116, 117, 126
불돗당 65, 76, 97, 112, 113, 115, 126
불목당 302, 311
불새 136
불영등 181
불찍앗음 63
비념 29
비라코차 176
비렴 175
비보풍수 80, 157
비성 266, 272
비양도 128, 263, 264, 265
비영등 181
비오나라 199
비오나라 비오철리 197, 198
비창 235
빌리 96
빠르와띠 267
부름웃도 지산국당 196, 197

부름웃또 198, 199, 200, 201, 202, 211, 302, 311, 312

ㅅ
사능놀이 63
사가굿 31, 63
사굴 324, 325
사당패소리 226
사라도령 255, 307, 320
사마고파 101
사만두고 101
사신 331, 333
사체화생 100, 109, 160, 291, 316
산 71
산담 80
산대 37
산두새 192
산방굴 117
산방굴사 117
산방덕 117
산방산 117, 160
산베포도업 94
산성 109
산신 302
산신놀이 63, 64, 65
산신맞이 105
산지어촌계 231
산지천 330
산판 37, 47, 247
산해경 175
산호수 153, 154, 156, 160, 214
산호해녀 154, 156, 214
살에살축삼명두 244
살장 39, 42, 46, 47
삼공놀이 63, 66
삼공맞이굿 66
삼공본풀이 63, 66, 67
삼국사기 170
삼국유사 279, 280
삼다도 14, 15
삼동막살장귀 51
삼보 165

삼불휘 66
삼사석 87
삼살방 290
삼석 336
삼석백이 구슬 307
삼성신화 123, 295, 298, 299, 300, 304
삼성혈 82, 87, 295
삼솥바리 105
삼싱 256
삼싱할망 243, 251, 252, 253, 254, 255, 256, 257, 258, 261, 262, 310
삼싱할망상 281
삼시왕 247
삼신 287
삼신할머니 251
삼위태백 164
삼천선비 54, 206, 207, 244, 245, 247
삼천전제석궁 54, 245, 247
상군위 40, 42
상군줌수 231, 235
상사위 40, 42
상성주 290
상세경 114, 310
상잔 37
상주표착 229
상층 180
상칭 179
새 316, 317
새남굿 316
새노마한 216
새마을사업 71
새마을운동 70
새별당 335
새콧당 332
새콧할망 332
새풀이 316, 317
새하마노 216
샛바람 216
샛부름 191

샛손당 104, 105, 114
생떡쥐베리 263
생명창조 243
생불꽃 251, 252, 253, 254, 269, 288, 306
생불꽃점 256
서구암 249
서구할미 98, 249
서귀포 본향당 197
서귀포시 강정동 258, 278
서귀포시 동흥동 203
서귀포시 서홍동 159, 200
서귀포시 예래동 43
서련 325
서리거인 96
서문하르방 122, 123, 125
서문하르방당 120, 122
서물당 123
서물당 급서황하늘 125
서수왕 315
서수왕따님애기 269, 316, 317
서울 남산 214
서울 송악산 298
서울 정기땅 298
서유기 199
서이백요왕 214
서자복 122
서천꽃밭 150, 252, 253, 254, 255, 269, 306, 310, 320
서해 백요왕문 148
석북집 178
선격 238
선마고 101
선마선파 101
선문대 101
선왕풀이 194
설만두고 101
설만뒤 101
설매국 197
설명두 101
설문대 91, 92, 98, 100, 101, 104, 105, 106, 107, 109, 110,

111, 114, 125, 160, 249, 265, 271, 274, 276
설문대하르방 268
설문대할망 89, 90, 91, 95, 98, 100, 101, 103, 104, 105, 106, 107, 108, 125, 126, 218, 243, 263, 265, 267, 268
설문대할망 본풀이 110
설새밋당 335
설쒜 54, 55, 247
설위설경 42
섯갈하늬부름 191
섯마부름 191
섯하늬부름 191
성산읍 고성리 51, 92, 143, 186, 226
성산읍 수산1리 19, 43, 45, 127
성산읍 신산리 117, 118
성산읍 신천리 141, 145, 321
성산읍 신풍리 141
성산읍 온평리 55, 217, 219, 296, 298, 303, 304
성산일출봉 274, 275
성스러운 역사 199
성주 287
성주고씨가전 295
성주꼿 47
성주신 288, 289, 290
성주풀이굿 281, 308
성혈 209, 210
세경국 부인문 148
세경놀이 63, 64, 65, 68, 270
세경본풀이 63, 64, 143, 268, 278, 310, 316
세경신 269, 271, 310
세경할망 243, 268
세계농업유산 80
세계문화유산 193
세계수 82
세멩뒤 101
세멩주 101
세명주 104

세명주할망당 105
세오녀 128, 129, 279, 280
세종실록지리지 157
세트 176
세화리본향당본풀이 209, 210
셍긋 117, 279
소로소천국 104, 105, 210, 216, 298, 299
소로소천국당 299, 300
소리 51, 53
소별왕 168, 260, 261
소별왕또 113, 168, 260
소지 사름 137
소코트라 록 221
소포클레스 67
손님 25, 156
솔대 88
송나라 송설룡 301, 329
송낙 46, 47
송당리본향당본풀이 300
송대장 330
송동지 236, 237
솥덕바위 105, 107
쇠북 336
수레멜망악심꽃 255
수령위 40, 42
수로왕 280
수명장자 167, 307
수신 159
수신미륵 122, 123, 125
수장남 수벨캄 309, 310
수중 고인돌 128, 129, 130
수중 방사탑 130, 138
수탑 135
숙종실록 172
순이 삼촌 25
숨바섬 124
쉐 모는 소리 52, 53
쉬바 267
슈 96
슐리만 199
스사노오 176, 280

스토리셀링 70
스토리텔링 69, 70
스토리힐링 70
시노다 볼린 243
시만곡제 71
시왕 251, 254
시왕대번지 36
시왕두리 229
시왕맞이 34, 251
신과 함께 75
신과세굿 23, 31, 52, 56, 61, 64,
    93, 138, 260, 277, 323
신과세제 71
신광수 178
신굿 66, 247
신멩두 244
신목 74, 323
신방굴 82, 87, 88
신베포도업 94
신병 320, 321
신불휘 66, 244
신산마을 119
신산만산 할락궁이 307
신상 318
신석 76, 113, 115
신안지 157
신위 312
신인동락 285
신점 143
신증동국여지승람 157, 177, 210
신천대학살 25
신천마을 322
신전마장 141, 146
신칼 37, 47, 230, 247
신칼점 143
신흥마을 130, 134, 135
심방 34
씨드림 193
씨점 194
씹바위 119
ᄉ가칩굿 31, 32
ᄉ신요왕 은진미륵 급서황하늘

122, 126
수해용신 214

ⓞ
아기놀림 60, 61, 63
아기장수 28
아네모이 192
아다드 176
아담 87, 249
아라크네 274
아론 327
아르다나리슈와라 267
아마테라스 280
아스클레피오스 326, 327
아움두라 96
아웨낭거리 120
아테네 266, 267, 274, 278
안가닥할매 98
안가닥할무이 108
안고팡 293
안남 225, 227
안남국 223
안덕면 사계리 158
안칠성 292, 330
안카름본향당 200
안택 286
알당 113, 334
알라 87
알레호 카르펜티에르 24
알손당 104, 105, 299
알작지 334
암각화 165, 166
암탑 135
압승술 157, 159
압승술사 157
애기줌수 160
애니미즘 81, 82
애월읍 곽지리 103
애월읍 광령리 122
애월읍 광령1리 74
애월읍 상귀리 83
애월읍 수산리 136

애월읍 애월리 105, 108, 224
애월읍 하귀1리 128
액막이 19, 46, 71, 134, 136
액살 135, 136
야누스 313
야명주 239
양산백 271
양산백전 271
양성구유 189, 190, 266, 267,
    268, 271, 304
양씨아미 317, 318, 320, 321,
    322
양용찬 11, 338
양축설화 271
어등개 185
어린왕자 263
어인타인 247
업 287
업가리 325
업구렁이 325
업단지 293
업대감 292, 325
업불휘 66
업성조 292
업왕 325
업주가리 325
에우로스 192
에우로페 195
엔키 326
엘리아데 82
여근석 119
여도 220
여돗할망 220
여드렛당 301, 332
여드렛당 본풀이 324
여드렛또 301, 332
여래불도 220
여리불도할망 220
여산 315
여산부인 248, 287, 290, 291,
    293
여아대 18

여와 267, 327
연대 81, 321
연뒤 321
연등 177, 178
연물 54, 55, 56
연오랑 128, 129, 279
연유 닦음 33, 34, 37
연혼포 217
연화못 316
열리하로산당 43
열석 109
염라대왕 255, 288, 307
염승술 157
영감 194
영감놀이 63, 193, 194
영감본풀이 63
영감신 32, 126
영게울림 33, 34, 36, 37
영동 178
영동할머니 179
영등 174, 176, 178, 179, 233
영등 모시기 179
영등굿 36, 39, 51, 55, 58, 73,
   74, 143, 146, 151, 177, 178,
   179, 184, 188, 189, 190, 192,
   193, 194, 214, 226, 231, 232,
   234, 237, 239, 264, 303, 333
영등나졸 191
영등달 146, 179, 180, 181, 192,
   194
영등당본풀이 185
영등대왕 184, 185, 188, 190,
   191, 192
영등도령 190
영등땅 150
영등바람 183
영등별캄 190
영등부인 190, 191
영등신 167, 174, 175, 177, 178,
   179, 180, 181, 184, 185, 188,
   190, 192, 194, 255, 300
영등신앙 176

영등신화 255
영등아미 190
영등이방 191
영등제 71, 179
영등제석 178
영등좌수 191
영등할망 176, 184, 185, 188,
   190, 192, 243
영등형방 191
영등호장 191
영제 171
영주지 217, 295
예원동 136
예촌 317
오다리답 130
오돌또기 226, 227
오드싱당 114
오딘 96, 176
오방석 136
오방토신 290
오백장군 109
오석불 122, 123
오이디푸스 67, 68
오키나와 223
오합상자 123
옥지기 330
옥황 315
옥황상제 113, 116, 117, 126,
   254, 255, 279, 310
올레 258
올레주목지신 289
올레코시 291
옴파로스 86, 116
와산마을 115
왕림고개 106
왕베포도업 94
왕석 82, 112, 115, 116
왕홀 42
왕후지지 160
외솥바리 103, 105
요량 37, 47, 51, 247
요왕 233

요왕 먹이기 179
요왕국부인 43
요왕굿 146
요왕드리 229, 283
요왕맞이 143, 147, 149, 151,
   193, 194, 214, 231
요왕문 148
요왕부원국차사다리 226
요왕수정국 150, 213, 214
요왕수정국질돌아봄 148
요왕질 58, 147, 148, 150
요왕질침 58, 148
욕지도 179
용 328
용궁 141, 144, 145, 148, 153,
   154, 156, 211, 214, 218
용궁올레 141, 144, 146, 147,
   150
용놀이 63
용두암 218
용머리 141, 158, 159
용머리바위 160
용사신앙 328
용신 287
용왕 147, 154, 155, 194
용왕굿 146
용왕맞이 147
용천수 90
우녀천 122
우라노스 86
우로보로스 326
우사 164
우투 278
운사 164
운주사 108
울레ᄆ루 44
울레ᄆ루하로산또 43
울뤠ᄆ루하로산당 43
울북 54, 55
울산바위 263
웃당 112, 113, 302, 312, 334
웃손탕 104, 105, 299

웃토산 본향당 260
웃토산일뤳당 312
웅녀 164, 248, 328
원담 80
원망위 40, 42
원베포도업 94
원숭이바위 274
원악도 14, 15
월일광도업 94
웨눈베기 191, 192
웨눈베기땅 188
웨눈베기섬 150
웨눈벡이 255
위리안치 15
위미르 96
유감주술 88, 119, 209, 262, 293
유구 223, 224, 225
유네스코 193
유네스코 문화유산 180
유득공 60
유산지 157
유원충 157
유재 157
유정승 247
유화부인 248
유히메로스 199
유히메리즘 199
육고비 47
육고역 238
육아치병신 243
윤동지 영감 122, 123, 125
윤동지영감당 120
뷴빈봉 16
윤응균 238
윤정기 178
윷경 209
윷놀이 209, 210
윷점 209
이 세상의 왕국 24
이건 325
이공본풀이 66, 307

이그드라실 82
이기숙 176
이덕구 27, 28
이상복 165
이쉬쿠르 176
이승만 70
이어도 212, 218, 219, 220, 221
이어도해양과학기지 221
이여도 220
이열새 316
이옥 178
이용호 220
이원조 101, 223, 227
이월동티 181
이월밥 179
이육사 99
이재수 18, 20
이재수의 난 18
이지영 278
이청준 221
이충호 196
이학규 178
이허도 220
이형상 15, 16, 172
익스첼 278
인간신 165
인드라 165
인황닭 93, 94, 95, 99
인황도업 94
일뤠할망 243, 261, 313
일뤳당 122, 243, 260, 261, 262, 313
일뤳당신 262, 313
일뤳또 313
일뤳또본풀이 311
일문관 197, 198, 202
일문관 부름웃도 197
일반신 126
일반신본풀이 31
일본서기 280
일본주년국 213

일연 279
일월 233
일월드리 229
일월삼멩두 31, 32, 34, 36, 37, 47
일월조상 233
일월조정 168
임나라 임박사 254, 310
임승범 286
임정국 244
임춘영 225
임춘향 224, 227
입춘굿 57, 60
입춘굿놀이 63

(ㅈ)
자모라 24
자연창조 243
자운당 74
자지바위 279
자청도령 269
자청비 64, 65, 114, 143, 198, 243, 268, 269, 271, 278, 310
잠녀 238
잠수굿 73, 147
잣담 80
장공익 104, 265, 266, 267
장길손 96, 98, 291
장나라 장설룡 292, 301, 329
장덕순 101
장두 18, 20
장설룡 123
장한철 101, 222, 223, 224
저승질침 58
적금산 요왕문 148
적패지 47
전상놀이 63, 66, 67, 68
전상신 66
전새남굿 318
전영등 185
절 오백 당 오백 불천수 16

절물동산하르방당 168
정 228, 289
정낭 228
정동후 172
정수남이 269
정의굿 105
정이어신 정수남이 64, 65, 310
정인오 295
정중밧디 정중부인 298
제2공항 46, 89, 117, 118, 127, 298, 303, 304
제민창 301
제석 181
제석위 40, 42
제석천 165
제우스 84, 85, 86, 116, 165, 192, 195, 196, 197, 199, 243, 266
제주43평화공원 139
제주도개발특별법 11
제주도실기 101
제주도종합개발계획 20, 285
제주설화집성 141
제주시 건입동 180
제주시 내도동 325, 331, 332, 334
제주시 노형동 33
제주시 노형동 광평마을 114
제주시 오등동 114, 335
제주시 오라동 107
제주시 용담동 210, 214
제주시 이도동 122
제주시 해안동 동동 114, 168
제주시 화북동 120, 122, 123
제주시 회천동 122
제주읍성 122
제주풍토기 325
제주풍토록 325
제피로스 192
젯부기 삼형제 54, 244, 322
조너선 스위프트 110

조상 36, 233, 287
조상신 125, 126, 233, 234, 244, 247
조상신본풀이 31, 32, 233, 236
조성윤 172
조셉 캠벨 306
조왕 287, 293
조왕기 309
조왕비념 290, 308
조왕할망 290, 291, 308
조왕신 248, 290, 293
조왕할망상 292
조작새 316
조천읍 39
조천읍 선흘리 66
조천읍 선흘2리 34
조천읍 신촌리 120, 122, 235
조천읍 신흥리 130, 133, 149
조천읍 와산리 65, 76, 82, 97, 112, 113, 114, 115, 126
조천읍 와흘리 56, 64, 87, 323
조천읍 조천리 332, 333
조천읍 함덕리 122, 123
조현설 106
족두리바위 107
족은마퉁이 67
좃바위 119
주모땅 주모할망 269, 279
주술적 사실주의 9, 22, 27, 28, 130, 138, 139
주저리 325, 326
주젱이 326
주천강 316
죽성마을 335
줄다리기 329
중간손 180
중간자 328
중문이하로산또 302, 311
중성주 290
중세경 114, 310
중앙황신요왕 214

중음신 320
중전위 40, 42
중층 180
중칭 179
췌목줴상 63
증보 탐라지 101, 184
지 46, 47, 231, 232
지노귀굿 25
지드림 186, 189, 190, 194, 231
지름새 191
지산국 200, 201, 202
지산국당 203
지새어멍 314
지장 316
지장본풀이 51, 56, 315, 317, 323
지장새미 159
지장아기씨 51, 315, 317, 322
지전 46, 47
지중용출 229
지지 56
지체이동 263
지하공사 244
지화 42
지황닭 93, 94, 95, 99
지황도업 94
직녀 278, 283, 284
직조 273, 276, 278, 279, 280
진동산당 296
진무 157
진성기 152, 185, 198, 315
짐정국 244
짐치원님 307
ㅈ지멩왕아기씨 198
ㅈ지멩이아기씨 244
ㅈ지홍이아기씨 42, 43
좀수 132, 142, 144, 146, 150, 153, 154, 194, 214, 218, 220, 230, 231, 232, 233, 238, 239, 272, 329, 330, 332
좀수굿 146, 194, 214

좀수질 232, 233, 238, 239

차귀도 159, 160, 161
차귀산 210
차사본풀이 307
차사영겟드리 283
차사영겟질 58
차사영맞이 58
창곰돌 143, 144, 145, 146
창궤지기 330
창세가 2/8
창세신화 91
창조신화 91, 104
척사점 209
천간 56
천금산 요왕문 148
천리둥이 150
천문 37
천부인 168
천불암 109
천앙낙화금정옥술발 37
천외사 210
천자위 40, 42
천잣또 206, 211
천잣또 마누라 42, 210, 214
천지문 37
천지왕 113, 166, 167, 168
천지왕본풀이 167, 260
천지창조신화 116
천지혼합 92
천태산 마고할미 306
선하공사 244
천황닭 93, 94, 95, 99
천황도업 94
철쭉대 47
첨부인 165
청새 258
청용만고 220
청의동자 94, 95, 168
청이슬 93, 94, 95

청태국 마귀할망 306, 307
청태산 마구할망 306, 307, 308, 309
청태산 마귀할망 307, 310
청푼체 211
초감제 57, 92, 93, 94, 95, 97, 193, 194, 230
초공본풀이 54, 66, 244, 322
초공신 247
초춘사 210
총맹부인 167
최진후 249
최창집 106
최현배 216
추모 248
추수지기 330
축영대 271
춘향 226
출륙금지령 15, 225, 237, 238
출애굽기 327
충암 김정 325
취무도우 171
측간신 290, 293
측신 287
칠머리당 194
칠머리당영등굿 180, 193, 194
칠반공천 322
칠성눌 325, 326
칠성본풀이 123, 248, 292, 301, 329, 332
칠성비념 327
칠성새남 63
칠성새남굿 330
칠성신 126, 292, 293, 324, 329, 330
칠성신상 47
칠성아기씨 123, 248, 292, 301, 329, 330
칠성통 329
칠원성군 332

카르낙 열석 124
카오스 93, 94, 95
카으바 신전 87
카으바의 검은 돌 86, 87, 116
칼라니쉬 원형열석 124
칼선다리 143, 145, 146
케네스 데이비스 196
케라우노스 165
코지키 176
쿠로시오 222, 228
크라노스 86, 243, 266
큰개답 130
큰당 297
큰대 283, 336
큰물머리 235
큰손 180

타이푼 175
탐라 구당사 238
탐라순력도 15, 16
탐라입춘굿 327
탐라지초본 101, 223, 227
탐라총관부 228
탑동 170
태양신 280
터주 287
터주가리 293, 325
터줏대감 325
테왁 235
토르 165, 176
토산마을 325
톨킨 82
통시 293
트로이 199
트릭스터 305, 310
특수본풀이 31
티폰 175, 192

ㅍ

팔반사천 322
팽나무와 까마귀 183
펭돌이 64, 65
펭돌이어멍 64, 65
포세이돈 192
포작 238
포제굿 149
표선면 가시리 138
표선면 토산리 31, 159, 301,
　324, 332
표선면 토산1리 260, 312
표선면 표선리 105, 114
표선면 하천리 311
표해록 101, 223
풍백 164, 175, 176
풍사 175
풍신 178
풍어굿 146
풍운뇌우 208
풍운뇌우단 170, 171, 172, 173
풍운뇌우산천성황단 172
풍운뇌우제 172
풍장 337
풍파 178
프랑수아 라블레 110
프랑수아 플라스 111
프로메테우스 85, 309
프루샤 96
피라 85
핑매바위 108

ㅎ

하군줌수 231
하늘옥황 148, 150
하늘옥황천지왕 113
하늬부름 191
하늬바람 216
하로산또 229
하루하루산또 198
하성주 290

하세경 310
하와이 337, 338, 339, 340, 341
하이누웰레형 신화 291
하층 180
하칭 179
학성지 178
한거리하로산당 87, 323
한거리하로산또 198
한경면 고산리 161, 332
한라산계 44
한라산신 198
한라장축 15, 16, 17, 21
한림읍 귀덕리 177
한림읍 한수리 36, 151, 175,
　184, 189, 193, 264, 282
할락궁이 150, 307
할망드리 229
할망드리추낌 283
함경도 116
해리포터 75
해상일사 178, 184
해신사 223
해원상생굿 49
허먼 멜빌 212
허정승 235
허황옥 280, 284
헤라 195, 196
헤르메스 327
헤말림 316
현기영 25, 89, 90
현무암 152, 154, 155, 160
현씨일월 320, 321, 322
현씨일월당 320, 321, 322, 323
현용준 147, 206, 217, 254, 287,
　325
형방지기 330
형상석 136
호구대별상서신국마누라 152,
　183, 214, 256
호종단 156, 157, 159
혼인지 82, 219

홀어멍돌 117, 118, 119
홍로 201
홍리 201
홍아위 40, 42
홍토나라 199
홍토나라 홍토철리 197, 198
화덕진군 167
화천사 122, 123
환상문학 24
환석 109
환웅 164, 165, 168
환인 168
환해장성 81
황경숙 170
황누알 87
황다리궤당 83
황석영 25, 156
황영등 185, 188
황정승 따님애기 301
황주접선성 244, 247
황토고을 301
황토고을 황정승 따님애기 332
훈누촐로 228
흑룡만리 80
흑푼체 211
흘그새 316
희광이 183

10박자 56
12박자 56
43 15, 20, 25, 27, 36, 44, 49,
　105, 134, 137, 138, 337
43 해원상생굿 33
43평화공원 137